老子와 道家思想

노자와 도가사상

金學主 著

明文堂

노자와 도가사상

🔸 태초궁(太初宮) 안에 있는 노자좌상(老子坐像)

🔸 노자기우도(老子騎牛圖) 부분
송(宋) 조보지(晁補之) 그림

노자와 도가사상

🔸 노자도덕경(老子道德經) 약 5,000 자료
  상·하 2편으로 구성

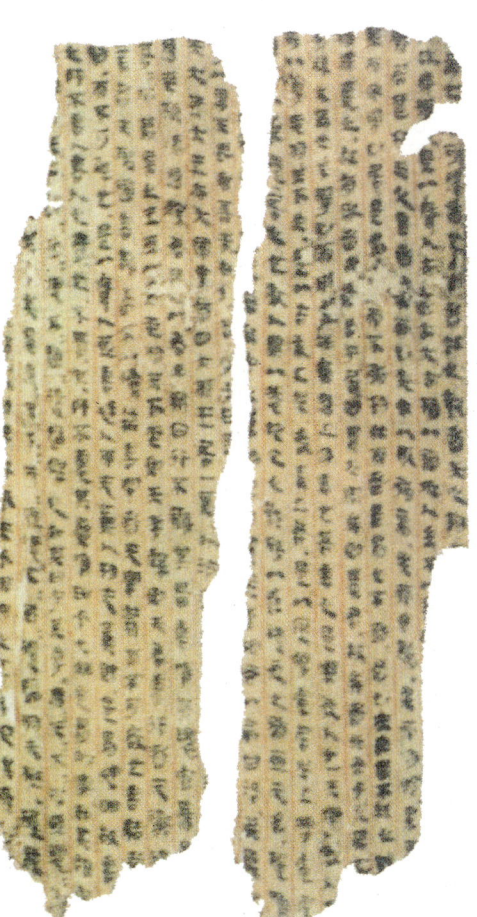

노자도덕경(老子道德經) 전한(前漢)의 🔸
분묘에서 출토된 갑본(甲本)의 백서(帛書)

노자와 도가사상

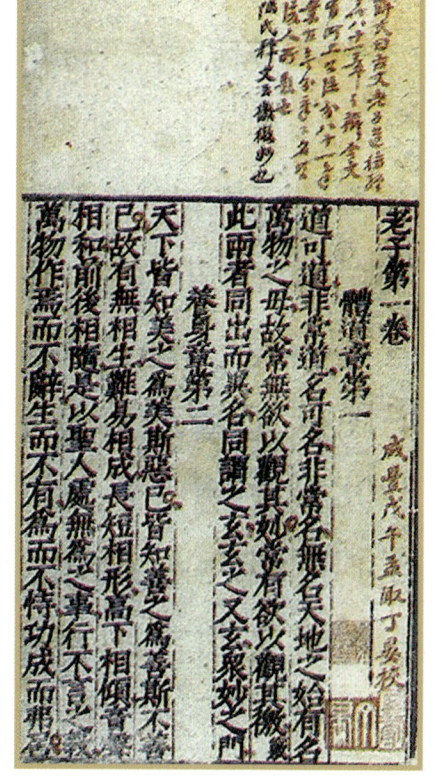

《노자》 서영, 명가정육년허종노왕형번천별업
(북경도서관선본부장)
《老子》書影, 明嘉靖六年許宗魯王鎣樊川別業
(北京圖書館善本部藏)

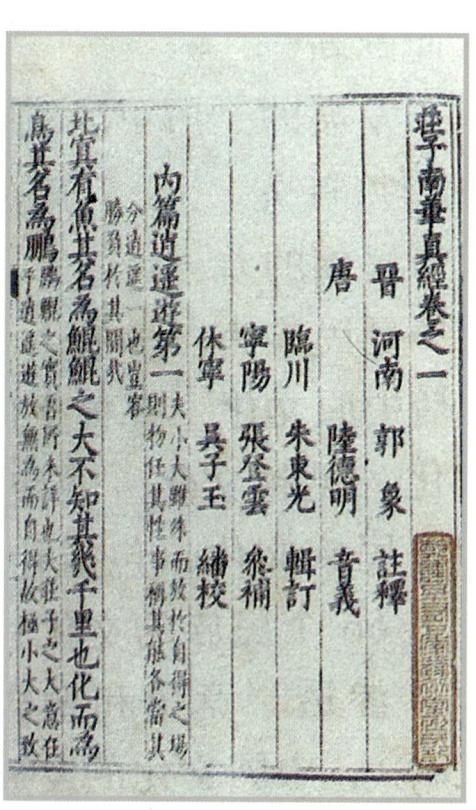

명만력각본곽상주《남화진경》서영, (북경도서관선본부장)
明万歷刻本郭象注《南華眞經》書影, (北京圖書館善本部藏)

노자와 도가사상
[老子와 道家思想]

머리말

노자의 사상은 지금도 동양 사람들의 마음과 습성 속에 살아남아서 사람들의 생각하는 방향을 알려주고 행동하는 동기를 마련해 주고 있다. 지금도 우리는 아름다운 자연 속에 삶을 즐기는 사람들의 흐뭇한 광경에서, 또는 각박한 세파 속에서도 자기 분수를 알고 여유 있는 태도를 취하는 의젓한 사람에게서, 또는 온갖 불행의 도전에 조금도 굴하는 법 없이 초연한 모습으로 자기 소임을 다하는 사람에게서 늘 노자의 도가적인 낌새를 느낀다. 그만큼 노자는 동양인의 생활 속에 또는 동양의 문화 속에 깊숙이 자리 잡고 있는 것이다. 때문에 노자에 대한 올바른 이해 없이 중국은 물론 동양의 문화를 제대로 이해할 수 없다.

특히 노자의 사상은 한(漢)대부터 중국의 여러 가지 민간신앙과 결합하여 뒤에 도교(道敎)로 변모하면서 민중생활 깊숙이 파고들었다. 따라서 한대 이후 2천여 년의 중국 역사를 통하여 공자의 유교가 중국 사회의 표면을 지배하는 원리가 되어 왔었다면, 노자의 도가 사상은 그 이면의 성격을 좌우하는 원리의 역할을 하였던 것이다. 간단히 말하면 노자의 사상은 공자의 사상과 함께 2천여 년의 역사를 두고 중국 문화의 표리(表裏)를 이루는 사상 체계가 되어 왔다.

그러나 막상 〈노자는 어떤 사람이며 그의 사상은 어떤 특징을 지니고 있는가?〉 하는 기본적인 물음에 아직도 자신 있는 대답을 줄 수 있는 사람은 없었던

머리말

것 같다. 이미 국내외에 수많은 노자에 관한 연구 업적이 나왔지만, 그러한 업적 중에도 위 물음에 만족할 만한 해답을 준 저술은 없는 듯하다. 아무튼 중국의 사상뿐만이 아니라 동양 문화에 관심을 둔 사람이라면, 공자와 함께 노자에 대하여는 자기 나름대로의 이해가 있지 않으면 안 될 것이다.

이 책은 중국문학도로서 스스로 이런 문제를 정리해 보고, 아울러 이런 문제에 관심을 둔 동호인들에게 얼마간의 참고가 되리라 생각하며 쓴 것이다. 따라서 이것은 앞서 펴낸 《공자의 생애와 사상》(명문당)과 오누이의 관계를 이루는 것이다.

본시 아는 게 시원찮고 중국 철학을 전공하는 사람도 아니기 때문에 이러한 책들은 노자나 공자 사상에 대한 본격적인 연구서라고는 할 수 없을 것이다. 그러나 일반적인 중국 문화의 안팎에 스며있는 이 두 갈래의 사상 체계를 상식의 수준에서 이해해 보려는 분들에게는 혹시 전문적인 연구 업적보다도 더 도움이 될지도 모른다는 소망만은 안고 있다.

필자는 철학자가 아니라 문학도라는 결함 때문에 여기에서 노자를 위대한 체계를 갖춘 사상가로서보다는 후세인에게 여러 가지 생활의 지혜와 문화 형성의 동기를 마련해 준 위대한 인물로서 다루었다. 이것은 《노자》라는 책이 위대한 경전이라기보다는 금언집(金言集) 정도의 성격을 크게 벗어나는 것이 아닌

듯하다는 평소의 생각도 작용했기 때문이다. 그러기에 노자 자신의 생애와 사상의 정리 못지않게 제1장 서론, 제3장 시대 배경, 제6장 노자 사상의 발전, 제7장 노자와 도교 등 그 주변의 탐색에 많은 힘을 기울인 것이다. 그 편이 중국 문화사 전반에 걸친 노자의 성격을 이해하는데 더 편리하리라 생각되었기 때문이다.

본문에 인용된 원문은 《노자》에서의 인용은 무조건 역문 뒤에 원문을 다 붙여 놓았고, 그 밖의 경우에는 《논어(論語)》와 《장자(莊子)》 등에서의 중요한 인용문에만 원문을 붙이고 나머지는 모두 번역으로 인용하였다. 아무튼 이 속에는 적지 않은 잘못과 그릇된 해석 등이 있지 않을까 걱정이 된다. 독자 여러분의 기탄없는 가르침과 고견의 제시를 간절히 빌 따름이다.

끝으로 이 책의 간행을 위해 밤낮으로 애써 주신 명문당 김동구 사장과 직원 여러분께 감사드리며, 명문당의 간단없는 발전을 충심으로 빈다.

김학주 삼가 씀

老子와 道家思想 ■차례

머리말 ··· 3

제1장 서론

제1절 《노자》의 현대적 의의 ································ 11
제2절 서양에 노자는 어떻게 받아들여졌는가? ········ 18

제2장 노자의 생애와 《노자》의 저자

제1절 노자의 전기 ·· 27
제2절 신선으로서의 노자 ······································ 41
제3절 《노자》의 저자와 그 시대 ··························· 46

제3장 시대 배경

제1절 주(周)의 건국과 발전 ·································· 65
제2절 춘추시대(春秋時代)와 전국시대(戰國時代) ···· 70
제3절 도가의 형성 ·· 79
제4절 노자와 제자(諸子) ······································· 94

제4장 《노자》의 특징

제1절 《노자》의 구성과 내용 ······························· 105
제2절 《노자》의 전승과 연구 ······························· 123
제3절 백서(帛書) 《노자》에 대하여 ····················· 131

제5장 노자의 사상

제1절 도론(道論) ··· 137
  1. 도(道)와 덕(德) ··· 137
  2. 우주의 본원으로서의 도 ·· 143
  3. 만물의 존재 원리로서의 도–무위(無爲)·자연(自然) ······················· 155
  4. 도의 성격–반(反)·약(弱) ·· 160

제2절 덕론(德論) ··· 167
  1. 상급의 덕(上德)과 하급의 덕(下德) ··· 167
  2. 성인(聖人)과 군자(君子) ·· 180
  3. 양생론(養生論) ·· 193
  4. 가치관(價値觀) ·· 199
  5. 지식론(知識論) ·· 212

제3절 도술(道術) ··· 218
  1. 처신(處身)과 처사(處事) ·· 220
  2. 정치론(政治論) ·· 224
  3. 후왕론(侯王論) ·· 238

제4절 병술(兵術) ··· 243

제5절 노자의 이상사회 ··· 249

제6장 노자 사상의 발전

제1절 노자의 제자들 ·· 261
  1. 문자(文子) ·· 262
  2. 관윤자(關尹子) ·· 263
  3. 열자(列子) ·· 264
  4. 계관자(鶡冠子) ·· 271

    5. 양주(楊朱) ··· 273

    6. 전변(田騈)·신도(愼到) ·· 277

  제2절 장자(莊子) ·· 282

    1. 생애 ··· 282

    2. 《장자》의 내용 ·· 285

    3. 노자와 장자 ·· 291

  제3절 법가(法家)와 병가(兵家) ··· 295

  제4절 《여씨춘추(呂氏春秋)》와 《회남자(淮南子)》 ······························ 304

제7장 노자와 도교

  제1절 도교의 기원 ·· 313

  제2절 도교의 완성과 발전 ·· 321

  제3절 도교의 성립과 노자 ·· 327

참고 서목 ·· 335

제**1**장

서론

제1절
《노자》의 현대적 의의

　노자는 BC. 500년경의 사람이며 도가의 창시자로 알려져 있다. 그의 저서인 《노자》는 그 내용이 상(上)·하(下) 두 편으로 나뉘어져 있고, 상편을 도경(道經), 하편을 덕경(德經)이라고도 구분하기 때문에 후세에 《도덕경(道德經)》이라고도 부르게 되었다. 그리고 이 《노자》는 《장자(莊子)》와 함께 도가의 가장 중요한 경전의 하나로 떠받들여지고 있다. 뒤에 상세히 얘기할 예정이지만 노자의 생애나 시대 또는 《노자》의 저술에는 많은 문제가 있는 것이 사실이다. 그러나 어쨌든 도가의 사상은 유가 사상과 함께 중국 사상의 표리를 이루고 있으며, 유가 사상이 공자(孔子)와 맹자(孟子)로 말미암아 〈공맹 사상〉이라 불려지듯이 도가 사상은 노자와 장자로 말미암아 〈노장 사상〉이라고도 부른다.
　한편 유가 사상이 중국 북방(황하 유역)의 기질을 대표하는 사상이라면 도가 사상은 중국 남방(장강 유역)의 기질을 대표하는 사상이라고 흔히들 말한다. 그것은 공자가 중국의 북방인 노(魯)나라(지금의 山東省) 출신이고, 노자는 남방의 초(楚)나라(지금의 河南省) 출신이라는 이유에서뿐만이 아니라, 이것들은 중국 북방과 남방의 성격을 잘 드러내고 있기 때문이다.

중국에 있어서의 북방과 남방의 차이는 기후와 자연에 있어서뿐만이 아니라 사람들의 기질이나 학술 문화 전반에 걸쳐 두드러진 성격상의 대조를 이루고 있다. 북방은 날씨가 차갑고 자연 조건이 거칠고 메말라 사람들은 생존을 위하여 자기 주위의 조건들과 투쟁을 계속하지 않으면 안 된다.

그러나 남방은 날씨가 온화하고 생물이 잘 자라고 물산이 풍부하여 사람들은 아무런 걱정 없이 생활을 영위해 나갈 수 있다. 그 때문에 북방 사람들은 억세고 투쟁적이며 현실적인데 비하여, 남방 사람들은 부드럽고 평화적이며, 낭만적이다. 이러한 대조적인 성격은 또 그처럼 대조적인 문화와 사상을 낳게 되는 것이다. 《중용(中庸)》을 보면, 자로(子路)가 그의 스승 공자에게 〈강함〉이란 어떤 것이냐고 질문하자 공자는 다음과 같이 대답하고 있다.

"남방의 강함인가, 북방의 강함인가? 그렇지 않으면 너의 강함인가? 너그러움과 부드러움으로써 가르치고 무도(無道)함에 대하여도 보복하지 않는 것은 남방의 강함인데, 군자들이 그렇게 처신하는 법이다. 무기와 갑옷을 깔고 죽게 되는 한이 있더라도 후회하지 않는 것은 북방의 강함인데, 강한 자들이 그렇게 처신하는 법이다."

이것을 보면 북방과 남방의 기질상의 차이는 이미 옛날부터 뚜렷이 느껴지고 있었던 것이다. 아무튼 유가 사상이 현실적이라면 노자의 도가 사상은 초현실적이다. 공자는 우리가 살고 있는 현실 사회를 인(仁)·의(義)·예(禮)·지(智) 같은 훌륭한 덕과 올바른 예의제도로써 다스려 보려고 애쓴 데 비하여, 노자는 현실적인 차원을 넘어선 도라는 절대적인 원리를 추구하면서 현실 사회가 어지러운 것은 사람들이 불완전한 자기의 이성을 바탕으로 하여 그릇된 자기 중심의 판단 아래 행동하기 때문이라고 생각하였다. 곧 노자의 사상은 사람의 이성의 한계에 대한 각성에서부터 출발하고 있다. 사회의 혼란과 인간의 불행은 사람들이 불완전한 자기 이성을 바탕으로 하여 그 판단에 의한 가치를 추구하는 데서 말미암는다고 생각하였다.

보통 사람들이 올바르다, 훌륭하다고 믿고 있는 것은 모두가 절대적으로 올바르거나 훌륭한 것이 못되는 것이다. 올바른 것은 그릇된 것이 전제가 되어야만 하고, 훌륭한 것은 나쁜 것이 전제가 되어야만 있을 수가 있는 것이다. 사람들의 높다 낮다, 길다 짧다, 아름답다 추하다, 행복하다 불행하다는 등의 모든 판단이 그러하다. 그런데도 사람들은 이러한 상대적이고 일시적인 가치를 추구하기 때문에 개인적으로는 불행에 빠지게 되고, 사회적으로는 혼란과 분쟁이 일게 된다는 것이다. 이것은 논리의 필연성을 믿고 추구하는 서양문화의 영향 아래 사는 현대인들에게 큰 깨우침을 줄 것이다.

노자는 절대적인 원리로서의 도의 추구, 인간 이성의 한계성에 대한 각성에서 이른바 무(無)의 사상과 자연(自然)의 사상을 발전시킨다. 〈무〉란 도의 본원적인 상태이며, 그것은 다시 인간에의 적용에 있어 무위(無爲)·무지(無知)·무욕(無欲)·무아(無我) 등의 개념을 발전시킨다. 결국 노자는 사람들의 인위적이고 의식적인 모든 것을 부정하는 것이다. 그리고 사람들이 인위적이고 의식적인 모든 것으로부터 완전히 벗어난 상태가 곧 〈자연〉인 것이다.

〈자연〉이란 〈스스로 그러한 것〉〈저절로 그러한 것〉을 의미한다. 이것은 사람들을 불행케 하는 모든 가치판단이나 사회적인 구속으로부터 완전히 해방된 상태를 뜻한다. 그것은 자연의 한 구성요소로서의 인간의 본연의 회복이며, 인간이 타고난 모든 구속으로부터의 완전 해방, 곧 인간의 절대적인 자유의 추구라고도 설명할 수가 있다. 《노자》 37장에서,

> 도는 언제나 무위하지만 하지 않는 일이란 없다.
> 道常無爲, 而無不爲.

고 말한 것은 그의 〈무〉의 개념을 단적으로 설명해 준다. 그리고 《노자》의 주를 쓴 왕필(王弼, 226~249)은 〈무위〉란 "자연을 따르는 것(順自然)"이라 설명하였다.

중국에 있어서는 한대 이후 2천여 년의 역사를 통하여 형식적으로는 유교가 그 정치와 사회 윤리의 바탕을 이루어 왔다. 그리하여 유교는 정치적으로는 중국의 봉건전제 정치를 뒷받침하여 오는 한편, 사회적으로는 사람들의 생활을 판에 박은 듯한 예교로 다스리어 맛도 없고 딱딱하게 만드는 경향이 있었다. 그러나 다행히도 한대부터 도가 사상이 민간신앙과 융합하면서 사람들의 일상생활 속으로 깊숙이 스며들어 지나친 정치의 형식화나 사회의 예교화를 막아, 정치나 사회를 조화시켜 주었다. 그들은 늘 딱딱하고 빈틈없는 예의제도를 내세우면서도 언제나 그것이 참된 인간 본연의 것인가를 반성할 여유를 도가 사상으로부터 얻었던 것이다. 예술이나 문화도 유가의 실용적이고 공용적인 사상의 지배만을 받아 왔더라면, 중국 예술이나 문화는 마침내 너무나 형식화하여 더 이상 발전하지 못하고, 말라 죽고 말았을 것이다.

그러나 사람들은 도가 사상으로 말미암아 언제나 예술이나 문화의 본질이 무엇인가를 추구할 계기를 마련할 수 있어서, 예술이나 문화가 딱딱하게 말라버리기 전에 언제나 새로운 생기를 불어 넣었다. 그리고 개인생활에 있어서도 사람들이 올바로 살며 큰 일을 해보려고 노력해도 뜻대로 되지 않을 때면 도가 사상은 그러한 현실을 초극하고 사람들로 하여금 자연 속에 어울리어 유유히 살아갈 수 있는 지혜를 일깨워 주었다.

따라서 중국 역사를 통하여 보면 각 왕조의 멸망기나 위진남북조(魏晋南北朝)처럼 혼란했던 시기에는 언제나 도가적인 사상들이 유가 사상 이상으로 크게 대두되고 있는 것이다.

　이러한 도가적인 경향은 중국 문화의 영향이 미쳤던 동양 여러 나라들에도 파급되어, 그것은 일반적으로 대표적인 동양 사상의 일면으로 알려지고 있다. 그리고 또 그것은 흔히 동양 사상의 소극적인 일면을 대표하는 것으로 이해되고 있다. 그러나 인간들이 불완전한 이성을 바탕으로 한 가치의 추구에서 현대의 위기를 맞이하고 있다는 점을 생각할 때, 인간 개개인의 보다 완전하고 차원 높은 자유와 인류의 불행의 해소를 추구하려는 입장에서는 보다 적극적인 의의를 지닐 수도 있는 것이다.

　인간의 이성에는 한계가 있지만 인간들이 추구하는 대상은 무한하다는 것을 생각할 때, 그리고 사람은 출생부터 생존한다는 자체가 그 자신의 의지와는 아무런 관계도 없이 진행되고 있다는 것을 생각할 때, 논리의 필연성을 믿는 이른바 과학적인 방법 자체가 불완전한 것이다. 사람들이 그런 본질적인 문제에 대한 반성 없이 자기의 판단을 바탕으로 자기 욕망의 추구를 위하여 서로 다툴 때 인류는 불행해지고 멸망의 위기에 놓이지 않을 수가 없게 되는 것이다. 그 때문에 우리는 지금 우리의 과학문명이나 현대적인 가치관에 대하여 냉정한 반성을 필요로 하는 시점에 와 있는 것이다.

　노자의 사상은 이러한 현대인의 반성을 위한 자료로서 무엇보다도 훌륭한, 위대한 저서라 할 수 있다. 인간 개인이나 전 인류의 행복은 〈나〉의 입장보다도 인간 본연의 문제의 추구를 통해서 비로소 성취의 길이 트일 수 있을 것이기 때문이다.

따라서 노자는 현대 세계가 복잡하고 혼란해질수록 더욱 인간의 예지가 담긴 위대한 저술로서의 가치를 지니게 될 것이다. 그리고 우리 동양인으로서는 올바른 동양인으로서의 자아를 되찾아 인류를 위해 공헌할 수 있는 교양인이 되기 위해서는 꼭 이해하여야만 할 사상인 것이다. 노자는 인류 문화 전체의 면에서 보더라도 인류가 지니고 있는 가장 위대한 유산 중의 하나인 것이다.

제2절
서양에 노자는 어떻게 받아들여졌는가?

볼테르(Voltaire, 1694~1778)만 하더라도 《중국인과의 대화》[1]란 글에서 한 네덜란드 사람이 중국의 신사를 만나는 장면의 묘사를 통하여 서양사람과 중국사람 사이의 생소한 성격을 다음과 같이 묘사하고 있다. 이들 서양 사람과 중국 사람은 어느 책방에서 만난다. 먼저 중국 사람이 책장에서 서양 사람이 쓴 〈세계사〉를 펼쳐보다가 그 두꺼운 책 속에 중국에 관한 말이 한마디도 나오지 않는다는 것을 보고 크게 놀란다. 그리하여 그는 곧 거기에서 만난 네덜란드 학자에게 항의 겸 질문을 한다.

"〈세계사〉란 표제가 붙은 책에 중국에 관한 말이 한마디도 나오지 않는다는 게 될 법이나 한 말이오."

---

[1] *A Conversation with a Chinese*, 영문본 The Works of Voltaire, The Collector's Edition Vol. Ⅳ. p. 28.

그러나 조금 뒤에는 네덜란드 학자가 중국사람과 얘기를 나누면서, 중국사람은 케사르(Caesar)나 옛날 그리스 철학자들에 대하여는 전혀 알지 못한다는 것을 발견하고는 크게 놀라는 것이다. 이처럼 17~18세기까지만 하더라도 서양과 중국은 서로 상대방의 존재를 알고 있기는 하였지만 거의 완전히 서로 다른 세계에 속하고 있었다. 1585년 런던에서 스페인 사람 멘도사(Juan Concalez de Mendoca)가 낸 《중국대제국사》(中國大帝國史, *Historia del gran regno de la Chine*)에 여기저기 삽입한 한자가 유럽에서의 한자 인쇄의 시작이라 한다. 16세기에서 18세기에 이르는 시대에는 서양인들은 주로 제수이트(Jesuits) 선교사들이 전하는 견문과 그들의 부정확한 번역을 통하여 중국을 약간 이해했을 뿐이었다.

그러나 19세기에 들어오면 이미 서양인들의 중국문화에 대한 인식은 완전히 달라져 있다. 그것은 이들의 노자의 사상에 관한 이해를 중심으로 보더라도 분명히 드러나는 일이다.

헤겔(Hegel, 1770~1831)만 하더라도 하이델베르크(Heidelberg) 대학에서 도가 사상과 함께 유가 사상 및 《역경(易經)》의 철학도 강의하였다고 하는데, 그의 중국 철학에 대한 이해, 특히 노자의 사상에 대한 이해는 상당히 뛰어났던 것 같다. 그는 강의에서 다음과 같이 도가 사상을 해설하고 있다.[2]

---

2) *Hegel's Lectures on the History of Philosophy*, E. S. Haldane 편역본, Vol. Ⅰ. p.125.

우리에게도 지금은 그(노자)의 중요한 저서가 전해지고 있다. 그것은 빈(Vienna)에서 출판된 것으로, 나 자신도 그것을 읽은 일이 있다. 거기에도 특히 자주 인용되는 말로 다음과 같은 대목이 있다. "이름도 없는 도는 하늘과 땅의 시작이며, 이름이 있는 도는 우주(곧 만물)의 어머니이다.…", 중국인들에게 있어서는 만물의 근원이 되는 가장 고귀한 것이란 무(無)이며 텅 빈 것(虛)이며, 전혀 확정되어 있지 않고 추상적인 보편적인 것으로서, 그것을 또 도라고도 불렀다.

헤겔은 또한 도가 사상을 그리스 사상과 비교하기도 하였다.

그리스인들이 절대적인 것은 유일하다고 말하고, 현대인들이 그것은 극히 높은 존재라고 말하고 있는데 비하여, 그들은 유일한 긍정적인 형식으로 부정이라 할 수 있는 오직 추상적인 무(無)만을 얘기하여 왔다.

이상의 인용만을 통해서 보더라도 서양인들은 19세기에 들어와서는 그들의 철학사의 전개에 있어서까지도 도가 사상이 차지할 위치가 어떤 것인가를 세심히 연구하고 있었음을 알 수 있다. 그리고 헤겔은 그의 관념 철학을 발전시키는데 있어서 노자의 사유방법이나 사상체계로부터 많은 것을 배우고 받아들였을 것으로 생각된다.

그것은 19세기에는 이미 노자에 관한 연구가 본격화하였다는 사실을 바탕으로 한 것이다. 1807년에는 찰머(Chalmers)라는 사람에 의하여 노자의 연구서인 *Speculation on metaphysics, Policy & Morality of the Old Phylosopher Lao-tze*, 1823년에는 아벨 레뮈사(Abel Remusat)에 의한 *Memoir on the Life & Opinion of Lao-tze*가 나왔고, 《노자》의 번역도 1842년에는 율리앙(Stanislas Julien), 1846년에는 플렌크너(Reinhold Von Plänckner) 및 슈트라우스(Victor Von Strauss), 캐러스(Carus) 같은 사람들에 의하여 출간되었다. 1891년에는 레그(James Legge)에 의하여 The Tao Teh King 이 The Sacred Books of the East 속에 《장자》의 번역과 함께 나왔다.

20세기에 들어와서는 서양인들의 노자와 도가 사상에 관한 연구는 더욱 발전한다. 뒤벤다크(J. J. L. Duyvendak, *Tao Te Ching; The Book of the Way and It's Virtue*. London: John Murray, 1954). 웨일리(Arthur Waley, *The Way and It's Power: A Study of Tao Te Ching and It's Place in Chinese Thought*. New York: Grove Press, 1958 및 *Three Ways of Thought in Ancient China*. Gorden City, N. Y.; Doubleday, Anchor Books, 1956) 등을 비롯하여 수많은 노자의 명역과 연구업적들이 쏟아져 나왔다. 그리고 지금도 미국의 대학가의 서점들을 들어가 보면 동양에 관한 책들 중에서 《노자》가 가장 많이 눈에 뜨이는 책 중의 하나라는 것은 서양인들의 노자에 대한 관심도를 뜻하는 것이라 볼 수 있다. 얼핏 서점을 둘

러보아도 《노자》의 번역본과 그에 관한 저서들은 이루 헤아리기 어려울 정도의 여러 가지가 나와 있음을 알 수가 있을 것이다.

여기에서 역설하고자 하는 점은 서양인들의 노자에 관한 연구업적이나 관심도가 아니라 그들이 노자의 사상을 받아들이는 태도이다. 그들은 노자의 사상을 연구하고, 높이 평가하되, 무조건 거기에 경도되는 것이 아니라 냉철한 눈으로 그것을 분석 비판하여 그 장점만을 적절히 흡수하는 것이다. 이것이 유가 사상을 연구하는 학자들은 유학이 제일이라 내세우고, 도가 사상을 연구하는 학자들은 도가의 학문이 제일이라 주장하는 식의 동양학자들의 학문 경향과 크게 다른 점이 아닌가 한다. 앞에서 얘기한 헤겔의 경우도 그러했지만, 또 야스퍼스(Karl Jaspers, 1883~1969)가 《공자와 노자》라는 저술을 남기고 있는 것을 보면 너와 나 또는 주관과 객관의 한계를 초월한 통일된 절대적 원리로서의 도를 추구한 노자 사상의 장점이, 그에게서 키에르케고르, 니체로 이어지는 실존철학의 형성을 위하여 흡수되었던 것 같다. 이밖에도 유형, 무형으로 노자의 사상에 힘입은 서양학자들은 무수히 많다. 예를 들면 근세 분석심리학(分析心理學)의 거장 융(C. G. Jung, 1875~1961) 같은 이는 사람의 심리의 통일과 조화를 위하여 노자의 도의 개념을 활용한 자신의 태도를 분명히 하고 있다.

내부 세계의 사상(事象)들은 무의식 상태에 있어 우리에게 가장 강력하게 영향을 끼치기 때문에, 생명의 의미를 객관화하고, 또 그 의미들 밑에 깔려 있는 취지가 무엇인가를 이해하려고 노력한다는 것은 자기 수양에 있어서 발전을 꾀하려는 사람이라면 누구에게나 중요한 것이다. 이렇게 함으로써 그는 보이지 않는 세계에 대하여 적응하게 되고, 그로부터 보호를 받게 되는 것이다. 양쪽 세계에 대한 양보 없이는 아무런 적응도 이루어질 수가 없는 것이다.

내부 세계와 외부 세계의 요구에 대한 고려에서부터, 더 나아가서는 이들 사이의 알력에서부터 가능성이나 필요성이 생기는 것이다. 불행히도 이 분야에 대한 모든 교양이 결여된 서양인들의 사상은 내적인 경험으로서는 가장 기본적인 사항이며, 중국인들의 도의 개념에 적절히 비길 수가 있는 중도(中道)를 통한 상대적인 것들의 융화를 뜻하는 개념이나 또는 명사까지도 생각해 낸 일이 없었다.[3]

이밖에도 융의 심리학에 있어서의 노자 사상의 활용은 여러 곳에서 눈에 뜨이고 있다. 우리는 노자의 사상을 연구하고 받아들이는데 있어서도 서양인들에게서 그 방법을 배워야만 할 것 같다. 우리 주위에서는 흔히 노자 사상 같은 것은 낡아빠진 쓸모없는 것이라는 태도를 취하는 사람들을 보게 되는가 하면, 정반대로 간혹 노자 사상이야말로 가장 위대하고 훌륭한 사상이

---

3) C. G. Jung, *Collected Works*, Vol. Ⅲ, *Tow Essays on Analytical Psychology*, R. F. G. Hull의 영역본, p.203.

라고 주장하는 사람들도 보게 된다. 이것은 둘 다 옳지 못한 태도라 할 수 있다. 우리는 노자 사상의 장점은 무엇인가, 그 중 무엇을 현대에 살려 우리의 것으로 발전시켜야 할까를 올바로 가려내야만 한다. 이것은 노자의 경우뿐만이 아니라 동양의 고전 사상 연구 전반에 걸쳐 적용되어야만 할 방법인 것이다.

제 2장

노자의 생애와 《노자》의 저자

제1절
《노자》의 전기

 노자의 생애에 관한 기록은 사마천(司馬遷, BC. 145~BC. 86?)의 《사기(史記)》 노장신한열전(老莊申韓列傳)에 가장 자세하다. 〈노장신한〉이란 노자·장자(莊子)·신불해(申不害)·한비(韓非)의 네 사람을 뜻하며 노자의 전기는 이들의 전기와 함께 한 편으로 묶여져 있는 것이다. 이밖에도 후세 도가들의 저서 속에는 노자에 관한 전설들이 많이 기록되어 있으나, 이것들은 모두 믿을 수가 없는 얘기들이다.
 노자의 생애에 관한 기록으로서 가장 신빙성이 있는 것이 《사기》이나 실상은 《사기》의 기록에도 많은 문제가 있다. 노자는 어떤 사람인가? 어느 시대 사람이가? 정말로 그런 사람이 존재했었는가? 정말로 그런 사람이 있었다 하더라도 그가 바로 우리가 지금 읽고 있는 《노자》란 책의 저자인가? 이런 등등의 근본적인 문제들에 대하여서도 《사기》는 정확한 기록을 하지 못하고 있다. 이런 문제들은 지금 우리가 갖고 있는 자료를 근거로 해서는 영원히 해결할 수 없는 것인지도 모른다.

어떻든 아래에 《사기》에 실려 있는 노자의 전기를 소개한다.

노자는 초(楚)나라 고현(苦縣) 여향(厲鄕) 곡인리(曲仁里) 사람이다. 성은 이(李)씨이고, 이름은 이(耳), 자는 담(聃)이라 하였다. 주(周) 왕실의 수장실(守藏室)의 사(史)[4]를 지냈다. (이상 1단)

공자는 주나라로 가서 노자에게 예(禮)에 관하여 가르침을 청하였다. 그때 노자가 말하였다. "당신이 말하고 있는 것은 그것을 제정한 사람의 뼈조차도 이미 다 썩어빠진 것이오. 오직 그에 관한 말만이 남아 있지요. 또한 군자란 때를 만나면 곧 수레를 타고 나가 일을 하고, 때를 만나지 못하면 곧 쑥대가 바람에 불리듯 되는 대로 행동하는 법이오. 내가 듣건대 훌륭한 장사꾼은 상품을 깊숙이 저장해 두고 가게는 텅 빈 듯이 하며, 군자는 훌륭한 덕을 쌓고 있으면서도 외모는 어리석은 듯이 한다고 하였소. 당신의 교만한 기와 많은 욕망 및 그럴싸한 겉모양과 지나친 뜻을 속히 버리시오. 이런 것들은 모두가 당신 자신에게 아무런 이익도 되지 않소. 내가 당신에게 얘기해 줄 수 있는 것은 오직 이것 뿐이오!"

공자는 그곳에서 돌아와 제자들에게 말하였다. "나는 새가

---

[4] 수장실(守藏室): 주(周)나라 천자(天子)의 궁전 안에 있는 장서실(藏書室), 사(史)는 그곳을 관장하는 관리.

날아다닌다는 것을 알고 있다. 물고기는 헤엄을 잘 친다는 것을 알고 있다. 짐승은 잘 달린다는 것을 알고 있다. 그러니 뛰어다니는 놈은 그물로써 잡고, 헤엄쳐 다니는 놈은 낚시로써 잡고, 날아다니는 놈은 주살로써 잡을 수가 있다. 그러나 용(龍)에 대해서만은 나는 아무것도 모른다. 용은 바람과 구름을 타고 하늘을 날아다닌다고 한다. 나는 오늘 노자를 만났는데 그는 마치 용과 같은 사람이었다." (이상 2단)

노자는 도(道)와 덕(德)을 닦아, 스스로 숨어서 이름이 드러나지 않도록 힘쓰는 데 그 학문의 목표를 두었었다. 주나라에 오랜 동안 있다가 주나라가 쇠약해지는 것을 보고는 곧 나라를 떠나려고 관문(關門)[5]으로 갔다. 그 관문을 지키던 윤희(尹喜)라는 사람이 노자에게 말하였다. "선생님께서는 숨으려 하고 계시니 억지로라도 저를 위하여 책을 써 주십시오." 이에 노자는 상하(上下) 두 편으로 나뉘어지고 도와 덕의 뜻을 논한 5천 언(言)의 책을 지어 놓고 그곳을 떠났다. 그가 어디로 가서 일생을 마쳤는지는 알지 못한다. (이상 3단)

어떤 사람은 말하기를 노래자(老萊子)도 역시 초(楚)나라 사람이었는데, 15편의 책을 지어 도가의 사상을 논하였고, 공자와 같은 시대였다고도 한다. (이상 4단)

노자는 160여 세를 살았다고도 하고, 혹은 200여 세를 살았다고도 하는데, 그가 도를 닦아 수명은 보양하였기 때문일 것

---

[5] 관문(關門): 지금의 섬서성(陝西省) 보계현(寶鷄縣) 서남쪽에 있는 산관(散關)이 아니면, 하남성(河南省) 영보현(靈寶縣) 남동쪽에 있는 함곡관(函谷關)일 것이다.(裴駰《史記集解》, 司馬貞《史記索隱》, 張守節《史記正義》의거. 후세학자들의 의견도 서로 다르다).

이다. (이상 5단)

　공자가 죽은 뒤 129년 되던 해에 주나라의 태사(太史)[6] 담(儋)이란 사람이 진(秦)나라 헌공(獻公)을 찾아뵈옵고, "처음에 진나라는 주나라에 합쳐져 있다가 합쳐진 지 500년 뒤에는 다시 떨어지며, 떨어진 지 70년이 지나면 패왕(覇王)이 거기에서 나올 것입니다."라고 말하였다고 역사 책에 기록되어 있다. 어떤 사람은 이 담(儋)이 곧 노자라고도 하고, 어떤 사람은 그렇지 않다고 한다. 세상에서는 그 사실이 어떠한지는 아무도 알지 못하고 있다. 노자는 숨어 산 군자였기 때문이다. (이상 6단)

　노자의 아들은 이름이 종(宗)이었는데, 그는 위(魏)나라 장수가 되어 단간(段干)이란 고을에 봉(封)해졌다. 종(宗)의 아들은 주(注)이고, 주의 아들은 궁(宮)이며, 궁의 현손(玄孫)이 가(假)인데, 가는 한(漢)나라 문제(文帝)를 섬겼다. 다시 가의 아들 해(解)는 교서왕(膠西王) 앙(卬)의 태부(太傅)가 되었기 때문에 제(齊)나라에 살게 되었다. (이상 7단)

　세상의 노자를 공부하는 사람들은 유학을 물리치고, 유학자들은 또 노자를 내치고 있다. '도가 같지 않으면 함께 일을 꾀하지 않는다.' 는 말은 이걸 두고 한 것일까? (이상 8단)

　이이(李耳)는 무위함으로써 스스로 변화해 가고, 맑고 고요함으로써 스스로 올바르던 사람이었다. (이상 9단)

　이상이 《사기》에 보이는 노자의 전기의 전문 번역이다. 전문

---

6) 태사(太史): 그 나라의 역사를 기록하는 관리인 사관(史官)의 우두머리.

을 알기 쉽도록 9단으로 나누어 보았는데, 1단에서는 노자의 성명과 고향 및 신분, 2단에서는 공자가 주나라로 가서 노자에게 예에 관한 가르침을 청했던 일, 3단에서는 노자가 서쪽 땅으로 가 숨어서 책을 저술한 일, 4단에서는 노래자(老萊子)에 대한 이야기, 5단에서는 노자의 수명, 6단에서는 태사(太史) 담(儋)에 관한 이야기, 7단에서는 노자의 자손들, 8단에서는 노자와 유가와의 관계, 9단에서는 노자에 대한 총평을 쓰고 있다.

따라서 노자의 생애에 대한 본격적인 기록은 1단의 짧은 글뿐이고 나머지는 모두 그에 관하여 전해들은 말이나 평하는 말 같은 것이다. 이것은 노자의 전기를 쓴 사마천 자신도 노자의 생애에 대하여 확실히 알고 있는 게 많지 못하였음을 뜻하는 것이다. 그러기에 노자의 전기는 다음과 같은 여러 가지 문제들을 야기 시키고 있다.

첫째: 1단에서 그의 성은 이(李), 이름이 이(耳), 자는 담(聃)이라 하였지만, 그의 자가 백양(伯陽)이라고 쓰여 있는 책도 있다. 당(唐)대 사마정(司馬貞)의 《사기색은(史記索隱)》에서는 후한(後漢) 허신(許慎)의 설을 이용하여

"담(聃)이란 귀가 늘어진 것을 뜻하며, 그래서 이름을 이, 자를 담이라 하였던 것이다. 지금 자를 백양이라 하는 것은 옳지 않다."

고 하였다. 양옥승(梁玉繩, 1785 전후)은 《사기지의(史記志疑)》에서 선진(先秦)시대의 옛 책에는 노자의 자가 백양이라 하는 기록이 없음을 지적하고 있다. 그리고 왕념손(王念孫, 1770년

전후)은 《독서잡지(讀書雜誌)》에서 《문선(文選)》의 반초은시(反招隱詩)의 이선(李善, 630?~689?)의 주에서는 《사기》를 인용하여 다만 "노자는 이름이 이, 자는 담, 성이 이씨(李氏)"라고만 쓰고 있음을 지적하고 「자가 백양」이라고 한 것은 《열선전(列仙傳)》[7]의 잘못된 기록 때문이라 하였다.

그러니 노자는 성이 이씨, 이름은 이, 자가 담이었을 가능성이 많다.

그런데 또 이이(李耳)를 어찌하여 노자 또는 노담(老聃)이라 부르게 되었는가 하는 것이 큰 문제이다. 후한 정현(鄭玄, 127~200)은 《예기(禮記)》 애공문(哀公問)의 주에서 〈노자〉란 장수한 사람에 대한 칭호라 하였고, 청 요내(姚鼐, 1731~1815)는 《노자장의(老子章義)》에서 〈노〉는 씨(氏), 〈자〉는 성, 〈이〉는 자가 바뀌어진 것이라 주장하였다. 그리고 호적(胡適, 1891~1962)은 《설문(說文)》에 "담연(聃然)은 노(老)한 모양"이라 설명하고 있는 것을 근거로 하여 〈노〉가 자일지도 모르겠다고 하였고, 또 〈이〉는 성이고, 〈노〉는 씨(氏)일 가능성도 있다고 하였다. 〈노〉가 자라고 해서 〈노자〉라 부른 것은 《맹자》에서 광장(匡章)을 장자(章子)라 부른 예나 같은 것이며, 또 〈노담〉이란 칭호는 공자의 아버지를 숙량흘(叔梁紇)이라 불렀던 예와 같다는 것이다.

---

7) 《열선전(列仙傳)》은 한대 유향(劉向)이 지은 것이라 하나 후세 사람(東漢 무렵)에 의하여 만들어진 가짜라는 게 일반적인 견해이다. 거기에는 「노자는… 성이 이(李)씨이고, 이름은 이(耳), 자는 백양(伯陽), 또 일명(一名) 중이(重耳)라고도 하였고, 외자(外字)를 담(聃)이라 하였다.」고 쓰고 있다.

노씨(老氏)는 전욱(顓頊)의 아들 노동(老童)의 후손인데, 일설에는 노담(老聃)의 후손이라고도 하며, 송(宋)나라에는 노성씨(老成氏)가 있었다고 하였다(《中國哲學史大綱》).

그러나 〈노〉를 자나 씨라고 보는 것은 문제가 있다. 노자를 이로(李老)라 부른 경우도 없고, 또 〈노〉라는 성은 후세에 생겨난 것이어서, 주(周)·진(秦) 시대의 기록에는 전혀 보이지 않는다. 노자의 사상이 무위하고 나도 없고 이름도 없는 것을 숭상했음을 생각할 때, 오히려 미국 학자 블랙니(R. B. Blankney)가 그의 《노자》 번역 *The Way of Life-Lao Tzu*의 서문에서 얘기한 다음과 같은 말이 상식적이기는 하지만 옳을 가능성이 많다.

> 아마도 사실은 노자란 본시 가명이었을 것이다. 〈노〉란 성이 아니고 다만 형용사로서의 〈늙은〉의 뜻인 것이다. 왜냐하면 그 당시 저술의 습관에 의하면 《도덕경》의 작자는 반드시 옛날 사람일 것이라고 가정되었을 뿐만 아니라 또한 그 책을 쓸 적에는 반드시 노인이었으리라 생각하였기 때문인 것이다.

이러한 주장은 확실한 근거는 없지만 역사적 상식으로 볼 때에는 가장 그럴싸하다. 〈노자〉란 요새 사람들의 〈노선생〉이란 말과 같으며, 〈노담〉이란 칭호는 송(宋)·원(元)대 사람들이 소동파(蘇東坡)를 〈노파(老坡)〉라 불렀던 예나 같다고 생각된다.

둘째: 1단에서 또 노자는 "초(楚)나라 고현(苦縣) 여향(厲鄉) 곡인리(曲仁里) 사람"이라 하였는데 그곳은 어디인가? 후한의

변소(邊韶)는 《노자명(老子銘)》에서 "초나라 상현(相縣) 사람"이라 하였는데(宋 洪适의 《隸釋》에 보임), 춘추(春秋)시대 이후에 상현이 없어지고 그곳이 고현에 예속되었던 때문이라 한다. 《장자》의 천운(天運)편의 주에서 사마표(司馬彪, ?~308)는 "노자는 진(陳)나라 상현(相縣) 사람"이라 쓰고 있다. 상현은 춘추시대에는 진나라 땅이었는데, 뒤에 초나라가 혜왕(惠王) 10년에 진나라를 쳐부수고 차지한 곳이라 한다. 이때는 공자도 이미 죽은 뒤이고, 그보다 선배인 노자도 이미 죽은 뒤의 시대일 것이다. 따라서 후세 사람들이 진나라를 초나라로 고쳤을 가능성이 많다.

근래 마서륜(馬敍倫)은 《노자핵고(老子覈詁)》에서 상(相)이란 고을은 춘추시대에는 송(宋)나라에도 있었는데, 《장자》 천운편을 보면 공자가 패(沛)라는 곳에서 노자를 만나고 있는 것으로 보아 노자가 태어난 곳은 패와 가까운 송나라의 상현(相縣)이었을 것이라고 하였다. 그리고 송나라의 상현은 한대에 와서는 고현(苦縣)에 속하게 되었으며, 《괄지지(括地志)》에 의하면 "고현은 박주(亳州) 곡양현(谷陽縣) 경계에 있었고 노자의 묘(廟)가 있었다. 묘안에는 아홉 개의 우물이 있었는데, 그것은 지금까지도 그대로 있다. 그곳은 지금의 박주 진원현(眞源縣)에 해당한다."고 설명하고 있다. 이 진원현은 지금의 하남성(河南省) 녹읍현(鹿邑縣)이다.

그러나 노자가 어느 나라 사람이냐는 것조차도 확인된 것이라 할 수는 없다. 따라서 여향 곡인리라는 마을 이름까지는 고증할 길이 없다. 마서륜이 지적한 것처럼 한나라 초기에는 황로지학(黃老之學)을 숭상하는 기풍이 있었고, 노자의 현손이라는 가(假)와 그의 아들 해(解)가 모두 한나라에서 벼슬하고 있었던 것을 생각할 때, 노자가 태어났다는 마을 이름[8]과 그의 뒤의 후손들 세계(世系)는 후인들에 의하여 꾸며진 것일 가능성이 많다. 노자가 초·진·송 어느 나라 고을 사람이든, 그곳은 모두 황하 남쪽에서 장강 근처에까지 걸쳐 있던 나라들이므로 노자의 사상이 남방의 기질을 대표한다고 말하는 데에는 큰 지장이 없으리라 믿는다.

셋째: 2단의 공자가 주나라로 가서 노자를 찾아뵙고 예에 관한 가르침을 요청했다는 일이다. 이것이 사실이라면 노자는 공자와 거의 같은 시대의 인물이며, 노자가 공자보다 나이가 위였음이 분명하다. 《사기》의 노자 전기 중에서는 이 일에 관한 기록이 가장 자세하여 사마천은 특히 이 사건을 강조하려 했던 것 같은 낌새조차 느껴진다. 후세에 와서는 공자가 노자를 찾아뵈었다는 이 얘기가 사실이냐 사실이 아니냐를 두고 학자들에 따라 의견이 분분하게 되었다. 대체로 유학이 중국학문의 정통을 이루어 왔으므로 중국학자들 사이에는 공자의 권위를 위해서도 이 공자와 노자의 만남이 사실이 아님을 부인하고자 하는 경향이 많았다.

---

[8] 《사기》의 다른 사람의 고향에 대하여는 예를 들면 「장자(莊子)는 몽(蒙) 사람」「신불해(申不害)는 경(京) 사람」 식으로 쓰고 있어, 마서륜은 《사기》의 원문은 「노자는 상(相) 사람」으로 썼을 것이라 하였다.

그러나 공자와 노자의 만남은 《사기》 공자세가(孔子世家)에도 내용은 다르지만 다음과 같이 기록되어 있다.

노(魯)나라 남궁경숙(南宮敬叔)이 노나라 임금에게 "공자와 주나라에 가는 것을 허락해 주십시오."하고 요청하였다. 노나라 임금은 그들에게 한 채의 수레와 두 필의 말과 한 명의 하인을 주어, 그들은 주나라로 가서 예에 관한 것을 물었는데 그때 노자를 만나 가르침을 청했던 것이라 한다.

그들이 노자를 만난 뒤 떠나가려 하자 노자가 전송을 하면서 말하였다.

"내가 듣건대, 부귀한 사람들은 남에게 재물을 주어 전송하지만 인한 사람은 남에게 말로써 전송한다 하였소. 나는 부귀치 못한 처지이니 외람되이도 인한 사람의 흉내를 내어 당신들을 말로써 전송할까 하오. 곧 총명하여 깊이 사리를 살피면서도 죽음에 가까이 가는 사람이란 곧 남을 비판하기 좋아하는 사람이며, 말을 잘하고 널리 알면서도 그의 몸을 위태롭게 하는 사람이란 남의 단점을 잘 들추어 내는 사람이다. 그러니 자식 된 사람으로서는 자기 고집만 부리거나 자기 생각만 해서도 안 되며, 신하 된 사람으로서는 자기 고집만을 부리거나 자기 생각만 해서도 안 되는 것이오."

공자는 주나라로부터 노나라로 돌아온 뒤로 제자들이 약간 더 늘어나게 되었다.

노자전의 회견기사는 공자가 노자를 처음 만났을 때를 중심으로 쓰고 있고, 공자세가의 회견기사는 공자가 노자를 만난 뒤 작별할 때의 상황을 중심으로 쓰고 있다. 그리고 앞의 노자의 말은 공자에 대하여 신랄한 비평의 뜻을 지닌 데 비하여, 뒤의 노자의 말은 그다지 신랄한 느낌을 주지 않는다. 이 밖에 유가의 경전인 《예기》 증자문(曾子問)에도 공자가 노자를 만나 상례(喪禮)에 관하여 배웠었다는 것을 증명할 만한 기사가 있다.[9] 따라서 그 노자가 바로 《노자》란 책의 저자인가 하는 것은 문제로 남지만, 공자가 예의 전문가인 노자를 찾아가 예에 대하여 배운 일이 있었다는 사실만은 부인할 수 없을 것이다. 공자와 노자의 회견은 대략 BC. 506년(周敬王 14년, 魯定公 4년)에 있었던 일로 생각된다.[10] (졸저, 《공자의 생애와 사상》 제3장 3절 참조).

같은 도가의 사상가인 장자의 책에도 노자와 공자가 만났던 때의 얘기가 씌어 있다. 천도(天道)편에는 공자가 주나라로 가 노담(老聃)을 찾아뵈었다는 얘기가 실려 있고, 천운(天運)편에는 공자가 남쪽 패(沛) 땅으로 가서 노자를 찾아뵈었던 때의 얘기와 함께, 공자가 노자를 만난 뒤 그를 "용과 같은 인물"이라

---

9) 《禮記》 曾子問; 「曾子問曰; 葬引至于堩, 日有食之, 則有變乎, 且不乎? 孔子曰; 昔者吾從老聃, 助葬於巷黨, 及堩, 日有食之, 老聃曰; … 吾聞諸老聃云. … 吾聞諸老聃曰; … 吾聞諸老聃曰; … 」

10) 공자가 노자를 찾아가 만난 일을 《사기》의 공자세가(孔子世家)에는 공자가 17세에서 30세 사이였던 때의 일들과 같이 기록하고 있고, 진호(陳鎬)의 《궐리지연보(闕里誌年譜)》에서는 34~35세 때의 일로, 그 밖에 역도원(酈道元)의 《수경주(水經注)》에서는 17세 때의 일, 사마정(司馬貞)의 《사기색은(史記索隱)》에서는 34세 때의 일, 《장자》의 천운(天運)편에서는 51세 때의 일이라 적고 있다.

고 찬탄하는 것을 보고 다시 공자의 제자인 자공(子貢)도 노자를 찾아가 뵙고 가르침을 청하는 얘기가 씌어 있다. 다시 외물(外物)편에는 공자가 노래자(老萊子)를 만나는 얘기가 기록되어 있다(노래자에 관한 얘기는 바로 뒤에 보인다). 이《장자》에 실려 있는 얘기들은 모두가 꾸며낸 우언(寓言)이라 할 수도 있으나, 그 근거만은 사실에 두고 있다고 보아야만 할 것이다. 그러나 이러한 우언들이 뒤에 사마천이 노자의 전기를 쓸 적에 다시 영향을 끼쳤던 것으로 보여진다.

넷째: 이이(李耳)와 4단에 보이는 노래자(老萊子)와 6단에 보이는 태사(太史) 담(儋)은 모두 같은 사람인가? 사마천 자신이《사기》의 중니제자열전(仲尼弟子列傳)에서 "공자가 엄히 섬겼던 분으로 주나라에는 노자, 초나라에는 노래자가 있었다."고 말하고 있으니, 노자인 이이와 노래자는 서로 다른 사람이라고 생각하고 있었던 듯하다. 따라서 양옥승(梁玉繩, 1785년 전후)의《사기지의(史記志疑)》, 필원(畢沅, 1730~1797)의《노자도덕경고이서(老子道德經考異序)》등을 필두로 하여 노자와 노래자는 서로 다른 사람이라 보는 이가 많다.

앞의 노자전(4단)에서는 노래자가 15편의 책을 지었다 했으니, 이것은《도덕경》이 아님이 분명하며, 다시 반고(班固, 32~92)의《한서(漢書)》예문지(藝文誌)에는《노래자》16편이 수록되어 있다. 그리고 노래자에 관한 기록이 앞에 든《장자》외물(外物)편 이외에도《전국책(戰國策)》초책(楚策),《대대기(大戴記)》위장군문자(衛將軍文子)편 등에도 따로 보인다.

그러나 태사 담에 관하여는 필원(畢沅)은 옛날에도 담(聃)과 담(儋)이 음이 같았으니 같은 사람이라고 하였고(《老子道德經考異序》), 왕중(汪中, 1744~1794)도 《술학(述學)》 노자고이(老子考異)에서 이들이 같은 사람이라 주장하였다. 곧 노래자는 노자와 다른 사람이지만 태사 담은 노자와 같은 사람이라는 것이다.[11] 이밖에도 학자들에 따라 이 세 사람의 관계에 대한 견해는 구구하기 짝이 없다. 다만 이미 사마천의 시대부터 이들 세 사람에 관한 전설이 혼동되고 있었음이 사실이라 할 것이다. 사마천이 말했듯이 "노자는 숨어 산 군자"(6단)로서 자기의 이름이나 행적을 드러내지 않았기 때문에 본시부터 그의 생애는 애매하지 않을 수가 없었던 듯하다.

다섯째: 노자의 전기를 보면 앞에서는 노담이 공자보다 선배인 것처럼 쓰고 있고, 뒤(7단)에서는 "노자의 아들은 종(宗)… 종의 아들은 주(注), 주의 아들이 궁(宮), 궁의 현손(玄孫)이 가(假), 가의 아들이 해(解)"라 하였다. 해(解)는 사마천과 같은 시대 사람으로 노자의 팔대 손자인데, 사마천과 같은 시대의 공안국(孔安國)은 공자의 십이 대손자라 하였다. 그러니 노자는 공자보다 후대의 사람임에 틀림없다고 생각된다.[12] 또 "노자의 아

---

11) 전목(錢穆)은 《노장통변(老莊通辨)》에서 공자가 만났던 노담과 진(秦)나라 헌공(獻公, BC. 384~362 재위) 때의 태사 담은 시대로 보아 같은 사람일 수가 없다 하였다.
12) 양계초(梁啓超) 《제자고석(諸子考釋)》 사기중소술제자급제자서최록고석 (史記中所述諸子及諸子書最錄考釋) 참조.

들 종(宗)은 위(魏)나라 장수로 단간(段干)에 봉해졌었다."라고 했는데, 《사기》 위세가(魏世家)에 "안희왕(安釐王) 4년(BC. 273)에 위(魏)나라 장수 단간자(段干子)가 진(秦)나라에 남양(南陽) 땅을 떼어주고 강화하였다."고 단간자가 곧 노자의 아들 종(宗)인 듯하다.[13] 그렇다면 노자는 공자보다 훨씬 후세의 사람이 되고 마는 것이다. 사마천도 이러한 전설의 시대적 차이를 의식했기 때문에 "노자는 160여 세 살았다고도 하고 혹은 200여 세를 살았다고도 한다."(5단)고 말하였을 것이다.

　이상의 문제들 이외에도 따져보면 노자의 전기는 더 많은 문제들을 안고 있다. 그것은 곧 그의 전기가 모두 애매한 전해들은 말을 주워모아 이루어 놓은 것 같은 성질의 것임을 뜻한다. 노자의 생애는 후세는 말할 것도 없고 그의 시대에 있어서조차도 분명치 않았던 것으로 여겨진다. 노자가 "숨어 산 군자"라면 그의 분명치 않은 생애에 관한 기록은 어쩔 수가 없는 것이었다고 보는 게 옳을 것이다. 그 때문에 뒤에 제3절에서 자세히 소개할 예정이나, 노자가 실존인물이 아니었다고 주장하는 학자까지 나오게 되었던 것이다.

---

13) 《전국책(戰國策)》에도 「화양(華陽)의 싸움에서 위(魏)나라가 진(秦)나라를 이기지 못하여 다음해 단간숭(段干崇)으로 하여금 땅을 떼어 주고 강화하도록 하였다.」고 쓰고 있는데, 숭(崇)은 종(宗)의 잘못인 듯하며, 장백잠(蔣伯潛)은 《제자학찬요(諸子學纂要)》 제7장에서, 이는 주(周)나라 태사(太史) 담(儋)의 아들이라고 하였다.

제2절
신선으로서의 노자

전국(戰國) 시대 말엽부터 중국에는 신선 사상이 유행하기 시작하여, 진(秦)·한(漢)대에는 스스로 불로장생술(不老長生術)을 익혔다고 내세우는 방사(方士)들이 수없이 나왔다. 이들은 흔히 자기네 사상적 근거를 노자에 두었으므로 후세로 갈수록 애매한 노자의 생애에는 전설적이고 신비스러운 여러 가지 전설들이 가미되기 시작하였다. 그리고 그러한 경향은 후한에 장릉(張陵)이란 사람에 의하여 도교가 창시되고,《노자》를 그들의 기본 경전으로 삼아 신도들에게 그것을 외우게 한 이래로 더욱 심해졌다.

곧 노자는 후대로 갈수록 특수한 모습과 기이한 술법을 행하는 신선으로 변해 가는 것이다.

예를 들면 진(晉)대 갈홍(葛洪, 250?~330?)이 지었다는 《신선전(神仙傳)》[14]에는 노자에 대한 다음과 같은 기록이 실려 있다.

노자는 이름이 중이(重耳)이고 자는 백양(伯陽)이며, 초나라 고현(苦縣) 곡인리(曲仁里) 사람이다. 그의 어머니는 대류성(大流星)에게 느낌을 받고 임신을 했다 한다. 비록 천연(天然)의 기운을 받아 임신을 했지만 이(李)씨 집안에서 일어났던 일이기 때문에 그대로 이씨 성을 따랐다 한다. 또 어떤 이는 말하기를 노자는 하늘과 땅보다도 앞서 출생했다고도 하고, 어떤 이는 하늘의 정백(精魄)이며 신령에 속하는 사람이었다고도 한다. 또 어떤 이는 그의 어머니가 임신한 지 72년 만에 그가 출생을 했는데, 탄생할 적에 어머니의 왼편 겨드랑이 밑을 째고 나왔고, 나면서부터 머리가 희었었기 때문에 그를 노자라 부르게 되었다고도 한다.

또 어떤 이는 그의 어머니는 남편이 없었기 때문에 노자는 어머니 집안의 성을 따랐다고도 한다. 또 어떤 이는 노자의 어머니가 마침 오얏나무 밑을 지나다가 노자를 낳았는데, 나면서부터 말을 할 줄 알았고, 그 오얏나무를 가리키면서 이 나무로 나의 성을 삼겠노라고 말했다고도 한다. 또 그는 상삼황(上三皇)

---

14) 송(宋) 이방(李昉) 등이 칙찬(勅撰)한 《태평광기(太平廣記)》 1권 첫머리에 인용. 보통 지금은 진(晉)나라 갈홍(葛洪)이 지었다는 《신선전》 10권이 전해지나 이곳의 내용과 들어맞지 않는다. 《한위총서(漢魏叢書)》에 실려 있는 《신선전》이 오히려 《태평광기》의 인용과 더 많이 들어맞는데 이는 후세 사람이 더 보충한 판본인 듯하다.

시대에는 현중법사(玄中法師)였고, 하삼황(下三皇) 시대에는 금궐제군(金闕帝君)이었고, 복희씨(伏羲氏) 시대에는 울화자(鬱華子)였고, 신농씨(神農氏) 시대에는 구령노자(九靈老子)였고, 축융씨(祝融氏) 시대에는 광수자(廣壽子)였고, 황제(黃帝) 시대에는 광성자(廣成子)였고, 전욱(顓頊) 시대에는 적정자(赤精子)였고, 제곡(帝嚳) 시대에는 녹도자(祿圖子)였고, 요(堯)임금 시대에는 무성자(務成子)였고, 순(舜)임금 시대에는 윤수자(尹壽子)였고, 하(夏)나라 우(禹)임금 시대에는 진행자(眞行子)였고, 은(殷)나라 탕(湯)임금 시대에는 석칙자(錫則子)였고, 주(周)나라 문왕(文王) 시대에는 문읍선생(文邑先生)이었다고도 하고 혹은 수장사(守藏史)였다고도 한다.

또 어떤 이는 월(越)나라에서는 범려(范蠡)로 활약하였고, 제(齊)나라에서는 치이자(鴟夷子)로 행세하였고, 오(吳)나라에서는 도주공(陶朱公)이었다고도 한다….

《서승중태(西昇中胎)》와 《복명포(復命苞)》 및 《주도옥기금편내경(珠韜玉機金篇內經)》에 모두 말하기를, 노자는 황백색의 아름다운 눈썹, 넓은 이마, 긴 귀, 큰 눈, 가지런한 이, 네모난 입, 두꺼운 입술을 가졌고, 이마에는 삼신(三辰) 오성(五星)의 무늬가 있고, 양편에 해가 달렸고 가운데에 달이 있으며, 콧등이 한 쌍의 기둥으로 받쳐져 있고, 귀에는 세 개의 구멍이 뚫려 있으며, 발걸음은 음양(陰陽) 오행(五行)에 들어 맞고, 손아귀에는 열 가지 무늬가 있으며, 주나라 문왕(文王) 때에는 수장사(守藏史)를 지냈고, 무왕(武王) 때에 이르러는 주하사(柱下史)가 되었는데, 세상에서는 그가 오래 사는 것을 보고서 그를 노자라 부르게 되었던 것이라고 하였다….

같은 갈홍의 《포박자(抱朴子)》 잡응(雜應)편을 보면 노자는 다음과 같이 묘사되어 있다.

> 신장이 9척(尺)이고, 누런 얼굴에 새까만 입, 높은 코와 긴 눈썹을 가지고 있었다. 눈썹 길이는 다섯 치[寸]고, 귀의 길이는 일곱 치였다. 이마에는 세 가지 무늬가 있는데, 위 아래로 연결되어 있으며, 발에는 팔괘(八卦)가 새겨져 있고, 신귀(神龜)를 걸상으로 삼았다. 금과 옥으로 된 집에 백은(白銀)으로 섬돌을 만들고 살았으며, 오색의 구름으로 옷을 삼고, 중첩(重疊)의 관을 쓰고, 봉연(鋒鋋)의 칼을 찼다. 황동(黃童) 120명을 거느리고, 왼편에는 열두 마리의 청룡(靑龍), 오른편에는 스물여섯 마리의 백호(白虎), 앞에는 스물네 마리의 주작(朱雀), 뒤에는 일흔두 마리의 현무(玄武)를 거느렸으며, 앞에서는 열두 궁기(窮奇)가 길을 인도하고, 뒤에는 서른여섯 마리의 피사(辟邪)가 시종하였다. 위에서는 우레와 번개가 번쩍번쩍하였다. (孫星衍 校正本 의거)

이 밖에도 지금 전하는 도교의 책들 중에는 이러한 종류의 여러 가지 다른 기묘한 전설들이 기록되어 있다. 이는 도가 사상이 도교로 옮겨가면서 생겨난 도교의 성격을 암시해 주기도 하는 것이다.

그리고 노자가 만년에 세상에서 숨으려고 서쪽으로 가다가 관령(關令) 윤희(尹喜)를 만나 그의 요청으로《도덕경》5천언(言)을 지었다는 얘기를 근거로, 노자가 외국 사람이 되어 부처가 되었다는 전설도 전한다. 이것은 노자의 도가 사상과 불교 사상은 서로 비슷한 점이 많아 처음 불교가 중국에 전해졌을 적에 사람들은 이것들을 같은 계통의 종교로 생각했던 데도 원인이 있는 듯하다.《후한서(後漢書)》교사지(郊祀志)를 보면, 환제(桓帝)의 연희(延熹) 8년(165)에 궁중에서 부도(浮屠)와 노자의 제사를 행한 기록이 실려 있는데, 부도(浮屠, 佛圖라고도 하며 佛陀의 異譯)와 노자를 함께 제사 지낸 것은 그 당시 두 종교를 비슷한 것으로 생각했던 때문이 아닌가 한다.

그리고 그 다음 해 양해(襄楷)가 올린 상주문(上奏文;《後漢書》襄楷列傳)에는 "듣건대 궁중에 황로(黃老)와 부도(浮屠)의 사당을 세웠다 하옵는데, 이들의 도는 맑고 텅 빈 것과 무위를 숭상하고, 삶을 좋아하며 죽음을 싫어하고, 욕망을 버리고 사치를 멀리하려 한다 합니다. … 혹은 말하기를 노자가 오랑캐 땅으로 들어가 부도가 되었다고도 합니다."라고 말하고 있다. 이로써 보면 노자가 오랑캐 땅으로 나가 부처가 되었다는 전설은 이미 후한대에 유행하고 있었다. 이것을 근거로 후세에는 지금 도장(道藏) 속에 전하는 이른바《노자화호경(老子化胡經)》《노자서승경(老子西昇經)》따위조차도 생겨났던 것이다.

제3절
《노자》의 저자와 그 시대

 그러면 지금 우리가 보는 《노자》 또는 《도덕경》은 누가 언제 쓴 것인가? 중국에서는 옛날부터 《노자》는 《사기》 열전에 실려 있는 이이(李耳) 또는 이담(李聃)이 지은 책으로 믿어 왔다. 그리고 그 이이는 공자(BC. 551~BC. 479)보다 나이가 20~30세 더 많은 선배라고 생각되었다.

 그러나 송대에 섭적(葉適, 1150~1223)이 《습학기언(習學記言)》에서 《사기》 열전에 전기가 실려 있는 노자와 《노자》의 저자는 다른 사람일 것이라고 의심한 이래로 많은 학자들이 지금에 이르기까지 노자에 대한 의문을 제기하여 《노자》의 저자와 그 저작 연대는 완전히 해결되지 못한 학계의 큰 문제로 그대로 남아 있다. 특히 청대에 들어와 고증학이 크게 발달하면서 유행하기 시작한 회의주의적 학문 경향은 노자란 실제로 존재한 일도 없는 가공적 인물이라는 주장까지도 낳게 하였다. 그 중에서도 대표적인 학자가 최술(崔述, 1740~1816)이라 할 것이다. 그는 자신의 역저인 《수사고신록(洙泗考信錄)》에서 대략 다음과 같은 줄거리의 주장을 하고 있다.

《노자》의 문장은 전국 시대 제자들의 것과 비슷하며, 《논어》 《춘추전(春秋傳)》의 문장과는 전혀 비슷하지 않다. 공자는 옛날의 현명한 사람과 당시의 경대부(卿大夫)들에 대하여 여러 가지로 얘기하여, 《논어》만 보아도 그런 기록이 자세하다. 그런데 어찌하여 노자에 관한 말은 한마디도 실려 있지 않은가? 맹자는 양주(楊朱)와 묵자(墨子)만을 비난하고 있는데, 정말로 노담이 양주와 묵자 이전에 존재하였다면, 맹자가 어째서 그에 관해 한마디 말도 하지 않았겠는가?

그리고 그는 《노자》란 책은 양주의 무리들이 자기네 이론을 내세우기 위하여 지어낸, 전국시대에 이루어진 것이고, 《사기》의 노자의 전기도 양주의 설에 의거하여 쓴 것이며, 노자란 실제로 존재한 일조차 없었던 인물이라 주장하였다.

비슷한 시대의 왕중(汪中, 1744~1794)도 그의 《술학(述學)》 노자고이(老子考異)에서, "노자는 초나라 사람이며 주나라 왕실의 수장실(守藏室)의 사(史)를 지냈다."고 하였는데, 초나라 사람으로서 주나라 왕실의 벼슬을 했다는 것은 불가능한 일이며, 더욱이 책의 관리는 대대로 장님 사관(史官)들이 이어받아 오던 일이었으니 초나라 출신인 노자가 그런 벼슬을 했다는 것은 말도 안 된다고 주장하였다. 그리고 《노자》란 책은 춘추시대의 예의 전문가인 노담(老聃)이 쓴 것이 아니라 전국시대 주나라 태사(太史) 담(儋)이 쓴 것일 것이라고 추리하고 있다.

다시 청대 말엽의 양계초(梁啓超, 1873~1929)도 노자는 공자보다 후대의 사람이라고 주장하였고,[15] 현대의 석학 중에서는 풍우란(馮友蘭)·전목(錢穆) 등이 노자를 의심하고 있다. 풍우란은 그의 《중국철학사》 제8장에서 《노자》의 저자는 전국 시대의 이이(李耳)이며, 공자가 예에 관해 공부한 노담은 전설적인 옛날의 〈박대진인(博大眞人)〉이라 하였다. 사마천(司馬遷)은 이를 잘못 알고 혼동하였다는 것이다. 풍우란은 그래도 노자를 도학(道學)의 창시자로 보고 있으나, 전목은 한걸음 나아가 《노자》는 《장자》보다도 뒤늦게 나온 책이라 주장하고 있다.[16]

풍우란이 들고 있는 증거는 이전 학자들의 의견을 종합한 다음과 같은 세 가지이다. 첫째, 공자 이전에는 개인의 저술이 없었으니 《노자》는 《논어》보다 빠를 수가 없다. 둘째, 《노자》의 문체는 문답체가 아니니, 그것은 《논어》와 《맹자》보다 뒤에 나온 것일 수밖에 없다. 셋째, 《노자》의 문장은 간결하고도 분명한 〈경(經)〉체이니, 그것은 전국시대의 작품임을 알 수 있다.

그러나 섭적(葉適) 이하 모든 회의적인 학자들이 노자의 존재를 부정하거나 노자가 후세(전국 시대)의 인물임을 증명하기 위

---

15) 양계초(梁啓超)의 《제자고석(諸子考釋)》 평호적지중국철학사대강(評胡適之中國哲學史大綱) 등 참조.
16) 전목(錢穆)의 《노장통변(老莊通辨)》《국학개론(國學概論)》 등 참조.

하여 들고 있는 증거들은 풍우란 자신이 지적하고 있듯이 논리학에 있어서의 이른바 〈개사(丐詞), begging the quesition〉임을 면치 못하고 있는 것이다. 논리학상의 〈개사〉란 곧 그가 증명하려는 것에 대한 결론을 미리 그의 논리상의 전제 속에 포함시키고 있어서, 그 전제를 인정해 주기만 하면 자연히 그가 내놓는 결론도 승인할 수밖에 없게 되는 것이다.

풍우란 자신이 "공자 이전에는 개인의 저술이 없었다." "문답체(問答體)가 아닌 문장은 모두 《논어》와 《맹자》보다 뒤늦게 나왔다." "간결하고도 분명한 〈경〉체의 문장은 전국 시대의 작품이다."라는 세 가지 전제가 모두 〈개사〉임을 인정하고 있는 것이다. 그것은 《사기》의 노자의 전기 속에는 이미 앞에서 지적한 바와 같이 많은 의문이 있는 것은 사실이지만 그렇다고 노자가 존재한 일이 없는 가공적인 인물이라거나 또는 공자보다 뒤늦은 전국시대 사람이었다는 확실한 증거가 있는 것은 아니기 때문이다.

《장자》의 끝머리 천하(天下)편을 보면 노담의 사상에 대하여 다음과 같이 쓰고 있다.

노담이 말하였다. (강한)수컷에 대하여 알면서 (약한)암컷과 같은 태도를 지키면 천하의 (만물이 모여드는) 골짜기 같은 존재가 될 것이며, 결백한 것에 대하여 알면서 욕된 것 같은 입장을 지키면 천하의 계곡 같은 존재가 될 것이다. 사람들은 모두 앞서려 하더라도 자기는 홀로 뒤에 처져야 한다. 그리고 천하의 때묻은 것을 자신이 받아들이겠다고 하여야 한다. 사람들은 모두 실리를 취하려 하더라도 자기는 홀로 텅 빈 것을 취하여야 한다. 저장하는 것이 없기 때문에 늘 남음이 있게 되며, 홀로 우뚝하게 여유가 있게 되는 것이다. 그 자신이 행동함에 있어서는 더디면서도 허비하지 않고, 무위함으로써 교묘함을 비웃는다.

사람들은 모두 복을 추구하지만 자기만은 홀로 지극한 이치를 따라 온전하려 든다. 그리고 구차히 재난을 면하기만 하면 그뿐이라고 한다. 심오함으로써 근본을 삼고, 간략함으로써 기강(紀綱)을 삼는다. 그리고 굳은 것은 부서지고, 예리한 것은 꺾여지는 법이라 말한다. 언제나 사물에 대하여 너그러이 받아들이는 태도를 취하며, 남에게 각박하게 굴지 않는다. 그래서 지극하다고 말할 수 있다.

老聃曰; 知其雄, 守其雌, 爲天下谿; 知其白, 守其辱, 爲天下谷. 人皆取先, 己獨取後, 曰受天下之垢. 人皆取實, 己獨取虛. 无藏也, 故有餘, 巋然而有餘. 其行身也徐而不費, 无爲也而笑巧.

人皆求福, 己獨曲全; 曰苟免於咎. 以深爲根, 以約爲紀; 曰堅則毁矣, 銳則挫矣. 常寬容於物, 不削於人, 可謂至極.

그런데 여기에 보이는 노담의 사상은 바로 《노자》의 내용과 완전히 통하는 것이다. 《노자》에도 다음과 같은 내용이 보인다.

수컷에 대하여 알고서 암컷과 같은 태도를 지키면 천하의 골짜기 같은 존재가 된다. … 결백한 것에 대하여 알고서 검은 것 같은 입장을 지키면 천하의 법도가 된다. … 영화로움에 대하여 알고서 욕된 것 같은 입장을 지키면 천하의 계곡이 된다.
知其雄, 守其雌, 爲天下谿. … 知其白, 守其黑, 爲天下式, … … 知其榮, 守其辱, 爲天下谷. -제28장

그러므로 성인은 … 백성들에 앞장서려 한다면 반드시 자신을 그들 뒤로 미룬다.
是以聖人, … 欲先民, 必以身後之. -제66장

나라의 때묻은 것을 받아들이는 것, 그것을 사직의 주인이라 말한다.
受國之垢, 是謂社稷主. -제78장

이밖에도 무위의 사상을 비롯해서 나머지 모두가 《노자》에서도 발견되는 사상들이다. 《사기》에,

이이는 무위함으로써 스스로 변화해 가고, 청정함으로써 스스로 올바르던 사람이었다. (9단)
李耳無爲自化, 淸靜自正.

고 말하였는데, 이는 앞의 노담의 얘기나 《노자》에 대하여도 똑같이 적용될 수 있는 말이다. 그렇다면 《노자》가 공자보다 약간 선배인 이이 또는 노담이 쓴 것이 아니라고 말하기도 어렵다. 많은 노자의 전기를 의심하는 학자들의 박약한 논리적 근거나 그들의 증거 자체의 불확실한 성격에 대하여는 호적(胡適,

1891~1962)이 이미 〈근인들의 노자 연대에 대한 고증방법 평론(評論近人考據老子年代的方法)〉(《胡適文存》제4집)이란 글에서 자세히 분석 비평하였다.

그러나 《사기》의 노자열전이나 《노자》란 책 자체가 여전히 많은 의문을 일으킬 만한 문제를 안고 있는 것은 사실이다. 《사기》 노자열전의 문제에 대하여는 이미 앞에서 논했거니와, 이는 오히려 그 시대의 전해들은 얘기에 의심을 품은 채 있는 그대로 기록한 사마천의 역사가로서의 태도를 증명하는 것이라 풀이할 수도 있다. 《노자》 책이 지닌 문제란 그 책이 한때 한 사람에 의하여 씌어진 것이 아닐 가능성이 많다는 것이다. 근인 장백잠(蔣伯潛)은 《제자학찬요(諸子學纂要)》에서 그 중요한 이유로서 다음과 같은 두 가지를 들고 있다.

첫째 : 《노자》 중에는 중복되는 구절들이 많이 보인다. 예를 들면,

> 생겨나게 하고도 소유하지 않으며, 행동을 하더라도 의지하는 데가 없으며, 공로를 이룩하더라도 그것을 내세우지 않는다.
> 生而不有, 爲而不恃, 功成而不居. ―제2장

> 생겨나게 하고도 소유하지 않으며, 행동을 하더라도 의지하는 데가 없으며, 생장케 하면서도 지배하지는 않는다.
> 生而不有, 爲而不恃, 長而不宰. ―제10장, 제51장

> 예리한 것을 꺾고, 분규를 해결하며, 빛나는 것을 조화시키고, 먼지 같은 것과 같아진다.

挫其銳, 解其紛, 和其光, 同其塵. -제4장, 제56장

욕망의 근원을 막고 욕망의 문을 닫는다.
塞其兌, 閉其門. -제52장, 제56장

만물이란 장성하면 늙게 마련이니, 그것을 부도함이라 이르는 것이다. 부도함이란 일찍 죽게 되는 것이다.
物壯則老, 是謂不道, 不道早已. -제30장, 제55장

스스로 드러내려 하지 않기 때문에 분명히 드러난다. 스스로 옳다고 주장하지 않기 때문에 옳음이 더욱 밝아진다. 스스로 자랑하지 않기 때문에 더욱 공적이 인정된다. 스스로 뽐내지 않기 때문에 된다.
不自見, 故明. 不自是, 故彰. 不自伐, 故自功. 不自矜, 故長.
-제22장

스스로 드러내려는 사람은 분명히 드러나지 않는다. 스스로 옳다고 하는 사람은 옳다고 인정받지 못한다. 스스로 자랑하는 사람은 공적이 인정되지 않는다. 스스로 뽐내는 사람은 뛰어나다고 여겨지지 않는다.
自見者不明, 自是者不彰, 自伐者無功, 自矜者不長. -제24장

이상과 같이 5천 자 밖에 안 되는 《노자》속에 같은 말 또는 비슷한 말이 중복되고 있다는 것은, 이것들이 한 사람의 손에 의하여 씌어지거나 편찬된 것이 아님을 느끼게 한다.

둘째 : 《노자》 중에는 여러 학파의 이론들이 뒤섞여 있다. 보기를 들면 《노자》에 이런 말이 있다.

그것을 약하게 하려면 반드시 일시적으로 그것을 강하게 해준다. 그것을 패멸시키려면 반드시 일시적으로 그것을 흥성케 해준다. 그것을 뺏으려 한다면 반드시 일시적으로 그에게 내준다.
將欲弱之, 必固强之, 將欲廢之, 必固興之, 將欲奪之, 必固與之. —제36장

이 말은 《전국책(戰國策)》 위책(魏策)에서 임장(任章)이 《주서(周書)》를 인용해서 한 다음과 같은 말과 뜻이 같다.

그를 패멸시키려 한다면 반드시 일시적으로 그를 도와주어야 한다. 그의 것을 뺏으려 한다면 반드시 일시적으로 그에게 주어야 한다.
將欲敗之, 必姑輔之, 將欲取之, 必姑予之.

《노자》에 이런 말이 있다.

공로를 이룩하더라도 그것을 내세우지 않는다.
功成而弗居. —제2장

이 말은 《사기》의 채택열전(蔡澤列傳)에서,

공로가 이루어진 아래에 오래 처신해서는 안 된다.
功成之下, 不可久處.

고 한 말과 비슷하다.

《노자》에 이런 말이 있다.

　　문을 나서지 않고서도 천하의 일을 알고, 창밖을 내다보지 않고서도 하늘의 도를 안다.
　　不出戶, 知天下, 不闚牖, 知天道. －제47장

이 말은 《귀곡자(鬼谷子)》의 다음 말과 약간의 표현만을 달리한 같은 뜻의 말이다.

　　문을 나서지 않고도 천하의 일을 알고, 창밖을 내다보지 않고도 하늘의 도를 본다.
　　不出戶而知天下, 不闚牖而見天道.

또 《노자》에 이런 말이 있다.

　　강하고 억센 자는 제 명에 죽지 못한다.
　　强梁者, 不得其死. －제42장

　　강과 바다가 모든 계곡의 왕자가 될 수 있는 까닭은, 그것이 낮은 자리를 잘 차지하기 때문이다.
　　江海之所以爲百谷王者, 以其善下之. －제66장

하늘의 도는 특히 친한 사람 없이 언제나 선한 사람 편을 든다.
天道無親, 常與善人. －제79장

황제(黃帝)의 《금인명(金人銘)》이란 글에는 다음과 같은 내용이 있다.

강하고 억센 자는 제 명에 죽지 못하고, 승리를 좋아하는 자는 반드시 그를 이기게 될 적을 만나게 된다. … 강과 냇물이 모든 계곡의 우두머리가 되는 것은 그것이 낮은 자리를 차지하기 때문이다. 하늘의 도는 득히 친힌 시람 없이 언제나 선한 사람 편을 든다.
强梁者不得其死, 好勝者必遇其敵. … 夫江河長百谷者, 以其卑下也. 天道無親, 常與善人.[17]

이로써 《노자》는 《황제서(黃帝書)》와 성격이 서로 통하는 점이 많고, 《황제서》가 후인의 손에 이루어진 책이라 하더라도 《노자》의 잡가적(雜家的)인 성격을 증명하는 자료가 될 수는 있을 것이다.

이밖에도 《노자》에 이런 말이 보인다.

---

[17] 한대 유향(劉向)의 《설원(說苑)》《공자가어(孔子家語)》《한시외전(漢詩外傳)》 등에 인용됨.

대체로 자애로움으로 싸우면 이기게 되고 수비를 하면 견고하게 된다. 하늘도 그러한 사람을 구해 주실 것이니, 자애로움으로 자신을 방위하여야만 할 것이다.
夫慈以戰則勝, 以守則固. 天將救之, 以慈衛之. -제67장

훌륭한 용사는 센 듯이 보이지 않고, 잘 싸우는 사람은 성내지 않으며, 적을 잘 이기는 사람은 다투지 아니한다.
善爲士者不武, 善戰者不怒, 善勝敵者不爭. -제68장

환난은 적을 가벼이 여기는 것보다 더 큰 것은 없으니, 적을 가벼이 여기면 자기의 소중한 것을 거의 모두 잃게 될 것이다. 그러므로 군사를 일으키어 서로 공격을 가할 적에는 사양하는 사람이 이기게 된다.
禍莫大於輕敵, 輕敵幾喪吾寶. 故抗兵相加, 哀者勝矣.
-제69장

이런 말은 분명히 병가(兵家)의 이론이라 할 것이다. 아무리 병가가 도가에서 나왔다 하더라도 이런 병법에 관한 말은 역시 노자의 잡가적인 성격을 보여준다.

사마천은 《사기》의 끝머리 태사공자서(太史公自序)에서 자기 아버지 사마담(司馬談)이 〈육가(六家)〉의 요지에 대하여 논한 말을 인용하고 있는데, 그 중 도가에 대하여는 다음과 같은 말을 하고 있다.

도가는 사람들로 하여금 정신을 한결같이 오로지 하게 하고, 행동은 형체가 없는 도와 합치게 하고, 욕망은 만물에 대하여 만족을 느끼게 한다. 그들의 술법은 음양의 위대한 순환법칙을 근거로 하고, 유가와 묵가의 장점을 따고 명가(名家)와 법가(法家)의 요지를 취하여, 때를 따라 옮겨가고 사물에 따라 변화하며, 세속에 입각하여 일을 처리한다. 따라서 어디에나 그것은 합당치 않은 곳이 없고, 취지가 간결하여 따르기가 쉬우며, 하는 일은 적으면서도 이루는 공은 많게 되는 것이다.

이상의 사마담의 말도 노자에게서 비롯된 도가의 사상이 잡가적인 사상을 다 아울러 지니고 있음을 지적한 말이다.

이상을 종합해서 결국 우리는 《노자》의 작자로서의 노자에 대하여 다음과 같은 결론을 내릴 수 있을 것이다. 이 결론은 미국 프린스턴 대학의 모트(Frederick W. Mote) 교수가 *Intellectual Foundations of China*, Chapter 4, Who Was Lao Tzu?에서 설명하고 있는 노자의 성격과 완전히 일치한다.

곧 노자의 열전을 쓴 사마천 자신이 노자의 전기를 쓰는데 있어서 무척 고심한 듯하다. 노자는 도가의 창설자로 알려져 있으니 《사기》에 그의 열전을 넣지 않을 수가 없었고, 한편 그는 "천하의 전해오는 기록과 옛 일에 대한 기록은 모두가 태사공(太史公)에게로 모아져 있었다."고 스스로 말했을 정도로 풍부한 자료를 구사하여 《사기》를 썼으나 《노자》의 저자인 노자의 생애에 관한 자료만은 아주 부족하였다. 대체로 《노자》는 공자의 선배인 이이(李耳)에 의하여 씌어졌고, 이이가 바로 노담 또는 노자라고 부르는 사람이라 전해지고 있으나, 노래자(老萊子)라는 현인도 바로 그 이이와 같은 사람이었는지 또는 그보다 약 2세기 뒤의 주나라 태사(太史) 담(儋)과 같은 사람이었는지조차도 사마천 스스로 확실히 말할 수 있는 근거가 없었다. 그러므로 《노자》의 저작연대나 노자가 살았던 시대는 2~3세기의 폭을 두고 학자들에 따라 견해를 달리하게 된 것이다.

특히 송대 이후로 중국학계에는 자기네 고전에 대한 회의주의가 유행하기 시작하여 청대 말엽부터 민국 초기에 이르는 시기에는 서양의 과학적인 학문방법의 영향 아래 자기네 전통문화 전반에 걸친 회의의 풍조가 극도로 성행하였다. 이에 따라 노자가 장자보다도 후세의 사람이라 주장하는 사람을 비롯하여, 노자의 실존 자체를 부정하는 학자들까지도 생겨났다. 그러나 이러한 노자에 대한 지나친 의심은 노자에 관한 전설을 긍정하는 것 이상으로 근거가 박약한 일임은 이미 앞에서 지적한 바 있다. 그렇다고 해서 노자가 어머니 뱃속에 70여 년이나 있다가 나왔다든가 노자가 서쪽으로 가서 부처가 되었다는[18] 터무니없는 전설들까지도 믿자는 말은 아니다.

우리는 도가 사상이 어떤 한 사람에 의하여 창설된 것은 아니라고 보는 게 옳을 것 같다. 공자(BC. 551~BC. 479)라는 위대한 인물이 나와 중국의 전통 사상을 바탕으로 현실적이고 합리적인 유학을 이룩하고 있을 때, 이와 대가 되는 초현실적이고

---

18) 앞 제2절 끝머리 부분 참조.

반이성적인 도가 사상도 상대적으로 무르익어 갔다.

공자는 그 시대의 혼란을 바로잡기 위하여 주나라 초기의 봉건제도를 부활시키려고 애썼으나, 도가에서는 그 시대의 혼란은 사람들이 인위적으로 제정한 예의제도에서 말미암은 것이라 단정하고 주나라 초기의 봉건제도는 물론 모든 인위적인 수단을 부정하고 나섰다. 이러한 시대적 분위기는 다음 장에서 더 자세히 얘기할 작정이다.

어떻든 전국시대(BC. 402~BC. 256)에 와서는 중국의 대표적인 사상의 하나로 도가 사상이 발전하여 있었고, 그들의 사상을 대표하는 경전으로 《노자》가 전해지고 있었다. 실제로 이 도가 사상이 공자보다 선배였던 노담 한 사람에 의하여 창작된 것은 아니었다.

그러나 후세의 도가들은 그들 사상의 구심점으로 유가의 공자와 비길 만한 그들의 시조가 필요하였기 때문에 공자보다도 선배인 노담을 끌어내어 노자라 부르며 그를 자기네 시조로 받드는 기풍이 성행하게 되었던 것 같다.

이미 춘추시대(BC. 770~BC. 403)에도 노자와 비슷한 사상을 가지고 세상을 숨어 사는 많은 어진 이들이 있었다(다음 장 참조). 다만 수많은 이전의 어진 이들 중에서도 노담의 행적이 비교적 뚜렷했고, 그들과 사상적으로 대가 되는 유가의 창시자인 공자보다도 선배라는 장점이 있었기 때문에 그가 노자로서 도가의 시조라 존중되었을 것이다.

그러나 그 시대의 숨어 사는 은자들 중에는 노담과 비슷한 사상과 비슷한 행적을 남긴 사람들이 적지 않았기 때문에 또 그와 혼동을 일으키는 노래자(老萊子)나 태사담(太史儋) 같은 사람이 있게 되었던 것이다.

도가에서는 논리조차도 부정하고 있으므로 초기의 도가들은 자기의 사상을 글로 적어 세상에 널리 알리려는 생각을 하지 않았을 것이다. 그러나 초기 도가들의 '우주의 기본 원리로서의 도'의 개념이나 '인간의 이성에 대한 한계'의 인식 또는 '무위 자연'의 사상들을 구체화하는 한편, 다른 학파들을 상대로 토론하고 다투게 되면서 자기네 사상의 바탕이 될 경전의 필요성을 절실히 느끼게 되었을 것이다.

이에 전국시대로 들어오면서 어떤 이가 자기 스승들의 가르침, 곧 간단한 말이나 교훈을 모아 책으로 엮고, 그 스승들 중에서도 가장 대표적인 노자의 이름을 따서 그 책을 《노자》라 부르게 되었을 것이다. 《노자》가 뚜렷한 체계 없이 간단한 도가의 사상을 설명하는 말이나 교훈을 모아놓은 책이라는 점이 이러한 가정을 뒷받침해 준다.

그리고 그 대부분의 말들이 운문에 가까운 문장이라는 것은 그것들이 본시는 입으로 전해지는 말에 의하여 전승된 것이었을 가능성이 있음을 말해 준다.

그러나 이 책에 씌어 있는 기본 사상들은 이미 노자에 의하여 완성된 것이라 보는 게 옳을 것이다. 지금 우리가 보는 《노자》와는 다르지만 춘추시대의 노자에 의하여 씌어진 간단한 책이 있었을 가능성도 있다.

장자(BC. ?~BC. 275 전후)가 노자의 사상을 바탕으로 자기 사상을 발전시키고 있고, 또 여러 곳에 노자의 말을 인용 설명하고 있는 것을 보면 《노자》는 장자보다는 앞서 이루어졌던 것이라 보는 게 좋을 것이다. 그러나 이미 앞에서도 지적한 바와 같이 《노자》가 한 사람의 손에 의하여 이루어진 것이 아닌 듯하고, 또 전국시대의 사상을 대표하는 말들이 섞여 있으므로 전국시대 도가들의 손질이 많이 가해졌다는 것도 부정할 길이 없다.

이상을 종합하면 춘추시대에 공자(BC. 551~BC. 479)보다 20~30년 선배인 노자라는 사람이 있었고, 그가 도가의 초기 사상가의 한 사람이었음에는 틀림없지만 도가 사상이 그 노자라는 한 사람에 의하여 만들어진 것은 아님을 알 수 있다. 《노자》라는 책도 적어도 노자에 의하여 처음으로 이루어진 간단한 기록이나 그의 말 같은 것을 근거로 하고, 다시 거기에 전국시대 이후 도가들이 기록을 더 보태어 지금 우리가 보는 모습으로 발전한 것이라 보는 게 옳을 것이다.

그러므로 《노자》란 책의 저자인 노자는 반드시 공자가 만났던 노담과 꼭 같은 사람이라고 볼 필요는 없다. 이러한 옛 책에 더 보태어진 후세 사람들의 손길은 《노자》뿐만이 아니라 거의 모든 중국의 옛 전적에서 발견되는 현상인 것이다.

제3장

시대 배경

제1절
주(周)의 건국과 발전

　중국의 역사는 반고(盤古)를 필두로 하는 고황(古皇)과 삼황오제(三皇五帝)의 전설로부터 시작된다. 그 중에서도 BC. 2698년에 왕위에 올랐다고 전해지는 황제(黃帝)가 그들의 시조로서 가장 존중되고 있다. 황제의 황(黃)자가 중국인들이 오방색(五方色) 중에서도 가장 높이는 중앙의 황색에서 나왔고, 황하(黃河)가 연상되며, 또 후세의 도가들이 노자와 함께 황제를 그들의 교조로 받들어 황로지학(黃老之學)이란 말이 생겼다는 사실들이 모두 우연이 아니다.
　그리고 황제의 뒤를 이었던 옛날 황제 중에 전욱(顓頊)·제곡(帝嚳) 등이 황제와 함께 주(周)나라 왕실과 같은 희(姬) 성이라는 것은 한편 주나라의 중국 역사상 정통적인 지위를 암시하는 것으로 생각된다. 그러나 중국에서 가장 오래된 역사적인 기록이라 할 수 있는 《서경(書經)》은 요(堯)·순(舜)에서 시작되고 있는데, 요임금은 BC. 2357년 무렵, 순임금은 BC. 2255년 무렵에 각각 황제자리에 올랐던 것으로 전해지고 있다.

  유가에서 고대의 이상적인 정치가 실제로 이루어졌던 시대로 요·순 시대를 들고 있는 것은 그들의 경전인 《서경》의 기록과 합치되는 것이다. 순임금에 뒤이어 우(禹)가 천하의 홍수를 다스린 공로로 임금 자리를 물려받아 하(夏)나라를 세우는데(BC. 2205 무렵), 중국의 본격적인 세습왕조가 여기에서 비롯된다. 그러나 뒤에 하나라의 걸왕(桀王)이 포악한 정치를 일삼자 탕(湯)임금이 나와 걸왕을 정벌하고 상(商)나라를 세운다(BC. 1766 무렵).

  탕임금 이후로 상나라는 여러 번 도읍을 옮기다가 제17대 반경(盤庚) 임금이 도읍을 은(殷, 지금의 河南省 安陽縣)으로 옮긴 뒤 나라 이름도 은이라 부르게 된다(BC. 1401 무렵). 근년에 이르러 이 은나라의 옛 도읍터인 안양(安陽)에서는 많은 그 시대의 유물들과 함께, 이른바 갑골문(甲骨文)이 발견되었다. 갑골문이란 거북 껍데기나 소 어깻죽지뼈로 점을 친 뒤 그 뼈에 점친 결과를 기록해 놓은 것인데, 거기에서는 탕임금 이하 은나라 각 대의 임금들에 관계되는 기록들이 발견되었다.

  따라서 중국의 유사 시대는 이 탕임금의 상나라로부터 시작된다고 할 수 있다. 그러나 이 시대의 문물제도에 관한 기록들은 거의 전하지 않고 있으므로 역시 본격적인 유사 시대는 다음의 주(周)나라로 미루지 않으면 안 될 것으로 생각된다.

주나라는 은나라의 마지막 임금 주왕(紂王)이 포악한 정치를 하자 무왕(武王)이 그를 정벌하고 호경(鎬京, 지금의 陝西省 長安 西南쪽)에 도읍함으로써 이룩한 나라이다(BC 1122 무렵). 주나라는 이미 무왕의 아버지 문왕(文王)이 서방 제후들의 우두머리인 서백(西伯)으로 훌륭한 정치를 하여 나라의 3분의 2를 차지할 정도로 국세를 크게 떨쳤다. 일설에는 이미 문왕 때 주나라가 온 천하를 다스리도록 천명(天命)을 받았으나, 그 뜻을 이루지 못하고 죽어 아들 무왕이 천명을 완성시켰던 것이라고도 한다.

무왕은 온 천하를 통일한 지 7년 만에 죽고, 그 뒤를 어린 아들 성왕(成王)이 잇는다(BC. 1115). 이때 어린 성왕을 도와 주나라의 여러 가지 문물제도를 마련하고 봉건체제(封建體制)를 완성시켰던 주공(周公)이 나와 활약한다. 여기에서 주나라의 문화는 그 발전을 극하게 되고, 중국 전통문화의 기틀이 이루어지는 것이다. 공자는 요·순 시대에 뒤이어 하(夏)·은(殷)·주(周)의 세 시대를 삼대(三代)라 하여 실제로 이상적인 봉건정치가 행해졌던 시대로 높이 떠받들었다.

주나라는 건국 초기 60년 간은 태평성대를 누리더니 차츰 정치 질서가 어지러워졌다. 특히 유왕(幽王, BC. 781~BC. 771 재위)은 포사(褒姒)라는 여자에 혹하여 나라를 극도로 어지럽힌 끝에 서쪽 오랑캐인 견융(犬戎)의 침입을 받고 죽음을 당하고 만다. 이에 그의 태자 의구(宜臼)가 유왕의 뒤를 계승하는데 그가 평왕(平王, BC. 770~BC. 720 재위)이다. 평왕은 나라의 도읍 호경(鎬京)이 크게 파괴된데다가 서쪽 견융의 세력이 무척 강성하였으므로, 도읍을 동쪽의 낙읍(洛邑, 지금의 河南省 洛陽縣 西쪽)으로 옮기어 나라의 중흥을 꾀한다. 이 해(BC. 770)를 기점으로 하여 그 이전을 서주(西周), 그 이후를 동주(東周)라 부른다. 이 동주는 다시 마지막 난왕(赧王)이 진(秦)나라에게 나라 땅을 바치고 굴복하기까지(BC. 526) 지속된다. 따라서 서주가 도합 11세(世) 12군(君)에 약 350년, 동주가 도합 22군(君)에 514년의 역사를 지니고 있다.

이 동주시대야말로 노자가 생존하였고, 또 도가가 이룩되었던 시대이다. 그런데 이 동주시대는 흔히 다시 춘추시대와 전국시대로 구분한다. 〈춘추〉라는 말은 공자가 직접 편찬한 그의 시대가 그가 살았던 노(魯)나라를 중심으로 이루어진 편년체 역사책인 《춘추(春秋)》에서 말미암은 것이다. 실상 공자가 쓴 《춘추》는 노나라 은공(隱公) 원년(元年, 周 平王 49년, BC. 722)에서 시작하여 노나라 애공(哀公) 14년(周 敬王 39년, BC. 481)에서 끝나고 있다.

그러나 보통 역사적으로는 평왕이 도읍을 낙읍(洛邑)으로 옮긴 해(周 平王 元年, BC. 770)로부터 진(晉)나라가 한(韓)·위(魏)·조(趙)의 세 나라로 갈라지기 전해(周 威烈王 22년, BC. 403)까지의 367년 동안을 춘추시대라 부른다. 그리고 그 다음 해(BC. 402)부터 주나라가 망할 때(BC. 256)까지의 147년 동안이 전국시대가 된다.

이 동주시대는 처음부터 끝까지 혼란을 극한 겸병전쟁(兼倂戰

爭)이 계속된 시대였지만, 춘추시대와 전국시대는 성격상 큰 차이가 있다. 곧 춘추시대는 제후들 사이에 세력이 가장 강했던 패자(覇者, 이른바 春秋五覇)가 있었고, 여러 나라들은 서로 싸우기는 하면서도 한편 패자를 중심으로 모여 주나라 천자를 떠받들며 봉건질서를 유지하려 애쓰고 또 힘을 모아 오랑캐들의 침입에 대비한다는 이른바 존왕양이(尊王攘夷)의 명분이 뚜렷이 살아 있었다. 그러나 전국시대로 들어가서는 그러한 명분도 완전히 사라지고, 전국칠웅(戰國七雄)이라 불리던 일곱 나라들이 서로 남의 나라 땅을 빼앗고 침략하고 하는 전쟁만을 일삼던 시대이다. 그러한 전국의 혼란은 결국 엄격한 법과 권력으로 나라를 다스리던 진(秦)나라 시황제(始皇帝)의 천하통일에 의하여 종결을 맺게 된다.

 그런데 이렇듯 혼란을 극하던 춘추시대가 바로 노자가 생존하고 도가 사상이 형성되기 시작하던 시대이며, 더욱 약육강식이 성행한 전국시대가 도가 사상이 완성되고 우리가 보는 《노자》란 책이 이루어졌다고 생각되는 시대인 것이다. 따라서 노자의 도가 사상은 이러한 혼란한 시대상을 배경으로 하여 발전하고 있는 것이다.

제 2 절
춘추시대(春秋時代)와 전국시대(戰國時代)

서주 시기에는 천자가 천하의 주인으로서의 권위와 실력을 가지고 세상을 다스리어, 여러 제후들 사이의 전쟁이 금지되었다. 그리고 천자의 나라는 제후들의 나라보다 월등한 문화수준에다가 비길 수도 없이 뛰어난 경제력과 군사력 등을 갖고 있어서 그러한 지배는 자연스러운 것이었다.

이 시대의 봉건제도를 간단히 설명하면, 맨 위에 왕 또는 천자가 군림하고 있고, 그 밑에 제후와 경(卿)·대부(大夫)·사(士)라는 지배계급이 형성되어 있었다. 천자는 직접 자기가 다스리는 왕기(王畿)가 있었고, 제후들은 천자에게서 봉해 받은 국(國)이라 불리던 영토를 다스리고, 경·대부들도 다시 일정한 영지를 채읍(采邑)으로 봉해 받아 다스렸으며, 다시 여러 계급으로 구분되는 사(士)들이 밑의 벼슬아치로 그들의 명령을 따라 지배 기능을 돕고 있었다. 그리고 그 밑에는 농민(같은 성을 지닌 농민)·농노(農奴, 성이 다른 농민)·예농(隷農, 농삿일을 하는 노예)·노예(奴隷, 농업 이외의 생산업 또는 잡일을 하는 자들) 들이 있어 생산업에 종사하였다.

따라서 나라의 땅은 왕 이하 대부(大夫)들에 이르는 귀족들만이 소유할 수 있었고, 또 그것은 그 집안의 맏아들인 종자(宗子)에 의하여 소유가 계승되었기 때문에 그 종자 밑에 온 친족의 무리들이 모여 살았다. 한 나라나 채읍(采邑)은 종족을 중심으로 한 지배질서에 의하여 제각기 다스려지는 공동체여서, 한 종족은 독립된 토지와 군대와 경제력 및 법(살인권 포함)을 갖고 있으며, 거기의 종자는 그 종족의 모든 남자들을 거느리고 종부(宗婦)는 모든 집안의 여자들을 거느리어, 거의 모든 사람들이 주거와 행동의 구속을 받는 반면 또 종족의 비호 없이는 생존하기도 어려운 형편이었다. 물론 이 종족들이 차지하고 있던 토지의 넓이는 크기가 일정하지 않았다.

그러나 주나라 초기의 오랜 동안의 안정은 제후들의 세력을 경제적으로나 군사적으로나 크게 발전시켰다. 특히 서주 말엽에는 주나라 왕실이 크게 약화되어, 왕실이 제후들을 통제할 능력을 거의 잃게 되었다. 그러자 제후들은 강한 나라가 멋대로 약한 나라를 쳐서 병합시키며 앞을 다투어 부국강병책(富國強兵策)을 쓴 결과, 주나라 왕실의 세력을 능가하는 큰 나라들이 생겨나 왕실을 정점으로 하고 그 밑에 제후들이 놓여 있던 봉건질서가 파괴되기 시작했다. 이에 서로 남의 땅을 빼앗아 자신의 나라를 강성케 하려는 춘추시대의 약육강식의 혼란이 일어나게 되는 것이다.

이러한 겸병전쟁(兼倂戰爭)은 제후들뿐만 아니라 대부들 사이에도 유행하여 사회의 혼란은 극에 달하였다. 왕만이 천자로서의 기능을 잃은 것이 아니라 나라의 권력을 대부들에게 빼앗긴 제후들도 수없이 생겨났다. 이 북새통에 서주 이래의 여러 가지 제도가 모두 파괴되고 백성들은 날로 더해 가는 혼란 속에 고초를 겪어야만 하였다.

특히 종자(宗子)의 토지 세습제도가 차차 무너지면서, 토지를 사고 팔 수 있는, 한 가족 중심의 토지 소유로 변해 갔다는 것은 춘추시대에 일어났던 가장 큰 변화라 할 것이다. 이에 따라 모든 생산 체제에 변화가 생겨나고 세제나 사회제도 전반에 걸쳐서도 많은 변화가 일게 된다.

평왕이 처음 주나라의 도읍을 동쪽 낙읍(洛邑)으로 옮겼을 적에는 그래도 왕실은 황하 양편 가의 땅 600리 사방의 넓이를 차지하고 있었다. 그러나 동주로 들어와 계속 제후들에게 땅을 떼어 주고 빼앗기고 하여, 양왕(襄王) 17년(BC. 635) 진(秦)나라에 황하 북쪽기슭 땅을 다 내준 뒤로는 주나라 왕실의 땅은 형편없이 좁아져 버렸다. 춘추시대 초기만 하더라도 왕실 이외의 땅은 100수십여 개의 나라들이 나누어 차지하고 있었는데, 곧 수많은 작은 나라들이 큰 나라에 먹히거나 예속되는 현상이 일어나 나라 수는 날로 줄어들었다.

춘추시대에 비교적 많은 나라들을 합병시켜 강해진 나라로는 진(晋)·초(楚)·제(齊)·진(秦)과 비교적 뒤에 일어난 오(吳)·월(越)이 있었고, 그 다음으로는 노(魯)·송(宋)·정(鄭)·위(衛) 등이 있었으며, 비교적 약한 나라로 진(陳)·채(蔡)·조(曹) 등이 있었다. 비교적 약했던 노(魯)나라가 9개국, 송(宋)나라가 6개국을 합병시켰으니, 춘추시대 전쟁으로 말미암은 합병의 정도는 미루어 짐작이 갈 것이다.

이 시대에 특기할 일로는 이전에는 남만(南蠻)의 오랑캐 땅으로 여겨지던 장강(長江) 중류지방에 노자가 태어난 초(楚)나라가 일어나 전후 수많은 나라들을 합병시켜 가장 넓은 국토를 지닌 강성한 나라로 대두하였다는 것이다. 본시 초나라는 묘족(苗族)의 후예로, 주나라 초기에 그 조상이 문왕(文王)·무왕(武王)을 따라 전쟁에 공을 세웠던 덕분에 성왕(成王) 때에 웅역(熊繹)을 단양(丹陽, 지금의 湖北省 秭歸縣)에 자작(子爵)으로 봉해 줌으로써 생겨난 나라이다.

웅역의 자손들은 나라의 이름을 초(楚)라고 고치고 서주(西周) 때부터 나라 땅을 꾸준히 확장시켜, 동주(東周) 초기에는 이미 강대한 나라로 커졌고, BC. 704년(魯 桓公 8년)에 초나라 임금 웅통(熊通)은 스스로 무왕(武王)이라 참칭(僭稱)하기에 이르렀다. 그리고 웅통의 아들인 문왕(文王) 웅자(熊貲)는 도읍을 영(郢, 지금의 湖北省 江陵縣)으로 옮겼는데, 이미 사방 1천리 넓이의 국토를 차지하고 있었다. 그 뒤로도 초나라는 춘추시대에 전후 45개국을 합병시켰으니, 그 나라의 크기는 잠작이 갈 것이다.

초나라 임금들은 스스로를 만이(蠻夷)라 부르면서 진(晉)나라를 비롯한 중원의 여러 나라들을 꾸준히 침공하였다. 이들은 5년 동안 전쟁을 않는다는 것은 큰 치욕이며, 죽은 뒤 조상들을 대할 면목도 없게 된다고 생각했을 정도였다. 초나라는 이처럼 나라 땅을 크게 넓혀 갔기 때문에 장강 유역의 만인(蠻人), 회하(淮河) 유역의 이인(夷人)들을 그들이 정복한 중원의 한인들과 융합케 하여, 한문화에 오랑캐 문화가 가미된 새로운 초나라 문화를 건설하였다. 이렇게 이룩된 남방의 초나라 문화는 한대에 이르기까지 중국문화 발전에 큰 작용을 가하게 된다.

BC. 520년(魯 昭公 22년)에 주나라 경왕(景王)이 죽은 것을 계기로 왕자 조(朝)가 반란을 일으켰다가 실패하여, 자신에게 가담하였던 여러 관리들과 종족들을 거느리고 왕실에 있던 모든 전적(典籍)들을 싸가지고 초나라로 망명한 일이 있다. 이것은 주 왕조의 두뇌와 전적들의 대이동이어서, 주나라 문화가 초나라로 이동한 것을 뜻하는 것이었다. 이로부터 초나라는 오랑캐의 나라로부터 일약 중국문화의 한 중심지로 발돋움한다. 본시 동주시대에는 주공(周公)의 후손들이 다스리던 노(魯)나라에 주 왕조의 문물이 많이 보존되어 주나라 다음가는 한 문화 중심지를 이루고 있었고, 또 은(殷)나라의 후손들이 다스린 송(宋)나라는 은나라의 문화 전통을 계승한 또 다른 문화 중심지를 이루고 있었다.

그런데 왕자 조(朝)가 초나라로 망명한 뒤로 주 왕실은 문화 중심지로서의 기능조차 잃었고, 대신 초나라가 노·송 두 나라와 함께 삼대 문화 중심지로 변모하였다.

　노나라에서 인의(仁義)를 설교하여 주의 봉건체제를 부흥시키려 애쓴 공자라는 위대한 사상가가 나오고, 송나라에서는 겸애(兼愛)와 근검(勤儉)을 역설하며 이전의 봉건 질서를 반대하고 서민의 입장을 옹호하는 사상가인 묵자(墨子)가 나왔고, 다시 초나라에서는 노자를 비롯한 도가 사상이 이루어졌다는 것은 우연이 아니다.

　노자의 무위자연의 사상이나 부드럽고 약한 것을 주장하는 태도 등은 그대로 중국 남방의 낭만적인 기질의 소산이라 할 수가 있다. 그러나 묵자가 주나라의 봉건 질서를 부정하던 입장의 밑바닥에는 주나라에게 멸망당했던 은(殷)나라 후손들의 감정이 서려 있듯이, 노자가 일체의 봉건 체제와 가치를 부정하는 태도 속에는 오랑캐 나라 사람으로서의 중원에 대한 반감도 작용한 것이라 할 수가 있을 것이다. 그리고 노자가 이성을 부정하면서도 한편으로 도술(道術)을 논하고 병법까지도 중시한 것은 오랑캐인 초나라가 나라 땅을 넓히고 국력을 키우려고 애쓰던 현실을 반영한 것이라 할 수 있다.

　BC. 403년(周 威烈王 23년), 진(晋)나라가 한(韓)·조(趙)·위(衛)의 세 나라로 쪼개지면서 제후들 사이의 겸병전쟁은 더욱 극렬화하여 이른바 전국시대가 전개된다. 이때부터 주 왕조는 천하의 대종(大宗)으로서의 기능을 완전히 상실하고, 주나라가 망하기까지(BC. 256) 오직 작은 나라로서의 명맥만을 겨우 유지할 뿐이었다.

그리고 이 시기로 들어오면서 작은 나라들은 거의 모두 합병 당하고, 서쪽의 진(秦)나라를 비롯하여 동쪽의 제(齊), 남쪽의 초(楚), 북쪽의 연(燕), 중부의 한(韓)·위(魏)·조(趙)의 일곱 나라가 서로 치열한 침략전쟁을 일삼게 된다. 이 때문에 이들 일곱 나라의 영토는 늘 빼앗고 빼앗기고 하여 언제나 변동하고 있는 양상을 드러내었다.

이에 따라 사회 전반에 걸쳐 국민들의 생활에 큰 변동이 일어난다. 특히 춘추시대부터 무너지기 시작한 토지의 종족 소유제도는 더욱 심하여져, 각 지방마다 새로운 지주계급이 생겨난다. 이들은 완전히 영주(領主)들의 세력을 압도하지는 못하였지만 일단 영토 내에서의 영주의 권세는 약화되고 이들의 경제 정책에는 많은 변화가 일어나게 된다. 특히 종족들의 속박아래 묶여 있던 수많은 농노(農奴)들이 이 시기에 와서는 대량 자유로운 농민으로 탈바꿈할 기회를 얻게 되었다.

거기에다 전국시대로 들어오면서, 중국은 완전히 철기시대(鐵器時代)로 바뀌어 갔으므로 여러 가지 농구와 공구들이 크게 개량되어 농업과 수공업의 생산능력이 크게 증진되었다. 이에 따라 상업도 눈에 띄게 발달하여 여러 도시들이 크게 발전하고 새로운 거상(巨商)과 경제력을 바탕으로 한 호족(豪族)들이 생겨나기 시작하였다. 그리고 여러 나라들의 침략전쟁은 제각기 많은 병력과 경제력을 필요로 하였으므로 농민을 중심으로 한 서민들의 수가 크게 불어났다. 전국시대는 정치적으로는 혼란을 극하였지만 서민사회는 뚜렷한 발전상을 보여준 시대였다.

전국시대에는 또한 나라나 귀족마다 자신의 능력을 증대시키기 위하여 남보다 뛰어난 학문이나 지혜·기술 등을 지닌 사람을 다투어 보호하는 기풍이 성행하였다. 제(齊)나라 맹상군(孟嘗君), 조(趙)나라 평원군(平原君), 위(魏)나라 신릉군(信陵君) 등이 모두 수천 명의 식객(食客)들을 늘 집안에서 먹여 길렀고, 또 이들의 힘을 빌려 많은 공을 세워 유명하다. 이것은 서민사회의 발전과도 관계가 있는 일이다.

특히 서민 출신의 낙양(洛陽) 사람 소진(蘇秦)이 합종설(合縱說)로 진(秦)나라를 제외한 여섯 나라의 임금들을 설복시켜, 여섯 나라로 하여금 힘을 합쳐 강한 진나라에 대항케 함으로써 구변 하나로 일시에 여섯 나라 재상이 되었고, 뒤의 장의(張儀)는 반대로 연횡책(連衡策)을 내세워 진나라를 위해 공헌했던 것은 이러한 능력본위의 사회풍조를 단적으로 설명해 주는 일이라 할 것이다.

이런 중에도 가장 눈부신 활약을 보인 것은 제자백가(諸子百家)라 불리는 학자들이다. 이미 춘추시대에 공자라는 위대한 사상가가 나와 인의(仁義)와 예악(禮樂)을 바탕으로 하여 주 초의 봉건제도를 부흥시킴으로써 어지러운 세상을 바로잡아 보려고 하였고, 다시 노자는 사회의 혼란과 인간의 불행은 사람들의 그릇된 가치의 추구와 인위적인 행동 때문이라 생각하고 사회의 모든 예의제도를 부정함으로써 인간으로서의 원초적인 자유와 평화를 달성하려 하였었다.

이러한 공자의 유가 사상과 노자의 도가 사상은 전국시대로 들어와 더욱 많은 학자들에 의하여 크게 발전한다. 유가에는 맹자(孟子)·순자(荀子)가 나와 활약하였고, 도가에는 장자(莊子)·열자(列子)가 나와 노자의 사상을 더욱 발전시켰다. 그밖에도 수많은 사상가들이 제각기 다른 천하를 올바로 이끌 사상의 체계를 이룩하여 자기의 이상을 정치적으로 살려 보려고 활약하였다. 묵자의 묵가(墨家), 관중(管仲)·한비자(韓非子) 등의 법가(法家), 그밖에도 명가(名家)·농가(農家)·음양가(陰陽家)·잡가(雜家)·종횡가(縱橫家) 등이 나와 유가·도가와 함께 중국 사상계의 꽃을 피웠다.

이후로 현대에 이르기까지 2천 수백 년을 두고 발전한 중국의 학술과 중국 사상은, 중간에 불교 사상 등의 유입과 변용이 있기는 하였지만, 그 뿌리를 거의 모두 이 시기의 학술에 두고 있다고 하여도 과언이 아니다. 따라서 중국 학술사나 사상사에 있어서 춘추·전국시대는 이보다 중요한 시대는 없다고 할 수 있는 것이다. 그리고 여기에서 논하고 있는 노자의 사상은 후세에 전개된 중국 사상사의 가장 중요한 흐름 줄기의 하나로서, 중국 문화 형성에 큰 영향을 끼쳤다고 할 수 있는 것이다.

제3절
도가(道家)의 형성

앞에서 이미 노자는 도가 사상을 창건한 중심인물이라고 할 수는 있지만 그 한 사람에 의하여 도가가 이룩된 것은 아니라 하였다. 이미 공자의 시대에도 노자 이외에 그와 비슷한 도가적인 사상을 지닌 사람들이 많았다. 다만 이들은 모두 자기나 자신의 이름을 내세우지 않으려던 소극적인 사람들이기 때문에 이들의 생애에 관한 일들은 거의 알려지지 않고 있다. 그러나 이들에 관한 기록이 옛날의 전적 속에 여기저기 눈에 뜨인다. 노자가 이들의 사상을 스스로 종합하여 발전시켰다기보다는 후세의 도가들이 노자를 중심으로 도가 사상을 종합하여 발전시킨 것이라 보는 게 옳을는지도 모른다. 그리고 이 초기의 도가 사상가들이 주로 초나라 지방에 많았다는 것도 노자와의 관련에 있어 주목되는 일이다.

우선 《논어》만 보더라도 공자가 여러 나라들을 돌아다니는 새에 만났던 사람들 중에 초기의 도가 사상가라 생각되는 사람들이 몇 명 있다.

공자가 초(楚)나라의 작은 속국의 하나였던 섭(葉, 지금의 河南省 葉縣)을 방문하였을 때(BC. 490, 공자 62세), 길가에서 장저(長沮)와 걸닉(桀溺)이란 두 사람을 만났던 일을 《논어》에는 다음과 같이 적고 있다.

장저(長沮)와 걸닉(桀溺)이라는 두 사람이 나란히 밭을 갈고 있었다. 공자는 그들 곁을 지나다가 자로(子路)를 시켜 그들에게 가서 나루터가 있는 곳을 물어보도록 하였다.
장저가 먼저 물었다.
"저 수레의 말고삐를 잡고 있는 사람은 누구요?"
"공구(孔丘)라는 분입니다."
"노나라의 공구 말이오?"
"그렇습니다."
"그는 나루터 있는 곳을 알고 있소."
이번엔 걸닉에게 물으니 걸닉이 말하였다.
"당신은 뉘시오?"
"중유(仲由)라는 사람입니다."
"그럼 당신은 노나라 공구의 제자요?"
"그렇습니다."
그러자 걸닉이 말하였다.
"지금 세상은 온통 물이 도도히 흐르는 것과 같은데, 그 누가 그 방향을 바꿀 수가 있겠소? 또한 당신도 사람을 피해 다니는 사람(공자)을 따르느니보다는 차라리 세상을 피해 사는 사람(자기 같은)을 따르는 게 어떻겠소?"

그러면서도 뿌린 씨를 흙으로 덮는 일을 멈추지 않았다.

자로가 돌아와서 이 사실을 고하자, 공자께서는 언짢은 듯이 말씀하셨다.

"새나 짐승과 같이 어울려 살 수는 없는 일이다. 내 천하의 사람들과 어울려 살지 않고, 그 누구와 더불어 살겠느냐? 천하에 바른 도가 있다면 나는 그것을 개혁하려 들지는 않을 것이다."

長沮桀溺耦而耕. 孔子過之, 使子路問津焉. 長沮曰; 夫執輿者爲誰? 子路曰; 爲孔丘曰; 是魯孔丘與? 曰; 是也. 曰; 是知津矣.

問於桀溺, 桀溺曰; 子爲誰? 曰; 爲仲由. 曰; 是魯孔丘之徒與? 對曰; 然.

曰; 滔滔者天下皆是也, 而誰以易之? 且而與其從辟人之士也, 豈若從辟世之士哉? 耰而不輟.

子路行以告, 夫子憮然曰; 鳥獸不可與同群. 吾非斯人之徒與, 而誰與? 天下有道, 丘不與易也. - 微子

다시 그곳으로부터 멀지 않은 곳에서 자로가 숨어 사는 노인을 만나는 기록도 있다.

자로가 공자를 수행하다 뒤처져, 막대기에 대바구니를 매달아 걸머쥐고 가는 노인을 만났다. 자로가 그에게 물었다.

"영감께서 저의 선생님을 못 보셨습니까?"

노인이 말하였다.

"사지를 움직이지도 않고, 오곡도 분별하지 못하는데 누가 선생님이란 말이오?"

그리고 노인은 지팡이를 땅에 꽂아 놓고 밭의 풀을 뽑았다. 자로는 손을 모아잡고 공손히 서 있었다. 노인은 자로를 집으로 데리고 가서 묵게 하고는, 닭을 잡아 기장밥을 지어 대접하고, 또 자기의 두 아들을 만나게 해주었다.

다음날 자로가 공자에게 가서 사연을 아뢰니, 공자는 "숨어사는 사람이다."라고 말하고는, 자로로 하여금 되돌아가 그를 찾아보도록 하였다. 자로가 가보니 그는 이미 어디론가 떠나버리고 없었다.

　　子路從而後, 遇丈人以杖荷蓧. 子路問曰; 子見夫子乎? 丈人曰; 四體不動, 五穀不分, 孰爲夫子? 植其杖而芸. 子路拱而立, 止子路宿, 殺鷄爲黍而食之, 見其二子焉.
　　明日子路行以告, 子曰; 隱者也. 使子路反見之, 至則行矣.
　　　　　　　　　　　　　　　　　　　　　　- 《論語》 微子

또 초나라의 미치광이로 알려진 접여(接輿)를 만나는 기사도 있다.

어느날 초나라 미치광이 접여가 이런 노래를 하면서 공자 곁을 지나갔다.

봉새야, 봉새야!
어찌하여 덕이 쇠하였는가!

지난 일은 탓해도 소용없지만
　앞일은 바로잡을 수 있는 것.
　아서라, 아서라!
　지금 정치를 한다는 것은 위태로운 짓이니라!
　공자가 수레에서 내려 그와 얘기를 나누고자 하였으나, 그가 피해 달아나 버리어 같이 얘기할 수가 없었다.
　楚狂接輿, 歌而過孔子, 曰; 鳳兮, 鳳兮! 何德之衰! 往者不可諫, 來者猶可追. 已而, 已而! 今之從政者殆而!
　孔子下, 欲與之言, 趨而辟之, 不得與之言. - 微子

　이상은 모두 초나라의 은자로서 인위적으로 어지러운 세상을 바로잡아 보려고 애쓰는 공자를 냉소적인 눈으로 바라보고 있다. 장저가 공구라는 이름만 듣고도 그가 노나라의 공자이며 공자는 어떤 사람이라는 것을 알고 있고, 걸닉과 접여가 공자의 학문과 노력이 당시의 세상에 맞지 않은 어리석은 것임을 찌르고 있는 것을 보면, 이들은 상당한 지식과 학문의 소양이 있고, 그 당시 학술계의 상황을 잘 파악하고 있는 사람들임을 알 수 있다.
　다만 자로가 만났던 노인은 공자가 그를 '은자'라고 부르고 있기는 하지만, 유가들이 생산적인 일에 종사하지 않고 있음을 꼬집고 있는 것을 보면 묵자(墨子)의 영향을 받은 사람이었을 가능성도 있다. 그러나 이들이 세상을 등지고 자연 속에 숨어 한적한 생활을 하고 있다는 것은 아무래도 도가적인 기미를 강하게 느끼게 한다.

《논어》를 보면 공자 일행은 초나라에서뿐만 아니라 자기의 노(魯)나라와 위(衛)나라에서도 이러한 도가적인 은자들을 만나고 있다. 자로가 노나라의 석문(石門)이란 곳에서 그곳 문지기를 만났을 때, 그 문지기는 자로가 공자의 제자임을 알고는 공자를,

> 그는 안 되는 일임을 알면서도 그 일을 하는 분이 아닙니까?
> 是知其不可而爲之者與? - 憲問

하고 꼬집고 있다. 또 공자가 위(衛)나라에 가서 머물고 있을 적에 경(磬)이라는 악기를 연주하고 있었는데, 마침 어떤 사람이 삼태기를 걸머지고, 공자의 집 문앞을 지나다가,
"마음속에 딴 생각이 있구나, 경을 치는 품이!"
하고 말하고는 다시,

> "천하다. 각박한 소리를 내니! 자기를 알아주지 않으면, 그것으로 그만인 것을!
> "깊으면 옷 입은 채 건너가고, 얕으면 옷 걷어 올리고 건너야만 하는 것을!"
> 鄙哉, 硜硜乎! 莫己知也, 斯已而已矣. 深則厲, 淺則揭.
>   - 憲問

하고 공자의 악기 연주에 곁들여 공자의 학문 태도까지도 꼬집고 있다. 이러한 문지기나 삼태기를 걸머지고 지나가던 사람들

도 모두 한마디로 공자의 사상을 꼬집을 수 있을 만한 학식과 교양을 지닌 은자이며, 초기 도가의 사상가들이었다고 생각된다.

이런 은자들에 관한 기록은 《논어》이외에 전국시대 이후 제자(諸子)들의 기록에도 여러 군데에서 발견된다. 그리고 《논어》의 경우나 마찬가지로 이들은 거의 전부가 초나라 사람들이라는 것도 주목이 되는 사실이다. 《순자(荀子)》요문(堯問)편에 보이는 증(繒)의 봉인(封人), 《한비자(韓非子)》해로(解老)편에 보이는 첨하(詹何), 《한시외전(韓詩外傳)》권9에 보이는 북곽선생(北郭先生), 《여씨춘추(呂氏春秋)》맹동기(孟冬紀) 이보(異寶)편에 보이는 강상(江上)의 장인(丈人) 등이 모두 춘추시대 초나라의 은자로서 초기의 도가들이라고 생각된다.

이로써 미루어볼 때 초나라에는 전통적인 한족의 문화와 성격이 다른 자유로운 도가적인 사상이 춘추시대에 이미 널리 유행하고 있었음을 알 수가 있다. 따라서 도가 사상은 노자 한 사람에 의하여 창시된 것이 아니라, 이미 춘추시대에 초나라 문화를 뒷받침하는 사상으로서 널리 행해지고 있었던 것이다. 후세 노자라고 불리게 된 이이(李耳) 또는 노담(老聃)은 이들 사상가 중에서도 가장 특출했고, 전국시대에 와서 도가 사상을 집대성하는데 있어서 가장 뚜렷한 역할을 했던 사람이라고 생각된다. 그 뚜렷한 역할이란 《노자》라는 책에 대한 초보적인 기록과 《노자》에 씌어 있는 가르침의 전수를 의미한다.

그런데 도가들 자신은 다시 그들 사상의 근거가 유가보다도 더 오래된 것이라고 내세우기에 애썼다. 반고(班固, 32~92)의 《한서》 예문지(藝文志)를 보면 〈도가 37가(家) 993편〉중에 춘추시대 이전 사람들의 저술로서 《이윤(伊尹)》 51편, 《태공(太公)》 237편, 《신갑(辛甲)》 29편, 《육자(鬻子)》 22편, 《관자(管子)》 86편이 수록되어 있고, 또 《황제사경(黃帝四經)》 4편, 《황제명(黃帝銘)》 6편, 《황제군신(黃帝君臣)》 10편, 《잡황제(雜黃帝)》 58편 등이 들어 있다. 물론 도가를 〈황로지학(黃老之學)〉이라 후세에 불렀던 것과 관계는 있지만, 황제에 관계되는 책은 모두 후세에 사람들이 위조한 것이라 보는 게 옳을 것이다.

그리고 후한 때에 전해지고 있던 《이윤》 이하 나머지 책들도 모두 가짜일 가능성은 있지마는 적어도 도가 사상의 근원이 춘추시대의 노자보다는 훨씬 앞서고 있다는 것을 알려 주는 자료라 할 수는 있다. 《한서》 예문지에서는 다시 도가의 원류에 대하여 다음과 같이 설명하고 있다.

도가의 무리들은 대체로 사관(史官)에서 나온 것이다. 정치의 성공과 실패와 나라가 흥성하고 망하는 것과 세상의 불행과 행복에 관한 고금의 도리를 두루 기록하다 보니, 마침내는 요체를 파악하고, 근본을 지키어 맑고 텅 빈 것으로써 스스로를 지키고 낮고 약한 것으로써 스스로를 건사하게 된 것이다. 이 것은 바로 임금이 나라를 다스리는 술법도 되는 것이니, 요(堯) 임금이 순(舜)에게 나라를 물려주었던 태도나, 《역경》의 겸괘(謙卦)에서 겸손하고 낮게 처신할 것을 가르치고 한 가지 겸손으로 천도(天道)·지도(地道)·귀신(鬼神)·인도(人道)에 보탬을 가져오게 된다고 한 가르침과 합치되는 것이다. 이것이 그들의 장점인 것이다.

그러나 방탕한 자가 도가 사상을 따르게 되면 예학(禮學)을 내버리고 인의(仁義)를 모두 버리며, 오직 맑고 텅 빈 것에만 맡기어도 다스림이 이루어질 수 있다고 주장한다.

반고가 도가의 원류를 '사관'에 두고 있고, 요임금의 선양(禪讓)이나 《역경》의 내용도 도가 사상과 합치되고 있음을 지적하고 있는 것은 적어도 도가 사상의 근원이 노자 이전에 있음을 의식했던 것만은 부인할 길이 없다.

그리고 직접 《노자》를 보더라도 옛날 사람 또는 성인의 말을 인용한 대목이 여러 곳에 보이는데, 이것은 실지로 노자가 그의 사상의 연원을 고대에 두고 있었음을 뜻하는 것이다.

옛날 사람들이 이른바 「굽는 것은 온전히 되고 만다.」고 한 것이 어찌 헛된 말이겠는가?
古之所謂曲則全者, 豈虛言哉? -제22장

그러므로 성인께서 말씀하시기를 "내가 무위하면 백성들은 스스로 교화되고, 내가 고요함을 좋아하면 백성들은 스스로 올바르게 되고, 내가 아무 일도 없으면 백성들은 스스로 부유해지고, 내가 무욕하면 백성들은 스스로 소박해진다."고 하셨다.
故聖人云; 我無爲而民自化, 我好靜而民自正, 我無事而民自富, 我無欲而民自樸. -제57장

그래서 성인은 사물에 대범함으로써 구별을 하지 않았다. 청렴함으로써 남을 해치지 않았다. 곧기는 하되 지나치게 뻗지는 않았다. 빛은 있으되 반짝이는 않았다.
　是以聖人, 方而不割, 廉而不劌, 直而不肆, 光而不燿.
　　　　　　　　　　　　　　　　　　　　　　-제58장

그래서 성인들께서는 그런 것도 어려운 것이나 같게 보았다. 그러므로 끝내 어려운 일이 없게 되는 것이다.
　是以聖人猶難之. 故終無難矣. -제63장

그래서 성인은 욕구를 갖지 않으려 하며, 얻기 어려운 재물을 귀중히 여기지 않는다. 공부하지 않는 것을 학문으로 삼으며, 여러 사람들이 소홀히 하는 것으로 되돌아 간다. 그럼으로써 만물의 자연스러움을 돕고, 감히 인위적인 행동을 하지 않는다.
　是以聖人欲不欲, 不貴難得之貨. 學不學, 復衆人之所過, 以輔萬物之自然, 而不敢爲, -제64장

옛날에 도를 잘 닦았던 사람은 백성들을 총명하게 만들지 않고, 그들은 어리석게 만들었다.
　古之善爲道者, 非以明民, 將以愚之. -제65장

그러므로 성인은 백성들의 윗자리에 있으려 할 때는 반드시 말로써는 자신을 낮추었고, 백성들의 앞자리에 있으려 할 때는 반드시 자신을 뒤로 미루었다. 그러므로 성인이 윗자리를 차지

하고 있어도 백성들은 중히 여기지 않으며, 앞자리를 차지하고 있어도 백성들은 해로운 것으로 여기지 않았다.
　是以聖人欲上民, 必以言下之. 欲先民, 必以身後之, 是以聖人處上而民不重, 處前而民不害. -제66장

　성인께서 말씀하시기를 "나라의 때 같은 것을 받아들이는 것, 이것을 사직(社稷)의 주인이라 말하고, 나라의 상서롭지 못한 것을 받아들이는 것, 이것을 천하의 왕이라 말하는 것이다."라고 하셨다.
　是以聖人云; 受國之垢, 是謂社稷主, 受國之不祥, 是謂天下王. - 제78장

　이밖에도 《노자》에는 더 많은 '옛 사람'과 '성인'이 자기 학설의 근거로 인용되고 있다. 이에 의하면 노자 또는 춘추 시대 초기의 도가들도 그들 사상의 근거를 더 옛날 사람들에게 두고 있었음이 분명하다. 그래서 설혜(薛蕙)도 《노자집해(老子集解)》 서문에서 "노자의 글은 모두 성명(性命)에 관한 이론인데, 대부분이 상고시대 성인들의 남긴 말을 근거로 나온 것이다."라고 말하였다. 다시 말하면 도가 사상의 바탕은 유가 사상이나 마찬가지로 중국민족이 태고적부터 지녔던 인생관이나 우주관에 두고 있었음이 분명하다.
　앞에서 이미 도가의 사상이 《역경》의 사상과 합치되는 일면이 있음을 지적한 《한서》 예문지의 말을 인용한 바 있거니와, 중국에서 가장 오래된 전적이며 유가의 경전이라 여겨지는 《시경》

이나 《서경》 속에도 도가적인 표현이 적지 않게 보인다. 여기에
는 이들 경전에 보이는 노자의 부드러움과 약함의 철학과 상통
되는 글귀를 몇 줄씩 보기로 들어 보겠다.

  그대의 위엄있는 몸가짐을 공경히 하여
  부드럽고 훌륭하지 않음 없게 되기를
  敬爾威儀, 無不柔嘉. -《시경》 대아(大雅) 억(抑)

  휘청거리는 부드러운 나무에
  줄 매어 활 만들듯이,
  온화하고 공손한 사람은
  덕의 터전일세.
  荏染柔木, 言緡之絲. 溫溫恭人, 維德之基. - 대아 억(抑)

  신백의 덕은
  유순하면서도 곧다네.
  申伯之德, 柔惠且直. - 대아 숭고(崧高)

  중산보의 덕은
  부드럽고 훌륭하면서도 법도가 있다네.
  仲山甫之德, 柔嘉維則. - 대아 증민(烝民)

  부드러우면서도 꿋꿋하다.
  柔而立. -《서경》 고요모(皐陶謨)

셋째는 부드러움으로 이기는 것이니 … 화하고 따름에는 부
드러움으로 이기며 … 높고 밝음에는 부드러움으로 이긴다.
三曰, 柔克 … 燮友柔克. … 高明柔克.
- 《서경》 홍범(洪範)

아름답고 부드럽고 매우 공손하시어, 낮은 백성들을 아끼고
보호하셨다.
徽柔懿恭, 懷保小民. -《서경》 무일(無逸)

이처럼 《시경》이나 《서경》에도 도가에서 내세우는 부드러움과 약함의 철학을 바탕으로 한 말들이 보이고 있는 것이다. 그러니 춘추시대 초기의 도가 사상가들의 철학도 자신들이 완전히 새로 만들어 낸 것이 아니라 이전 중국인들의 철학에 바탕을 둔 것임이 분명하다.

춘추시대에 노나라에 공자라는 사상가가 나와 인의(仁義)와 예악(禮樂)을 바탕으로 하는 유학을 이룩하자, 남방 초나라에서는 이에 대한 반발로 모든 인위적인 행위를 부정하고 자연의 소박한 상태로 돌아가 살 것을 주장하는 초기 도가 사상가들이 생겨났다.

《논어》만 보더라도 자기 힘으로 어지러운 세상을 바로잡아 보려고 애쓰는 공자의 어리석음을 꼬집는 은자들에 관한 기록이 여러 군데 보인다는 것은, 도가 사상의 표면화는 유가 사상에 대한 반발에서 비롯된 것임을 알 수 있게 해준다. 또한 초나라에 도가 사상이 크게 유행했다는 것은 무위자연의 사상이나 부

드러움과 약함의 소극적인 철학이 남쪽 초나라 사람들의 기질에 맞았다는 이유도 있겠으나, 한편 오랑캐인 남만(南蠻)의 초나라 사람들의 중원 한족들에 대한 반항 의식도 작용했을 것이다. 어떻든 춘추시대에는 노자를 중심으로 한 초기 도가 사상가들이 초나라 지방에는 상당히 많았다. 이들은 무위하고 욕심도 없고 이름도 없을 것을 주장하는 은자들이었기 때문에 이들의 생애에 관한 기록은 단편적인 일부밖에는 전하는 게 없다.

또 이들은 인위는 물론 사람의 이성이나 논리도 모두가 불완전한 것이라 부정하는 태도를 취하였기 때문에, 그들의 사상이나 이론이 체계적으로 기록된 게 별로 존재하지 않았다. 이들은 단편적인 기록이나 간단한 말로써 자기의 사상을 제자들에게 전달하였을 것이다.

그러나 전국시대에 들어와서는 유가 이외에도 법가·묵가 등 여러 학파의 제자들이 나와 서로 자기 학파의 장점을 내세우며 논쟁도 하고 세력 다툼도 하게 되었다. 이에 도가에서도 부득이 자기네 사상을 체계화하고 자기네 주장을 선전할 필요가 생기게 되었다. 이에 장자(?~BC. 275)를 비롯한 도가 사상가들이 나와 노자를 중심으로 한 초기 도가 사상을 발전시켰다. 그러는 중에 어떤 사람이 다시 노자를 중심으로 한 초기 도가 사상가들의 가르침을 모아 《노자》라는 책을 완성시킴으로써 자기네 사상의 근거가 되는 경전을 이루었다.

여기에서 도가는 중국 사상의 중요한 한 줄기를 이룩하는 학파로서 완성되는 것이다. 따라서 도가의 시조로서의 노자는 이이라는 한 사람을 뜻한다기보다는 춘추시대 초기 도가 사상가들을 대표하며, 《노자》란 책에 씌어 있는 내용은 이들 초기 도가 사상가들의 가르침이 종합되어 있는 것이라 보는 게 옳을 것이다.

제4절
노자와 제자(諸子)

춘추·전국시대의 여러 학파의 제자들은 서로 다투고 논쟁하고 한 반면, 서로 많은 영향을 끼쳐 주고받고 하였다. 노자의 도가 사상도 다른 학파에게 여러 면에서 영향을 끼쳐 주었다. 이미 앞에서 유가의 경전인 《시경》·《서경》·《역경》 등에 보이는 도가 사상과 서로 뜻이 통하는 구절들에 대하여 얘기한 바 있거니와 《논어》를 보더라도 공자 자신의 사상 속에 도가적인 경향을 자주 발견하게 된다. 특히 요(堯)·순(舜) 두 옛 임금에 대한 공자의 이해는 도가적이다. 《논어》 태백(泰伯)편에서 공자는 이렇게 말하고 있다.

크도다, 요의 임금됨이여! 위대한 하늘만이 가장 큰데, 요는 그것을 본받아, 끝없이 넓어 백성들은 거기에 이름을 붙일 줄 모르고 있다! 위대하도다, 요의 공적이여! 빛나도다, 그의 문화여!

　大哉, 堯之爲君也! 巍巍乎, 唯天爲大, 唯堯則之, 蕩蕩乎, 民無能名焉! 巍巍乎, 其有成功! 煥乎, 其有文章!

또 위령공(衛靈公)편에서는,

무위함으로써 다스렸던 분이 바로 순이시다. 무엇을 하였는가? 그는 자신을 공손하고 바르게 건사하며 백성을 대했을 따름이었다.
　無爲而治者, 其舜也與! 夫何爲哉? 恭己正南面而已.

고 하였다. 하늘은 곧 자연을 뜻한다고 본다면, 공자는 요가 자연을 본받아 이름이 없는 다스림을 이룩했었다고 본 것이다. 무엇이라 이름을 붙일 수도 없는 자연의 조화 같은 다스림이 또한 무위이치(無爲而治)가 되기도 하는 것이다. 이것은 유가의 정치 방법이라기보다는 노자의 정치 이상이라고 하는 게 옳을 것이다.
다시 《논어》 헌문(憲問)편에는,

현명한 자는 어지러운 세상을 피하고, 그 다음의 사람은 어지러운 나라를 피하고, 그 다음의 사람은 나쁜 안색을 피하고, 그 다음의 사람은 나쁜 말을 피한다.
　賢者辟世, 其次辟地, 其次辟色, 其次辟言.

하였는데, 이처럼 어지러운 세상과 나라를 피해 사는 것, 뒤의 나쁜 안색과 나쁜 말을 피해 사는 것까지도 모두 도가적인 생각이라 할 것이다. 유가에서도 "다스려질 때는 나아가 벼슬하고, 어지러울 때에는 물러나 숨는다."(治則進, 亂則退.《孟子》萬章下)는 생각을 지녔지만, 어떻든 세상을 피해 숨어 산다는 것은 도가에게서 나온 생활태도라 할 것이다. 또《논어》선진(先進)편을 보면, 공자가 자로(子路)·증석(曾晳)·염유(冉有)·공서화(公西華)의 네 제자들과 자리를 함께 한 기회에 마음대로 자기의 소망을 얘기하게 하는 대목이 있다. 자로와 염유·공서화의 세 제자가 모두 제각기 다른 각도에서 정치적인 큰 업적을 이루고 싶다는 소망을 얘기하는데, 맨 끝머리에 증석은 다음과 같은 소망을 얘기한다.

> 늦은 봄에 봄 옷이 다 되면, 어른 대여섯 명과 아이들 예닐곱 명과 어울리어 기수(沂水)에서 목욕하고 무우(舞雩)에서 바람을 쐬고 노래를 읊으며 돌아오는 것입니다.
> 暮春者, 春服旣成, 冠者五六人, 童子六七人, 欲乎沂, 風乎舞雩, 詠而歸.

이 말을 듣고 공자는 깊이 탄식을 하면서 "나는 증석의 편을 들겠다!"라고 말한다. 증석의 소망은 도가에서 주장하는 무위소요(無爲逍遙)하는 경지라 볼 수가 있는 것이다. 그리고 이밖에도 도를 추구하는 도가의 사유 방식은 현실적인 문제만을 놓고 씨름하던 유가들에게 형이상학적 문제를 생각하는데 많은 암시를 주었을 것이다. 유가의 경전에 《역경》이나 《중용》 같은 철학적인 문제를 많이 다룬 경전이 있게 된 것은 도가 사상의 영향도 적지 않게 작용한 때문일 것이다.

　노자의 사상은 유가보다도 특히 법가와 병가와 깊은 관계가 있다. 법가는 엄한 법으로서 사회를 올바로 다스리겠다는 것인데, 그 법을 운용하는 법술(法術)의 개념이 도가의 도술(道術)에서 나온 것이다. 예를 들면 춘추시대 신도(愼到) 같은 사람은 도가에 속하는 사상가인 듯하면서도 법가의 주장을 함께 하고 있다.《장자》천하(天下)편을 보면 신도를 전변(田騈)·팽몽(彭蒙)과 같은 학파로 분류하고, 그들 학문의 특징은 "만물이 제일(齊一)하다는 것으로서 학문의 중심을 삼는 것"이라 말하고, 다시 신도에 대하여 이렇게 논하고 있다.

　　그러므로 신도는 지혜를 버리고 자기를 잊어버리며, 사물의 필연(必然)을 따르기만 한다. 사물에 무관심하고, 그것으로써 자신의 도리를 삼고 있다. 그는 말하기를, "안다는 것은 알지 못하는 것이니 약간 알게 되면 곧 사람들에게 해를 미치게 되는 것이다."라고 하였다. 되어 가는 대로 처신하고 하는 일이 없으며, 세상에서 현명한 사람을 존중함을 비웃었다. 멋대로 거침없이 행동하면서, 세상의 위대한 성인들을 비난하였다. 매를 맞든 목을 잘리든 사물이 되어 가는 대로 맡기며, 옳고 그른 판단을 거부하고 시비에 휘말리지 않으려 하였다. 지혜와 사려를 따르지 아니하고 앞뒤를 의식하지 않으며, 홀로 우뚝 살아갈 뿐이었다….

> 是故愼到, 棄知去己, 而緣不得已. 泠汰於物, 以爲道理. 曰;
> 知不知, 將薄知而後鄰傷之者也. 謑髁無任, 而笑天下之尚賢也.
> 縱脫無行而非天下之大聖. 椎拍輐斷, 與物宛轉, 舍是與非, 苟可
> 以免. 不師知慮, 不知前後, 魏然而已矣….

이에 따르면 신도는 완전히 도가적인 사상가이다. 그러나 장자 자신이 그를 도가로 치지 않고 있는 것은, 이밖에 도가와 다른 뚜렷한 주장이 있었기 때문인 것이다. 신도의 사상이 도가와 다른 뚜렷한 특징이란 그의 법가적인 사상이다.

《한비자(韓非子)》 난세(難勢)편을 보면 신도는 "권세와 지위는 사람이 현명하고 지혜로운 것보다 더 중요하다."고 하면서 세론(勢論)을 펴고 있다. 다시 《순자(荀子)》 해폐(解蔽)편을 보면 신도는 "법에 가리어져 현명함에 대하여 인식치 못하였다."고 말하고, 다시 비십이자(非十二子)편에서는 신도(愼到)와 전변(田騈)은 "법을 숭상하면서도 법도가 없었다."고 하면서 그들을 비판하고 있다. 이에 의하면 신도와 전변·팽몽(彭蒙)의 일파는 법가이며, 그들의 법술은 도가의 도술을 바탕으로 한 것임이 분명하다.

법가의 대표적인 저서인 《관자(管子)》에 내업(內業)·백심(白心) 같은 편이 있고, 《한비자》에는 해로(解老)·유로(喻老) 같은 편이 있다. 노자의 도의 개념을 법에까지 응용하고 있는 것을 보면, 중국의 법가는 도가에서 나왔다고 말할 수 있다. 《사기》의 열전(列傳)에서 사마천은 한비자(韓非子)의 학문은 "그 기본 취지를 황제와 노자에 바탕을 두고 있다."고 하였다. 도가의 무위의 사상도 법가에서는 정치에 적용시켜, 임금은 상벌에 관한 권한을 쥐고서 신하들을 옳게 부림으로써 무위해야 한다고 주장하였다. 《한비자》 양권(揚權)편을 보면 다음과 같은 말이 보인다.

사물은 적절히 쓰일 곳이 있고, 재능은 알맞게 발휘될 곳이 있는 것이니, 모든 것이 적절히 놓여 있게 되기 때문에 임금은 무위할 수가 있는 것이다. 닭이 새벽을 알리고, 고양이가 쥐를 잡게 하듯이, 모두가 그의 재능을 적절히 발휘하게 되면 임금은 할 일이 없게 된다.

노자는 예의와 인의를 반대하고 사람들의 의식적인 노력과 지혜를 거부하였지만, 나라를 다스리는 데 있어서만은 일종의 도술을 응용해야만 한다고 생각하였다.

큰 나라를 다스리는 것은 작은 생선을 굽는 일과 같다.
治大國, 若烹小鮮. −제60장

평안한 상태는 유지하기가 쉽고, 그 조짐이 드러나기 전에는 일을 꾀하기 쉬우며, 취약한 것은 깨뜨리기 쉽고, 미세한 것은 흩어지기 쉽다. 그러니 문제가 생기기 전에 처리하고, 혼란해지기 전에 다스려야 한다.
其安易持, 其未兆易謀, 其脆易破, 其微易散. 爲之於未有, 治之於未亂. −제64장

이렇듯 노자 자신이 나라를 다스리는 데 있어 미묘한 술법을 얘기하고 있기 때문에, 법가들은 그들의 법술의 근거로 노자의 사상을 원용하게 되었던 것이다. 사마천이 《사기》의 노장신한열전(老莊申韓列傳)에서 도가인 노자와 장자, 법가인 신불해(申不害)와 한비자의 전기를 한데 묶어 쓰고 있는 것도 그 때문이다.[19]

노자와 병가의 관계는 각별하다. 위의 제5장 제4절에 보다 상세히 논의될 것이니 참고 바란다. 법가에서 《노자》의 도술(道術)을 빌어 법술(法術)을 논하고 있듯이 병가도 같은 도술을 바탕으로 병술(兵術)을 이룩하고 있다고 할 수 있다.

그러나 노자는 병가나 다름없는 사상가임을 지적한 학자가 여럿이 있다.[20] 실제로 《노자》의 덕경(德經)에는 병법을 논한 대목이 적지 않다. 보기를 들면,

    훌륭한 용사는 용맹스럽지 않고, 잘 싸우는 사람은 성내지 않고, 적과 싸워 잘 이기는 사람은 다투지 아니하며, 사람을 잘 쓰는 사람은 남의 아랫자리에 처신한다.
    善爲士者, 不武. 善戰者, 不怒. 善勝敵者, 不與. 善用人者, 爲下. ―제68장

---

19) 《사기》 노장신한열전(老莊申韓列傳)의 끝머리에 노자·장자·신불해(申不害)·한비자(韓非子)는 "모두 도덕(道德)의 뜻에 근원을 두고 있는데, 노자가 가장 심원(深遠)하다."고 하며, 사마천은 이들의 사상의 근원이 같음을 분명히 얘기하고 있다.

20) 唐 王眞 《道德眞經論兵要義述》 叙表; "五千之言… 未嘗有一章不屬意于兵也." 宋 蘇轍 《老子解》 卷2; "此幾于用智也, 與管仲孫武何異?" 淸 王夫之 《宋論》 神宗; "言兵者師之."

여기에서는 훌륭한 군인이 되는 법, 잘 싸우는 방법, 적과 싸워 승리를 거두는 방법 등 병법을 논하고 있다. 이런 대목들을 읽어보면 노자는 분명히 병가이다. 다시 한 대목만을 더 인용한다.

용병(用兵)을 잘 하는 사람은 승리만 할 따름이지, 감히 강한 힘을 발휘하지 않는다. 승리하되 뽐내지 아니하며, 승리하되 자랑하지 아니하며, 승리하되 교만하지 아니하며, 승리하되 부득이할 때만 싸우며, 승리하되 강함을 드러내지 아니한다.
善者, 果而已, 不敢以取强. 果而勿矜, 果而勿伐, 果而勿驕, 果而不得已, 果而勿强. -제30장

노자가 태어나 자란 초나라는 남쪽의 오랑캐 나라이다. 초나라는 춘추시대부터 나라의 영역을 넓히기 시작하여 중원 쪽의 나라들을 쳐서 합병시키면서 초 장왕(莊王, BC. 613~BC 591) 때에는 춘추오패(春秋五覇) 중의 한자리를 차지할 만큼 세력이 커졌다. 이에 진(晉)나라를 위시한 중원의 여러 나라들은 힘을 합하여 초나라를 견제하였음으로, 초나라는 처절한 전쟁을 홀로 계속 밀고 나가지 않으면 안 되었다.

노자는 이러한 초나라를 배경으로 발전한 사상이다. 따라서 표면상으로는 '무위자연'을 내세우면서도 실지로는 생존을 위하여 병법을 연구하지 않으면 안 되었던 것이다. 노자가 병가임을 부정한다 하더라도 노자의 나라는 전쟁을 얘기하지 않을 수가 없는 여건이었다.

노자가 병가와 특수한 관계가 있다는 것은 춘추시대 초나라의 실정을 놓고 볼 때 부득이한 일이었다고 하여야 할 것이다.

그리고 《장자》·《열자》·《순자》·《한비자》 등에 《노자》의 글귀가 여러 가지로 인용되고 있는데, 이것은 전국시대에 와서는 노자의 사상이 제자백가 중에서도 가장 두드러진 학파의 하나로 발전했음을 뜻한다고 볼 수 있다.

제4장

《노자》의 특징

제1절
《노자》의 구성과 내용

《사기》의 노장신한열전(老莊申韓列傳)에 "노자가 상·하편의 책을 지었는데, 도덕의 뜻에 대하여 얘기한 5천 언(言)으로 이루어진 것이다."고 하였다. 그런데 지금 우리에게 전해지고 있는 《노자》의 통행본에는 여러 가지 서로 다른 판본이 있다. 가장 중요한 것으로는 한 문제(文帝, BC. 179~BC. 157 재위) 시대의 하상공(河上公)이 주석을 단 〈하상공본(河上公本)〉과 위(魏)나라 왕필(王弼, 226~249)이 주석을 한 〈왕필본(王弼本)〉의 두 가지가 있다. 이 밖의 판본들은 거의 모두가 이 두 가지 판본을 근거로 하여 교정을 가한 것들이다.

이밖에 돈황(敦煌)에서 발견된 〈당사본(唐寫本)〉《노자》의 일부분,[21] 〈육조인사본(六朝人寫本)〉《노자》의 일부분, 또 전국 여러 곳에 있는 당대에 새긴 〈도덕경비(道德經碑)〉 및 여러 가지

〈도덕경비당(道德經碑幢)〉 같은 것은 《노자》의 본문을 교정하는데 있어 중요한 자료들이 되고 있다. 그보다도 근년 호남성(湖南省) 장사(長沙)에서 출토된 〈백서노자(帛書老子)〉와 〈색담사본도덕경(索紞寫本道德經)〉 같은 것은 한나라 초기의 것들임에 틀림없어[22] 《노자》의 옛날의 형태를 연구하는 데 있어서는 무엇보다도 확실하고 중요한 자료가 되고 있다.

그러나 세상에 전해지는 《노자》란 책의 판본으로는 역시 〈하상공본〉과 〈왕필본〉이 가장 오래된 중요한 것들이다.

그런데 가장 오래된 《노자》의 주석을 남긴 하상공이란 사람은 그 생애가 확실치 않다. 《사기》의 악의열전(樂毅列傳) 끝머리 태사공왈(太史公曰)에 이런 기록이 있다.

악신공(樂臣公)은 황제와 노자를 공부하였는데, 그의 본래 스승은 호를 하상장인(河上丈人)이라 불렀으나, 그의 출신은 알지를 못한다. 하상장인이 안기생(安期生)을 가르쳤고, 안기

---

21) 대만(臺灣) 예문인서관(藝文印書館)에서는 펠리오(Paul Pelliot)의 《돈황목록(敦煌目錄)》 2584, 2347 부록(附錄) 2417의 세 가지 《노자》 잔권(殘卷)을 모아 《당사본노자(唐寫本老子)》란 책명을 붙여 내고 있다.
22) 대만(臺灣) 하락도서출판사(河洛圖書出版社)에서는 《백서노자(帛書老子)》와 《색담사본도덕경(索紞寫本道德經)》의 일부 사진과 이 책들에 관한 설명·본문·연구를 모아 《백서노자(帛書老子)》란 책명 아래 출판하고 있다. 그리고 여기에는 이것들과 함께 한묘(漢墓)에서 출토된 《이윤·구주(伊尹·九主)》와 《황제사경(黃帝四經)》에 관한 설명·본문·연구도 함께 실려 있다. 이것들은 한초 도가서(道家書)의 모습을 연구하는데 있어 가장 좋은 자료가 되고 있다. '제4장 제3절 백서(帛書) 《노자》에 대하여' 참고.

생은 모흡공(毛翕公)을 가르쳤고, 모흡공은 악하공(樂瑕公)을 가르쳤고, 악하공은 악신공(樂臣公)을 가르쳤고, 악신공은 개공(蓋公)을 가르쳤는데, 개공은 제(齊)나라 고밀(高密)·교서(膠西)에서 가르치어 조상국(曹相國)의 스승이 되었다.

이것은 도가의 스승과 제자의 계보에 대하여 쓴 것이다. 많은 사람들이 "그의 출신을 알 수 없는" 이곳의 〈하상장인〉이 바로 《노자》의 주를 쓴 하상공이라 생각하고 있다. 그런데 《신선전(神仙傳)》에는[23] 하상공에 관한 다음과 같은 전기가 실려 있다.

    하상공이란 사람은 그의 성이나 자(字)는 알 수 없다. 한나라 문제(文帝) 때에 그는 황하 가에 초막을 짓고 살았다. 문제는 《노자경(老子經)》을 읽어 보고 매우 그것을 좋아하게 되어, 제왕(諸王)과 대신들에게도 모두 그것을 외우도록 하였다. 그런데 그 책에 이해하지 못할 곳이 몇 군데 있었으나 세상에는 그것을 해석할 만한 사람이 없었다. 이 얘기를 들은 사람들은 모두 하상공이 《노자경》의 뜻을 잘 알고 있다고 하여, 이에 사람을 보내어 그에게 잘 모르는 곳에 대하여 질문을 하도록 하였다. 그러자 하상공이 말하였다.
    "도는 높고 덕은 귀한 것이니 멀리서 물을 수 있는 게 못 됩니다."
    이에 문제는 몸소 그의 움막으로 찾아가 질문하였다. 문제가

---

23) 송(宋) 이방(李昉) 등 칙찬(勅撰) 《태평광기(太平廣記)》 권10, 신선류(神仙類)에 인용됨.

말하였다.

"온 천하가 임금의 땅이 아닌 곳이 없고, 모든 곳의 사람들이 임금의 신하가 아닌 이가 없어, 우주에서의 네 가지 큰 것 중의 한 가지에 들어가오. 당신이 비록 도를 터득했다 하더라도 역시 나의 백성임에 틀림없소. 그런데도 스스로 굽힐 줄 모르고 고상한 체만 한단 말이오?"

하상공은 곧 합장을 하고는 앉은 채로 뛰어올라 아득히 허공 중의 땅 위 여러 길 되는 곳에서 위아래를 둘러보면서 말하는 것이었다.

"나는 위로는 하늘에 닿지도 않고, 가운데로는 사람들께 누(累)를 끼치지 않으며, 아래로는 땅 위에 살고 있는 것도 아닙니다. 어찌 백성이며 신하가 될 수가 있겠습니까?"

문제는 곧 수레에서 내려 머리를 조아리며 말하였다. … 하상공은 이에 소서(素書) 두 권을 문제에게 주면서 말하였다.

"이 경서를 익히 연구하시면 의문이 모두 풀릴 겁니다. 많은 설명을 할 필요가 없습니다. 제가 이 경에 주석을 단 지 1,700여 년이 되었으나, 그 사이 세 사람에게만 이것을 전해 주었으니, 이제 당신을 합쳐 네 사람이 되었습니다. 올바르지 않은 사람에겐 이것을 보이지 마십시오."

말을 마치자 그는 연기처럼 사라져 버렸다.

황보밀(皇甫謐, 215~282)의 《고사전(高士傳)》에도[24] 다음과 같은 기록이 있다.

---

24) 송(宋) 이방(李昉) 등 칙찬(勅撰) 《태평어람(太平御覽)》 권 507에 있음.

하상장인(河上丈人)이 《노자장구(老子章句)》를 지은 것은 제후들이 서로 다투고 유세(遊說)를 일삼는 사람들이 모두 권세를 뒤쫓던 시기였으나, 오직 하상장인만은 늙도록 도를 닦아 늙어서도 게을리 하는 법이 없었다.

이상에 따르면 《사기》의 하상공과 《신선전》의 하상장인은 같은 사람이 아닌 듯하며, 근래 학자들의 연구에 의하면, 지금 전하는 〈하상공본〉《노자》는 〈왕필본〉보다도 늦은 육조(六朝) 무렵에 나온 것인 듯하다는 게 거의 공통된 의견이다. 지금까지 전하고 있는 〈하상공본〉은 상경(上經)·하경(下經)의 두 권으로 나누어져 있고, 상경이 37장(章), 하경이 44장, 도합 81장으로 이루어져 있으며, 장마다 두 자로 된 제목이 붙어 있다.[25]

그러나 그 형식이나 문장이 옛날 자료들을 근거로 할 경우 〈왕필본〉보다도 오래된 모양인 듯한 면도 지니고 있어, 그것이 한대 사람의 주석을 근거로 한 것일 가능성은 많다. 특히 한대에는, 이른바 〈장구지학(章句之學)〉이 성행하여, 본시 《노자》는 장이나 절로 나뉘어있지 않았었는데[26] 한대 학자들이 그것을 여러 장으로 나누고 주석을 가하기 시작했을 것이다. 그리고 이들은 이 책에 유명했던 도가 사상가인 하상공의 이름을 붙여 놓았을

---

25) 예를 들면 상경(上經)의 첫 장이 체도(體道), 하경(下經)의 첫 장이 논덕(論德)인 것과 같은 형식의 제명(題名)이다.
26) 한나라 초기의 《백서본노자(帛書本老子)》 및 《색담사본도덕경(索紞寫本道德經)》을 비롯한 《노자》에 관한 옛 자료들에 의하면 《노자》는 본래 여러 장으로 나누어져있지 않았음이 분명하다.

것이다. 따라서 왕필이 주석을 쓸 적에 장으로 나눈 형식도 이 한대의 〈하상공본〉을 근거로 한 것임에 틀림없다. 다만 후세에 와서 〈하상공본〉이 대부분 없어져 버리자 다시 육조(六朝) 무렵에 지금 우리가 보는 것 같은 〈하상공본〉을 완성시켜 놓았을 것이다.

《한서》 예문지(藝文志)를 보면 《노자》에 관한 책으로 《노자인씨경전(老子鄰氏經傳)》 4편, 《노자부씨경설(老子傅氏經說)》 37편, 《노자서씨경설(老子徐氏經說)》 6편, 《유향설노자(劉向說老子)》 4편의 네 가지 책이 수록되어 있다. 반고(班固, 32~92)가 생존하였던 후한 시대에는 《노자》에 관한 책으로 이 네 가지가 세상에 유행하였던 듯하나, 지금은 모두 전하지 않는다. 그러나 이들의 형식이나 이론은 〈하상공본〉이나 〈왕필본〉에 많이 계승되었을 것으로 여겨진다.

어떻든 이러하기 때문에 지금 우리에게 전해져 오는 가장 오래된 《노자》의 판본은 〈왕필주본〉이다. 그러나 이것도 〈하상공본〉이나 마찬가지로 송간본(宋刊本)이 가장 오래된 판본이기 때문에 지금 우리가 보는 것이 〈왕필본〉의 본래의 형태를 그대로 전하는 것인지는 알 수가 없다. 왕필은 위(魏)나라 산양(山陽) 사람으로 자가 보사(輔嗣)인데, 본시 유학을 공부한 학자라서 그의 《노자》 주석은 어느 정도 객관적인 입장을 취할 수가 있었을 것이다. 그의 주가 후세 도사들처럼 미신적인 경향으로 흐르지 않고 엄격하고 올바른 학자적인 입장을 지킬 수 있었기 때문에 후세까지도 좋은 주석서로 전해지게 되었을 것이다.

지금 전하는 〈왕필본〉도 모두 81장으로 나누어져 있는데, 본시 왕필은 《노자》의 본문을 여러 장으로 나누지 않았으나, 후세에 〈하상공본〉의 형식을 따라 여러 장으로 나누게 된 것이라고도 한다. 〈왕필본〉에는 각 장의 제명이 달려있지 않다. 그리고 왕필은 앞 37장의 상편을 도경(道經), 뒤 44장의 하편을 덕경(德經)이라 부르고 있다. 상편이 〈도〉에 대한 해설로 시작되고 있고, 하편은 〈덕〉에 대한 해설로 시작되고 있기 때문에 도경·덕경의 이름이 붙여진 듯하다.

그리고 《노자》를 《도덕경》이라 흔히 부르게 된 것도 이처럼 상편·하편의 이름을 〈도〉와 〈덕〉으로 붙인 왕필에 말미암은 듯하다. 옛 기록을 보면 《북제서(北齊書)》 두필전(杜弼傳)에 "필(弼)은 명리(名理)를 좋아하고 오묘한 원리를 탐구하고 좋아했으며, 스스로 군대 속에 있으면서도 경(經)을 갖고 다니어 종군을 하면서도 《노자도덕경》 2권의 주를 썼다."고 한 것이 《노자》에 《도덕경》이란 명칭을 붙인 최초의 것이다.

북제(北齊)는 479년부터 501년에 걸쳐 존속되었던 나라인데, 이에 의하면 5세기 말엽에는 《도덕경》이란 호칭이 일반화되었던 것이 아닌가 싶다. 그러나 《사기》에서 이미 "노자가 상·하편의 책을 지었는데, 도덕의 뜻에 대하여 얘기한 5천 언(言)으로 이루어진 것이었다."고 쓰고 있으니 《도덕경》이란 말도 실은 이미 한대에 시작되었을 가능성이 많다.

《노자》는 본시 자서(子書) 중의 일종이었는데 《한서》 예문지에서 《노자인씨경전(老子鄰氏經傳)》·《노자부씨경설(老子傅氏

經說)》·《노자서씨경설(老子徐氏經說)》 등으로 부르고, 후세에는 《도덕경》이라고도 부르게 되었다. 그런데 어찌하여 언제부터 〈경(經)〉으로 존중되게 되었는가? 〈경〉이란 유가의 《시경(詩經)》·《서경(書經)》·《역경(易經)》처럼 성인의 가르침이 쓰인 책을 높이는 말인 것이다.[27] 명대 초횡(焦竑, 1541~1620)은 그의 《필승(筆乘)》 권3에서 《오서(吳書)》에 보이는 감택(闞澤)이 손권(孫權)에게 한 말 "한 경제(景帝, BC. 156~ BC. 141 在位)에 이르러 황제와 노자의 책의 뜻이 각별히 심오하다 하여 자(子)를 고쳐 경(經)으로 삼으니, 비로소 도학(道學)이 서게 되었다. 그리고 칙명으로 조야(朝野)에서 모두가 그것을 외우도록 하였다."는 말을 인용하면서 한나라 경제 때에 《노자》가 〈경〉의 지위로 격상되었다고 주장하였다.

이러한 주장의 근거는 불확실한 기록이지만 한대 초기에 황로지학(黃老之學)이 성행하여 문제·경제가 모두 이를 좋아하였으며, 특히 경제의 어머니인 두태후(竇太后)가 좋아하여 "경제와 태자 및 여러 두씨(竇氏) 집안 사람들은 《황제》와 《노자》를 읽어 그 학술을 공부하지 않을 수가 없었다."(《史記》 外戚世家)고 말하고 있으니 경제 시대에 노자가 공식적으로 〈경〉으로 존

---

[27] 〈경(經)〉은 본시 길쌈을 할 때의 날줄을 뜻하는데, 나중에는 〈도리〉 또는 〈영원불변의 진리〉를 뜻하게 되고, 다시 〈영원한 진리가 쓰인 소중한 책〉 또는 〈성인의 글이 담긴 책〉으로 가장 존귀한 책을 가리키는 말로 뜻이 변하였다. 굴만리(屈萬里) 교수의 《시경석의(詩經釋義)》 도론(導論)에 의하면, 〈경〉이란 말이 책을 높이는 뜻으로 쓰이기 시작한 것은 전국시대(戰國時代) 말엽부터이다.

숭되기 시작하였을 가능성은 많다.

《노자》의 체제 중 또 한 가지 주목이 되는 것은 〈덕경(德經)〉이 앞에 있고 〈도경(道經)〉이 뒤에 붙은 《백서노자(帛書老子)》이다(뒤의 제3절 참조). 이 책은 1973년 호남성(湖南省) 장사(長沙)의 마왕퇴(馬王堆) 한묘(漢墓)에서 출토된 것이다. 그 책이 이루어진 시대는 한나라 문제(文帝) 12년(BC. 168)에 장사지낸 제1대 어떤 나라의 후왕(侯王)인 이창(利蒼)의 아들이며, 제2대 어떤 나라의 후왕인 이희(利豨)의 아우의 무덤에서 출토된 것이니 한나라 초기의 것이다. 이때 발견된 《백서노자》에는 〈예서본(隸書本)〉과 〈소전본(小篆本)〉의 두 가지가 있다. 〈예서본〉은 대체로 고조(高祖, BC. 206~BC. 195 在位) 시대, 〈소전본〉은 고조가 즉위하기 이전에 베껴 쓴 것인데, 이것들 두 가지 다 〈덕경〉이 앞쪽, 〈도경〉이 뒤쪽에 있다. 학자들은 대체로 이러한 체제는 법가에서 읽고 전하던 판본으로 진(秦)·한(漢)대에는 흔했던 것으로 생각하고 있다. 그것은 《한비자(韓非子)》의 해로(解老)편에서, 맨 먼저 〈덕경〉의 제1장을 해설하고 있고 〈도경〉의 제1장에 대한 해설은 뒤쪽에 보이는 순서와도 합치된다.

엄격한 구별은 못 되지만 대체로 《노자》의 상편인 〈도경〉에는 우주의 근본원리로서의 〈도〉에 관한 말이 많이 보이고, 하편인 〈덕경〉에는 그 도의 작용 또는 도에 따르는 행위를 의미하는 〈덕〉에 관한 말이 많이 보인다.

다시 말하면 〈도경〉에는 도가의 우주론 또는 본체론에 속하는 말들이 많이 보이고, 〈덕경〉에는 인생론 또는 정치론에 속하는 말들이 많이 보인다. 도가에서는 우주의 근본원리를 뜻하는 절대적이고 영원한 〈도〉를 중시하기 때문에 〈도경〉을 더 중시하고 그것을 앞에 놓은 것이다. 《노자》 본래의 체제도 그러하였을 것임은 의심의 여지가 없다.

그러나 법가에서는 도가의 도의 활용인 도술(道術)을 받아들여 그것을 법술(法術)로 응용하고 있기 때문에, 〈도〉 그 자체의 추구보다도 〈도〉의 작용이나 〈도〉의 활용을 뜻하는 〈덕〉을 중시하게 된다. 말하자면 법가에서 도가의 〈도〉 대신 〈법〉을 존중하며, 그 〈도〉의 활용 방법만을 그대로 〈법〉의 운용에 응용하고 있는 것이다. 법가에서도 도가나 마찬가지로 사사로움이 없고 욕심도 없고 부드러움을 귀하게 여기고 검소함을 귀중하게 여겨야 한다 등의 주장을 하고 있기는 하지만, 그 근거는 어디까지나 〈법〉인 것이다. 곧 그들은 법 앞에 사사로움이 없고, 욕심이 없어야 하고, 법을 따라 부드럽고 약하고 검소하고 소박하라는 것이다.

이 때문에 이들은 《노자》 중에서 인생론이나 정치론 등 〈덕〉에 관한 말이 더 많은 〈덕경〉을 존중하여, 그것을 〈도경〉보다 앞머리에 내세우게 되었던 것이다. 그러나 한대 이후로는 법가가 거의 맥도 못 추는 형세에 몰리게 되어, 이러한 법가에서 존중하던 체제를 지닌 《노자》는 차차 자취를 감추게 되었던 것이다.

지금 전하는 《노자》는 〈하상공본〉 〈왕필본〉 등 모두가 81장으로 내용이 나뉘어져 있다. 그러나 그 내용에는 통일된 체계도 없고, 그 장의 배열에도 아무런 질서가 없는 형편이어서 옛날부터 노자의 체제에 대해서는 학자들의 의견이 여러 갈래였다. 원(元)대의 오징(吳澄)이 그의 《도덕진경주(道德眞經注)》에서 81장을 다시 68장으로 정리한 것처럼, 전통적인 분장(分章)이 잘못되어 있다고 주장하는 이들이 있는가 하면, 초횡(焦竑)이 《노자익(老子翼)》에서 주장한 것처럼 내용을 여러 장으로 나눈 것 자체가 잘못이라는 견해를 지닌 학자도 있다.

어떻든 한초의 《백서노자(帛書老子)》를 비롯한 고초본(古抄本)들을 참고할 때 《노자》는 본시 상·하 두 편으로만 나누어져 있었지 분장은 되어 있지 않았던 것임이 분명하다. 그것은 지금의 《노자》 판본들의 분장에 드러나고 있는 분명한 착오들을 통해서도 알 수 있는 일이다. 어떤 것은 분명히 1장이 될 수 없는 것인데도 1장으로 잘못 합쳐 놓은 것들이 있다. 예를 들면 제29장은 다음과 같다.

천하를 탈취하여 그것을 인위로 다스리려 한다는 것은 불가능한 일이라고 나는 알고 있다. 천하란 신묘한 그릇이나 같은 것이어서 인위로 다스릴 수가 없는 것이다. 인위로 다스리는 사람은 그것을 망치고, 거기에 집착하는 사람은 그것을 잃을 것이다.

사물이란, 혹은 앞서 가고 혹은 뒤따르며, 혹은 입김을 화하고 쐬기만 하듯 하고 혹은 입김을 세게 내불 듯하기도 하며, 혹은 강하기도 하고 혹은 약하기도 하며, 혹은 받쳐 주기도 하고 혹은 떨어지기도 하는 것이다. 그래서 성인은 심한 짓을 하지 않고, 사치를 멀리하며, 교만하지 않는 것이다.

將欲取天下而爲之, 吾見其不得已. 天下神器, 不可爲也. 爲者敗之, 執者失之.
物或行或隨, 或歔或吹. 或强或羸, 或挫或隳. 是以聖人去甚, 去奢去泰.

이 장은 분명히 앞 6구절과 뒤 7구절이 다른 얘기이다. 통행본에는 뒷 대목 앞머리에 〈故〉자가 하나 더 있으나 《백서노자(帛書老子)》를 따라 이를 뺐다. 앞 대목에서는 나라를 인위적으로 다스려 보았자 제대로 다스려지지 않는 것임을 얘기한 것이고, 뒷 대목에서는 세상의 모든 사물이란 변화를 가지고 모두가 상대적인 양상을 드러내고 있는 것이니, 욕심이 없고 검소하고 소박하며 겸손해야만 함을 설교한 것이다. 이것은 분명히 앞 대목과 뒷 대목이 서로 다른 장이어야 할 것을 한 장으로 잘못 붙여 놓은 것이다.

또 분명히 1장이어야만 할 것을 두 장으로 떼어 놓은 것도 있다. 예를 들면 제18장과 제19장 같은 경우이다.

위대한 도가 없어지자 인의(仁義)가 생겨났다. 지혜가 생겨나면서 대단한 거짓이 존재하게 되었다. 집안 사람들이 친하고 화목하지 않게 되자 효도와 자애가 존재하게 되었다. 국가가 혼란하여지자 충신이 존재하게 되었다.
大道廢, 有仁義. 智慧出, 有大僞. 六親不和, 有孝慈. 國家昏亂, 有忠臣. —제18장

성인(聖人)을 끊어 버리고 지혜 있는 사람을 버리면 백성들의 이익은 백 배로 늘어날 것이다. 인(仁)을 끊어 버리고 의(義)를 버리면 백성들은 효도와 자애로움으로 되돌아갈 것이다. 기교를 끊어 버리고 이익을 버리면 도둑들이 존재하지 않게 될 것이다. 이 세 가지 것들에 대하여는 글로써 설명해도 부족하기 때문에 설명을 덧붙여야만 하게 한다. 본시의 바탕을 드러내고 소박한 그대로를 지니며, 사사로움을 줄이고 욕망을 적게 가져야만 하는 것이다.

絕聖棄智, 民利百倍. 絕仁棄義, 民復孝慈. 絕巧棄利, 盜賊無有. 此三者, 以爲文不足, 故令有所屬. 見素抱樸, 少私寡欲.

—제19장

이 두 장은 분명히 한 장으로 붙어 있는 게 옳을 내용이다. 제18장에서는 인의나 충효 같은 덕목이 실제로는 도에서 벗어나는 난세의 현상임을 설명하고, 제19장에서는 이를 받아 이러한 모든 인위적인 덕목들을 버리고 소박한 자연의 본래의 상태로 돌아가야 함을 주장하고 있는 것이다. 이 두 장은 한 장으로 합쳐져 있는 것이 자연스러운 내용이다. 다시 앞 장의 끝 구절이 뒷 장의 첫머리에 잘못 옮겨가 붙었다고 생각되는 것도 있다. 예를 들면 제20장은,

학문을 끊어버리면 걱정이 없게 된다. 〈네〉하는 대답과 〈어〉하는 대답의 차이가 얼마나 되는가? 선과 악도 그 차이가 얼마나 되는가? 남들이 두려워하는 일은 두려워하지 않을 수 없는

것이라면 복잡하여 그 두려움이 다하는 날이 없게 될 것이다….

　　絕學無憂. 唯之與阿, 相去幾何? 善之與惡, 相去何若? 人之所畏, 不可不畏, 荒兮, 其未央哉….

여기에서 첫머리의 "학문을 끊어 버리면 걱정이 없게 된다."는 말은 앞 19장 끝머리에 붙어, 인위적인 덕목의 터득이나 지혜를 기르는 학문이란 사람들의 걱정을 늘려줄 뿐이라는 말로 앞 장을 결론짓고 있는 것이라 봄이 옳을 것이다. 그 아래 "〈네〉하는 대답과 〈어〉하는 대답의 차이가 얼마나 되는가?"(唯之與阿, 相去幾何)라는 구절 이하의 대목은, 사람들이 선하고 악한 것과 편안하고 위태로운 것 같은 상대적인 가치를 절대적인 것으로 판단하고, 똑똑한 체하며 그 그릇된 판단을 뒤쫓고 있는데, 이것이 큰 잘못임을 깨우쳐주려는 것이다. 사람은 갓난아기처럼 아무런 곳에도 매인 데가 없고 아무런 욕망이나 의식도 없이 소박한 대로 어리석고 천한 듯이 살아가야만 한다는 것이다. 따라서 이 장의 첫 구절은 앞장 끝에 있던 게 잘못 옮겨진 것으로 보는 게 옳을 것이다.

　이상 세 가지 보기만을 놓고 보더라도 《노자》를 81장으로 나누어 놓은 것은 후세의 주석가(注釋家)들이 독자들의 이해를 돕기 위하여 적당히 자기 생각에 따라 그렇게 해 놓은 것에 불과함을 알 수 있다. 따라서 《노자》의 분장은 불합리한 잘못된 곳이 없을 수가 없는 것이다.

그러나 한나라 초기의 《백서노자》와 비교해 보거나 사마천이 《사기》에서 《노자》가 5천 언으로 이루어졌다고 한 말로 미루어 볼 때, 지금의 《노자》의 내용은 대체로 전국시대의 《노자》의 내용과 별로 차이가 없는 것으로 생각된다. 《노자》는 후세 사람이 81장으로 나누어 정리를 시도하기는 하였지만, 그 내용은 앞뒤의 체계가 서 있다거나 어떤 배열의 원칙이 있는 것은 아니다. 아마도 《노자》 본래의 성격이 그러했기 때문에 어쩔 수가 없는 것이라 보는 게 옳을 것이다.

그뿐만이 아니라 앞 장에서도 이미 얘기했듯이 《노자》에는 위대한 도가 사상가들의 말뿐만이 아니라 잡가(雜家)들의 말도 한데 섞여 있다. 그리고 옛날의 격언이나 교훈 또는 속담 같은 것까지도 인용되어 있다. "성인께서 말씀하시기를" 또는 "옛날에 이르기를"하고 시작되는 말들은 대부분이 격언이나 교훈 같은 것들이다. 제30장에서

군대가 주둔한 곳엔 가시덤불이 자라게 되고, 큰 전쟁을 치른 뒤엔 반드시 흉년이 든다.
師之所處, 荊棘生焉; 大軍之後, 必有凶年.

고 한 말 같은 것은 분명히 속담인 것이다. 그리고 제31장의 경우처럼 본문에 주(注)를 단 말들까지도 본문으로 잘못 끼어든 예도 있다.

"무기라는 것은 상서롭지 못한 연모이니, 군자들의 연모가 아

닌 것이다."(兵者不祥之器, 非君子之器.)는 말은 분명히 "훌륭한 무기는 상서롭지 않은 연모이다."(夫佳兵, 不詳之器.)라는 말에 대한 주석이다. 또 "길한 일에 있어서는 왼편을 숭상하고, 흉한 일에 있어서는 오른편을 숭상한다. 그리고 부장군(副將軍)은 왼편에 위치하고, 대장군(大將軍)은 오른편에 위치한다."(吉事尙左, 凶事尙右. 偏將軍居左, 上將軍居右.)는 말은 "군자들은 평소에 왼편을 존중하고, 전쟁에 있어서는 오른편을 존중한다."(君子居則貴左, 用兵則貴右.)는 말에 대한 주석이다.

다시 "상례로 거기에 대처한다고 말한 것은 많은 사람들을 죽였으므로 슬픔으로 울어야만 하기 때문이다."(言以喪禮處之, 殺人之衆, 以哀悲泣之.)란 말은 "전쟁에 이기면 상례로써 거기에 대처한다."(戰勝, 以喪禮處之.)는 말에 대한 주어(注語)가 분명하다.

이 밖에도 《노자》는 후세로 전해 내려옴에 따라 많은 사람들이 고쳐 쓰고 덧붙이고 한 것들이 있고, 그 글을 베끼는 사람의 의식적으로 고쳐 쓴 것과 무의식적인 착오가 있다. 그리고 옛날 책인 대쪽에 글을 적고 그것을 가죽 끈으로 엮어서 만들었으므로, 보관할 때의 부주의로 인한 대쪽이 뒤섞인 경우도 있다.

대쪽이 뒤섞인 경우에는 앞에서 예를 든 제31장의 경우처럼 본문 사이에 주를 단 글귀가 본문으로 잘못 끼어들게 되는 경우도 있었지만, 앞뒤가 뒤섞인 경우도 있었다. 이 때문에 근대의 학자 중에는 지금 우리가 보는 《노자》는 그 본래의 모습과 완전히 달라진 것이라 단정하고, 그 본문을 한 구절 한 글자씩 하나

하나 따지고 고증하여, 후세에 보태어진 말이라 생각되는 것은 떼어내고 그 나머지 말들을 본문의 논리와 사상의 전개에 따라 체계를 세워 새로운 본래의 《노자》의 모습에 가까운 형태의 판본을 이룩해 보려고 노력하는 학자들까지도 나왔다.

그 중에도 엄령봉(嚴靈峯)의 《노자장구신편(老子章句新編)》 1·2권(1954년 臺灣 中華文化出版事業委員會刊, 國民基本知識叢書)은 그것이 《노자》의 본래의 모습에 가까운 가 어떤 가는 둘째 치고, 노자의 사상을 체계적으로 이해하는데 크게 도움이 될 우수한 업적이다.

지금 전하는 《노자》의 내용에 이상과 같이 적지 않은 혼란이 있는 것은 사실이지만 도가의 초기 사상을 대표하는 경전이라는 성격에는 변함이 없다.

도가 사상의 특징의 하나가 인간의 논리에 부정에 있다면, 한 사람에 의한 조직적인 저술이 이루어질 수가 없는 이상 그러한 혼란은 오히려 당연한 것인지도 모른다.

어떻든 《노자》는 그 내용에 일정한 체계는 서 있지 않지만 그 전편에 걸쳐, 이 우주를 생성시키고 지금도 우주와 인간을 존재케 하는 영원하고 절대적인 기본원리인 〈도〉란 어떠한 것인가, 그 도에 따르는 사람들의 생존 방법은 어떠해야 하는가, 또 그 도에 따르는 정치란 어떠해야 하는가 등의 문제를 얘기하고 있다. 말하자면 《노자》를 자세히 읽음으로써 우리는 도가의 본체론·인생론·정치관 등의 기본적인 사상을 이해할 수 있는 것이다.

《노자》의 저자나 저작시기가 불확실하고, 그 내용의 체계상 혼란이 있기는 하지만 진정한 고전으로서의 《노자》의 가치는 조금도 손상될 수가 없는 것이다. 그것은 중국문화가 시작되는 태고적부터 춘추·전국시대에 이르는 길고 파란 많은 역사를 통하여, 중국민족이 닦아 온 예지의 결정이며, 이후 2천 수백 년의 역사를 통하여 중국 민족을 위시하여 그 문화의 영향을 받은 동양 민족들의 마음속에 살아서 발전해 온 인간생존의 지혜이기 때문이다.

제2절
《노자》의 전승과 연구

 앞에서도 이미 얘기하였지만 전국시대에 와서는 《노자》란 책은 상당히 널리 세상에 알려졌다. 《순자(荀子)》와 《여씨춘추(呂氏春秋)》에는 이미 노자 사상에 대한 비판이 보이고, 《한비자(韓非子)》에는 해로(解老)편·유로(喻老)편 같은 《노자도덕경》의 중요한 내용을 강설한 부분이 있다. 그리고 이 시대의 변사(辯士)들은 흔히 《노자》의 말을 인용하여 자신의 논거로 삼았다.
 《한비자》 현학(顯學)편에 "세상의 두드러진 학파는 유가와 묵가(墨家)이다."라고 말하고 있어, 도가의 유행은 묵가가 훨씬 못했던 듯이 느껴지기 쉽다. 그러나 유가와 묵가는 어떻게 하면 이 세상을 살기 좋고 평화로운 곳으로 만들 수 있는가 하는 현실적인 문제, 곧 정치적, 사회적 문제들을 주로 다루고 있는데 비하여, 도가에서는 사람들의 모든 의식적으로 하는 일을 부정하고 물러나서 자신을 세상에 드러내지 않으려 하였던 학파였다.

그래서 자연이 도가는 유가나 묵가처럼 세상에 두드러질 수가 없고 다른 학파와 내놓고 다투지도 않았기 때문에 《한비자》에서는 그렇게 말하였을 것이다. 도가의 사상은 전국시대에 와서는 유가나 묵가 못지않게 세상에 큰 영향을 미치고 있었음이 분명하다. 사마천이 《사기》 노장신한열전(老莊申韓列傳)에서 한비자는 "그 근본 취지를 황제와 노자에 두고 있다."고 말했듯이, 법가가 노자의 사상을 바탕으로 하고 있거니와, 그 밖에도 양주(楊朱)·신도(愼到)·전변(田騈)·접자(接子)·환연(環淵) 등이 직접 간접으로 《노자》의 영향을 받은 사상가들이고 병가인 《손자(孫子)》도 《노자》에 바탕을 두고 있다.

그리고 《노자》의 사상을 직접 전승한 도가에 속하는 사상가로는 열자(列子)와 장자(莊子)가 가장 두드러진다. 지금 전하는 《열자》는 문제가 많지만(뒤 제6장에 자세히 논할 것임), 《장자》를 보면 여러 곳에서 직접 《노자》를 인용하며 노자의 사상을 부연하고 있으며, 천하(天下)편에서는 노자를 중요한 학파의 하나로 해설하고 있다. 근인 임어당(林語堂)이 영역한 《노자》책을 보면, 각 장마다 그 아래 《장자》에 보이는 같은 성질의 문장을 참고로 인용하고 있어, 노자와 장자의 사상적 전승 관계를 알아보기에 편리하게 되어 있다.

이 책에 의하면 《노자》의 거의 모든 장 아래 같은 성질의 《장자》의 글이 인용되고 있으니, 《노자》의 각 장에서 보이는 모든 사상들이 《장자》에 의하여 전승 발전되었음을 짐작할 수가 있다.

한(漢)대로 들어와서는 처음부터 황제나 황후 및 고관들 중에 노자의 술법을 좋아하는 이들이 무척 많았다. 고조(高祖) 때에는 조참(曹參)이 〈황로(黃老)의 술법〉으로 제(齊)나라를 다스리어 크게 명성을 떨친 뒤, 다시 한나라 상국(相國)으로서도 훌륭한 정치업적을 올렸다. 또 황제 중에서는 특히 문제(文帝)와 경제(景帝)가 도학을 좋아하였고, 경제의 어머니 두태후(竇太后)는 열렬한 도학의 옹호자였다.

그리고 고조(高祖)와 혜제(惠帝) 시대에는 조참(曹參) 이외에도 진평(陳平)과 육가(陸賈), 문제와 경제 시대에는 등장(鄧章)·왕생(王生)·전숙(田叔)·직불의(直不疑)·사마담(司馬談), 무제(武帝) 시대에는 급암(汲黯)·정당시(鄭當時) 등 도학을 좋아하는 사람들이 무척 많았다. 《사기》 악의열전(樂毅列傳)에 보이는 하상장인(河上丈人)으로부터 안기생(安期生)·모흡생(毛翕生)·악하공(樂瑕公)·악신공(樂臣公)·개공(蓋公)으로 이어지는 《노자》의 전승계보는 본격적인 한초 도가의 스승과 제자의 관계를 뜻하는 것으로 보인다. 어떻든 한대로 들어오면서 도학이 특히 성행했던 것은 분명한 일이다. 유학을 중국의 기본 정치이념으로 정립시킨 무제를 보더라도 여러 신(神)에 대한 제사를 좋아하고, 이소군(李少君)·소옹(少翁)·난대(欒大) 등의 방사(方士)들에게 빠졌었는데(《史記》 武帝本記 의거), 이는 모두 황로지학(黃老之學)의 영향을 뜻하는 것이다. 유학을 크게 내세웠던 황제가 이러하니 그 밖의 황제들이나 궁중과 사회의 풍습이 어떠했을까 하는 것은 짐작이 갈 것이다.

후한으로 들어와서도 환제(桓帝, 147~169 在位)와 같은 열렬한 노자의 존숭자가 나왔던 것도 앞에서 얘기한 전한대의 기풍의 은연한 계승 때문이었다. 환제는 노자를 고현(苦縣)의 사당에 모시고, 변조(邊詔)라는 학자에게 명하여 노자를 칭송하는 비명(碑銘)까지 짓게 하였다. 그리고 후한의 정치가 어지러워지면서 지식인들 사이에는 도학을 좋아하는 경향이 더욱 심하여졌고, 민간에는 도교적인 신앙이 널리 유행하게 되었다. 또한 한말 오두미도(五斗米道)의 교주였던 장로(張魯)가 그의 신도들에게 《노자》5천 문(文)을 모두 외우게 했던 일은 특히 두드러진 일이다.

그리고 한대에는 전·후한을 통하여 옛 전적들의 글자와 글귀를 해석하는 이른바 장구지학(章句之學)이 성행한 시대여서 하상공(河上公)을 비롯하여 《한서》예문지에 보이는 것 같은 《노자》에 관한 주석서도 여러 가지가 나왔다.

이러한 한대의 노자 존숭 기풍은 위(魏)·진(晋)·남북조(南北朝)를 통하여 더욱 성행한다. 그리하여 이 시대에는 왕필(王弼, 226~249)의 《노자도덕경주》를 비롯하여, 종회(鍾會)·손등(孫登)·장사(張嗣)·장빙(張憑)·양(梁) 간문제(簡文帝)·유진희(劉進喜)·고환(顧歡) 같은 사람들에 의하여 《노자도덕경주》가 씌어졌다.[28] 어떻든 노자에 관한 연구는 이 시대에 와서 한층 본

---

28) 이 중 고환(顧歡)의 《도덕진경주소(道德眞經注疏)》만이 도장본(道藏本) 및 가업당본(嘉業堂本)의 두 가지 판본으로 확실히 전한다. 나머지는 모두 이요(李翹)의 《노자고주(老子古註)》의 인용에 의거하였다. 양(梁) 간문제(簡文帝)의 《노자의(老子義)》만은 육덕명(陸德明)의 《경전석문(經典釋文)》에 인용되고 있다.

격화했던 것 같다.

그런데 중국 역대 어느 시기보다도 노자에 대한 존숭이 대단했던 것은 당(唐)대이다. 당 왕실은 스스로 노자를 그들의 선조로 모셨기 때문에 《노자도덕경》은 세상에 널리 읽히게 되었던 것이다. 이 시대에는 한편으로 도가에 대한 연구를 담당할 박사(博士)와 그들의 조수를 임명하고 과거에 도가의 학문을 한 시험 과목으로 독립시키는 한편, 또 온 세상에 도관(道觀)을 널리 짓고 《도덕경》을 비롯한 도가서들을 읽고 외우게 하였다.

이 때문에 《노자》에 관한 연구도 자연히 성행하고, 세상에 널리 읽히게 되었다. 당대 초기의 도사인 부혁(傅奕)이 〈왕필본〉과 〈하상공본〉을 비롯한 몇 가지 다른 판본의 《도덕경》을 비교하여 심정(審定)한 《교정고본노자(校定古本老子)》와, 현종(玄宗, 713~755 在位)이 직접 《도덕경》의 본문에 여러 가지 서로 다른 내용이 있고 〈왕필본〉과 〈하상공본〉에 대한 우열론이 시끄러웠으므로 그 본문을 통일시키기 위하여 개원(開元) 20년(732)에 썼다는 《도덕경주(道德經注)》는 〈왕필본〉과 〈하상공본〉을 뒤잇는 《노자》의 전형적 판본이다.

당대에는 이들 이외에도 이영(李榮)·육희성(陸希聲)·왕진(王眞)·장군상(張君相)·이약(李約)·두광정(杜光庭)·강사제(强思齊) 등이 도장(道藏) 속에 《노자도덕경》 또는 《노자》에 관한 저술을 남기고 있다.

그리고 돈황(敦煌)에서 나온 문권(文卷)들 속에는 10여 종에 달하는 《노자도덕경》의 사본 잔권(殘卷)이 남아 있다. 또 직례

(直隸)의 역주(易州)와 형대(邢臺) 및 단도현(丹徒縣) 초산(焦山) 등에는 당(唐) 중종(中宗)의 경룡(景龍) 2년(708), 현종(玄宗)의 개원(開元) 26년(738) 및 27년(739), 희종(僖宗)의 광명(廣明) 원년(880), 소종(昭宗)의 경복(景福) 2년(893)에 각각 세운 《도덕경비(道德經碑)》와 《도덕경당(道德經幢)》 등이 전한다.

이 뒤로 송·원·명·청대에서 현대에 이르기까지 《노자》에 관한 주해와 연구는 이루 헤아릴 수 없을 정도의 많은 책을 내었다. 특히 청대에 고증학이 성행한 이후부터 노자의 생애와 《노자도덕경》에 대한 고증학적 연구 업적도 두드러지게 많이 나왔다. 그 중에서 명대 초횡(焦竑)의 《노자익(老子翼)》과 《노자고이(老子考異)》를 비롯해서, 청대 위원(魏源)의 《노자본의(老子本義)》, 송이양(孫詒讓)의 《노자찰이(老子札迻)》, 왕념손(王念孫)의 《노자잡지(老子雜志)》, 해동(奚侗)의 《노자집해(老子集解)》, 필원(畢沅)의 《노자고이(老子考異)》, 유월(俞樾)의 《노자평의(老子平議)》, 노문소(盧文弨)의 《노자음의고증(老子音義考證)》, 유사배(劉師培)의 《노자구보(老子斠補)》·《노자운표(老子韻表)》, 민국(民國)으로 들어와서는 마서륜(馬叙倫)의 《노자핵고(老子覈詁)》, 마기창(馬其昶)의 《노자고(老子故)》, 우성오(于省吾)의 《노자신증(老子新證)》, 나진옥(羅振玉)의 《노자고이(老子考異)》, 고형(高亨)의 《노자정고(老子正詁)》 및 그 《보정(補正)》, 양수달(楊樹達)의 《노자고의(老子古義)》 등이 《노자》 해설과 본문 고정(考正)에 있어 두드러진 업적으로 손꼽힐 수 있을 것이다.

이 밖에 전목(錢穆)의 《노자변(老子辨)》, 양가락(楊家駱)의 《선진노학문헌고(先秦老學文獻考)》·《노자연보(老子年譜)》·《노자서목(老子書目)》·《의로문헌변정(疑老文獻辨正)》, 후외려(侯外廬)의 《중국고대사회여노자(中國古代社會與老子)》, 장백잠(蔣伯潛)의 《노자인물고(老子人物考)》 및 《노자저술고(老子著述考)》, 호적(胡適)의 《노자기인기서의 연대문제(老子其人其書的年代問題)》 같은 것은 노자의 생애와 그의 저서에 관한 여러 가지 문제들을 연구한 두드러진 업적들이다.

《노자》는 우리 나라와 일본에도 전해져서 많이 읽혔다. 그러나 우리 조선조의 학문은 주자학 한 편으로만 기울어져 노자에 관한 연구는 별로 심화하지 못하였다. 박세당(朴世堂, 1629~1703)의 《신주도덕경(新註道德經)》은 그런 풍토 속에서도 상당한 업적을 이룩한 저술이라 할 것이다. 그 밖에는 서명응(徐命膺, 1770년 전후)의 《도덕지귀(道德指歸)》 같은 것이 있으나, 그 밖의 이에 관한 저술은 별로 눈에 띄지 않는다. 그리고 《노자》의 현대역으로는 김경탁(金敬琢)의 《노자》(서울 光文出版社 刊)가 가장 우수한 번역이며, 필자의 졸역도 을유문화사에서 간행한 것이 있다.

이에 비하여 일본인들의 《노자》 연구는 그 업적이 대단하다. 《노자》 본문의 해석뿐만 아니라 노자의 생애나 저술에 관한 여러 가지 연구와 고증에 있어서도, 중국 사람들을 앞지르는 업적이 간혹 눈에 뜨인다. 엄령봉(嚴靈峯)의 《노자장구신편(老子章句新編)》의 부록 및 《중외노자저술목록(中外老子著述目錄)》만 보더라도 일본인들의 노자에 관한 연구서들은 거의 200종에 달한다.

이 밖에 《노자》는 서양에서도 널리 읽히고 연구되어, 이에 관한 영문 저술은 수십 종에 달하고, 불어와 독어로 쓰인 저서도 각각 10종을 넘는다.

이제 노자는 중국이나 동양의 예지가 담긴 문화유산일 뿐만 아니라 온 인류의 지혜가 담긴 문화유산으로 탈바꿈 되고 있는 것이다.

제3절
백서(帛書)《노자》에 대하여

　1973년 초에 호남성(湖南省) 장사(長沙) 마왕퇴(馬王堆)의 1호 한묘(漢墓)에서 살아있는 모습 그대로의 초(楚) 대후부인(軑侯夫人)의 시체가 발굴되어 온 세계를 놀라게 하였다. 그리고 같은 해 12월 3호 한묘에서는 다시 《노자》를 비롯한 여러 가지 비단에 쓴 책인 백서(帛書)가 출토되어, 《노자》 연구에 획기적인 자료가 되었다. 동시에 출토된 나무 조각에 쓰인 글에 의하여 이 묘는 한(漢) 문제(文帝) 12년(BC. 168)에 이루어진 것임이 판명되었다.[29]

　마왕퇴한묘백서정리소조(馬王堆漢墓帛書整理小組)의 보고에

---

29) 《馬王堆漢墓帛書老子甲乙本》(1974, 文物出版社) 編者 解題 및 高亨・池曦朝 〈試談馬王堆漢墓中的帛書『老子』〉(《文物》, 1974) 참조.

의하면, 여기에서 나온《노자》백서에는 전승을 달리하는 두 가지 사본이 있으며, 이 두 가지 사본은 글자체도 서로 다르고, 글을 베낀 시기도 같지 않다. 백서《노자》는 중국에서 1974년에《마왕퇴한묘백서노자갑을본(馬王堆漢墓帛書老子甲乙本)》(北京 文物出版社 影印)이란 제목의 책으로 나와 있고, 대만에서도 1975년에《백서노자(帛書老子)》(臺灣 河洛圖書出版社 刊)란 제목의 책으로 출판되어 있다.

갑본(甲本)은 소전체(小篆體)로 쓰인 모두 463줄 13000여자이고, 을본(乙本)은 예서체(隸書體)로 쓰인 도합 252줄 16000여자의 내용이다. 중국학자들의 고증에 의하면 갑본은 한 고조(高祖, BC. 206~BC. 195 재위)가 황제 자리에 오르기 이전에 이루어진 것이고, 을본은 고조 유방(劉邦)이 황제로 즉위한 이후 혜제(惠帝, BC. 194~BC. 188 재위)나 문제(文帝, BC. 179~BC. 157 재위) 이전에 이루어진 것이라 한다.[30]

그리고 이들 책의 가장 큰 특징은 지금 우리가 보는《도덕경》과는 달리〈도경(道經)〉이 뒤로 가고〈덕경(德經)〉이 앞에 놓여 있다는 것이다. 중국학자들은 지금 우리가 보는 일반 판본처럼〈도경〉이 앞에 놓이고〈덕경〉이 뒤에 놓여있는 것은 '도'를 중시하는 도가에 전해져 온 판본이고,《백서노자》처럼 반대로〈덕경〉이 앞에 놓이고〈도경〉이 뒤에 놓인 것은 법술(法術)을 보다 중시하는 법가에서 읽고 전해온 판본이라는 것이다.

---

30) 대체로 皇帝 이름을 諱한 상태를 근거로 하였음.

〈덕경〉에는 법술과 통하는 도술(道術)에 관한 논의가 중심을 이루고 있기 때문에 법가에서 〈도경〉보다도 그 편을 더 중시하여 전면에 내놓게 되었다는 것이다.

이제까지는 전설적인 한대의 하상공(河上公)이 주를 썼다는 하상공본(河上公本)《노자》와 진(晋)의 왕필(王弼)의 주가 붙은 《노자》가 가장 오래된 판본이라면서 세상에 전해졌으나, 이들을 압도하는 거의 시대가 확실하고 훨씬 오래된 판본의 《노자》가 세상에 나온 것이다.

《백서노자》는 본문의 내용에 있어 원칙적으로 우리의 통행본과 큰 차이는 없다. 그러나 쓰인 글자나 문장이 같지 않은 곳도 적지 않다. 《노자》가 오랜 동안 전승되어 오면서 잘못 전해진 곳이나 현행 판본의 잘못된 곳을 바로잡는 자료로 활용될 수가 있을 것이다.

그러나 필자가 《노자》를 번역하거나 그 글을 인용하는데 있어서 '왕필주본'이나 '하상공주본'을 대상으로 삼지 않을 수 없었던 것은 아무래도 문장이나 내용 등 전체적인 면에서 현행본들이 더 잘 정리되어 있기 때문이다.

제5장
노자의 사상

제1절
도론(道論)

1. 도(道)와 덕(德)

《노자》는 《도덕경》이라고도 부르며, 그 책의 내용은 〈도경〉과 〈덕경〉의 상·하편으로 이루어져 있다. 그것은 상편의 첫머리가 〈도〉에 관한 얘기로 시작되고 있고 하편의 첫머리는 〈덕〉에 관한 말로 시작되고 있다는 이유도 있지만, 사마천이 《사기》에서 《노자》는 "도와 덕의 뜻을 얘기한 5천 언(言)으로 이루어졌다."고 얘기하고 있듯이, 노자의 중심사상이 〈도〉와 〈덕〉으로써 이루어져 있기 때문인 것이다.

그런데 유가에서도 그 함축적인 의미는 다르지만 역시 〈도〉와 〈덕〉에 대하여 설교하고 있다. 그렇다면 노자가 생각하던 〈도〉와 〈덕〉은 어떤 것이며, 유가의 그것들에 대한 개념과는 어떻게 서로 다른가? 〈도〉란 유가든 도가든 그들이 생각하는 '가장 기본이 되는 원리'를 뜻하고, 〈덕〉이란 〈도〉를 따라 사람들이나 사물을 통하여 발휘되는 '훌륭한 성능'을 뜻한다. 다시 말하면 〈덕〉이란 〈도〉가 겉으로 드러나는 것이기 때문에 〈덕〉의 성격은 〈도〉에 의해 결정된다.

그런데 똑같이 〈도〉라는 말을 쓰고 있지만 공자가 말한 〈도〉와 노자의 〈도〉는 그 성격상 큰 차이가 있다.

《논어》를 보면 공자가,

> 아침에 도에 관하여 들어서 알게 된다면 저녁에 죽게 된다고 해도 괜찮다.
> 朝聞道夕死可矣. -里仁

고 말하고 있다. 이에 의하면 〈도〉란 공자에게 있어서도 자기 목숨보다도 소중한 절대적인 것이다. 그런데 다시,

> 이른바 대신이란 도로써 임금을 섬기다가 안 되면 물러나야 한다.
> 所謂大臣, 以道事君, 不可則止. -先進

> 나라에 도가 행해지고 있으면 녹(祿)을 먹지만, 나라에 도가 행해지지 않는데도 녹을 먹는 것은 수치스런 일이다.
> 邦有道穀, 邦無道穀, 恥也. -憲問

군자가 도를 배우면 남을 사랑하게 되고, 소인이 도를 배우면 부리기 쉽게 된다.
君子學道則愛人, 小人學道則易使. －陽貨

누가 나가는데 문을 통하지 않을 수 있겠는가? 어찌하여 이 도를 따르지 않는가?
誰能出不由戶? 何莫由斯道? －雍也

라는 등의 말을 하고 있는데, 여기의 〈도〉는 "대신 노릇을 하는 올바른 도리", "나라를 다스리는 원리", "사람으로서의 도리" 같은 것을 뜻하고 있다. 곧 공자가 생각하던 〈도〉란 사람으로서 마땅히 걸어가야 할 길이요, 인간의 당위법칙이었던 것이다. 다시 《논어》에서 공자가,

군자의 도가 세 가지 있는데 나는 그것을 행하지 못하고 있다. 인한 사람은 근심하지 않고, 지혜 있는 사람은 미혹되지 않고, 용감한 사람은 두려워하지 않는 것이다.
君子道者三, 我無能焉. 仁者不憂, 知者不惑, 勇者不懼. －憲問

공자께서 말씀하셨다. "삼(參, 曾子)아! 나의 도는 하나로 관통되어 있다." 증자는 "그렇습니다." 하고 대답하였다. 공자께서 나가자, 어느 제자가 "무슨 뜻입니까?" 하고 물으니, 증자가 말하였다. "선생님의 도는 충(忠)과 서(恕)일 따름입니다."

子曰; 參乎! 吾道一以貫之. 曾子曰; 唯! 子出, 門人問曰; 何謂也? 曾子曰; 夫子之道, 忠恕而已矣. -里仁

라고도 말하고 있다. 이에 의하면 공자의 〈도〉는 결국 인(仁)·지(知)·용(勇)·충(忠)·서(恕) 등 여러 가지 유가의 덕목(德目)을 통하여 발휘되는 '올바른 도리'인 것이다. 곧 공자의 도는 인간으로서는 〈인〉으로 발휘되고, 사리를 판단하여야만 할 때에는 〈지〉로서 발휘되고, 불의와 대처할 필요가 있을 때에는 〈용〉으로 발휘되는 것이다. 이 밖에도 경우에 따라 효(孝)·신(信)·의(義)·예(禮) 등으로 발휘되기도 한다. 이처럼 경우에 따라 사람을 통하여 발휘되는 '도의 효능'이 곧 〈덕〉인 것이다. 곧 인간이 발휘할 수 있는 모든 훌륭한 행위를 통털어 〈덕〉이라 부르는 것이다.[31]

　노자의 〈도〉는 공자의 그것에 비하여 더욱 절대적이고 본원적(本源的)인 것이다. 그것은 사람에 관계되는 올바른 도리뿐만이 아니라 형이상학적인 인간과 만물과 우주 전체의 본체를 뜻한다. 유가의 《역경》 계사전(繫辭傳)에도 "일음(一陰) 일양(一陽)을 도라고 말한다."라고 말하고 있고, 《중용》에서는 인간으로서의 〈도〉뿐만이 아니라 '하늘의 도(天之道)'에 대하여도 말한 대목이 있지만, 이러한 형이상학적인 〈도〉에 대한 유가의 개념은 전국 말엽 이후에 생겨난 것일 것이다.

---

31) 졸저, 《공자의 생애와 사상》(명문당) 제8장 참조.

어떻든 유가의 이러한 도에 대한 개념조차도 모두 '인간으로서의 올바른 도리' 곧 '사람의 도(人之道)'를 전제로 한 것이다. 이에 비하여 노자의 도는 인간의 존재 이전의 우주의 본원이며 만물의 생성과 존재의 법칙인 것이다. 《노자》를 보면 다음과 같이 〈도〉에 대하여 설명한 대목이 보인다.

어떤 물건이 혼돈(渾沌)히 이루어져 있었는데 그것은 하늘과 땅의 생성보다도 앞서 있었다. 아무 소리도 없고 아무 형체도 없지만, 홀로 존재하며 바뀌어지지 않고, 모든 것에 두루 행하여지면서도 위태롭지 않으니, 천하의 모체라 할 만한 것이다. 나는 그 이름을 알지 못하므로 그것을 도라고 이름 지었고, 억지로 그것을 대(大)라 부르기로 하였다.
有物混成, 先天地生. 寂兮寥兮, 獨立而不改, 周行而不殆, 可以爲天下母. 吾不知其名, 字之曰道, 强爲之名曰大. -제25장

노자의 〈도〉는 공자처럼 인간의 당위법칙으로서의 범주를 뛰어넘어 우주의 생성보다도 앞선, 그리고 "천하의 모체"가 되는 그런 절대적인 것이다. 곧 우주의 모든 존재는 〈도〉를 바탕으로 하여 이루어졌고, 〈도〉로 말미암아 존재하고 있다는 것이다. 따라서 〈도〉란 인간의 지성의 한계를 초월한 절대적인 것이어서, 사람으로서는 그 존재를 정확하게 파악하기도 어렵고 말로써 그것을 표현하기도 어려운 것이라는 것이다.

어떻든 이러한 〈도〉에 대한 인식은 노자의 학문 내용을 도에 관한 추구가 중심이 되게 하였고, 그의 사상의 전개는 〈도〉에 대

한 순종의 길을 모색하는 것으로 만들었다. 노자의 학파를 〈도가〉라 부르고, 이들의 사상을 '도가 사상'이라 부르는 근거가 바로 여기에 있는 것이다.

노자의 〈도〉에 관한 이런 성격 때문에 '도가 드러나는 것'인 〈덕〉도 따라서 공자의 〈덕〉과는 그 성격이 판이해진다. 노자의 〈도〉가 인간의 이성을 초월하는 절대적인 것이기 때문에, 그 〈도〉가 인간을 통하여 발현되어 〈덕〉으로 드러날 때에도 그것은 사람들의 일반적인 판단이나 상식을 초월하는 것일 수밖에 없다. 공자는 사람을 통하여 발휘되는 올바르고 훌륭한 효능이 곧 〈덕〉이라 생각하였지만, 노자의 〈덕〉은 인간의 올바르다는 판단이나 훌륭하다고 생각되는 행위를 초월한 것이 된다. 노자는 인간들의 올바르다, 그르다는 판단이나 모든 의식적인 행위 자체가 〈도〉에 어긋나는 그릇된 것이라 생각하였다.

곧 〈덕〉이란 〈도〉가 우주를 생성하고 존재케 하고 있는 상태와 같이 극히 자연스럽고 있는 그대로의 상태이어야만 하며 거기에는 아무런 인간의 의식적인 작위도 가하여지지 않아야만 하는 것이다. 이 노자의 〈도〉와 〈덕〉의 성격이나 특징에 대하여는 아래에 여러 가지 각도에서 자세히 설명할 예정이다.

이러한 노자 사상의 기본개념 때문에 공자의 유가 사상이 현실주의적이라면 노자의 도가 사상은 초현실적이다. 노자는 사람들이 자신의 이성이나 능력에 한계가 있다는 것을 의식하지 못하는 데서 인간의 모든 갈등과 불행이 생기는 것이라 생각하였다. 노자는 〈도〉라는 절대적인 원리를 추구함으로써 사회의 부조리뿐만 아니라 인간이 타고난 모든 불행의 요인으로부터 해방되자는 것이었다.

곧 노자 사상의 근본 목표는 〈도〉가 지니는 무위하고 자연스런 〈덕〉을 터득함으로써, 우주의 한 구성 요소로서의 인간 본연을 회복하자는 것이다. 이것은 사람들의 이성이나 감정 또는 욕망으로부터 사람들을 해방시켜, 인간의 완전한 자유 곧 완벽한 행복을 이룩하자는 것이다. 양계초(梁啓超, 1873~1929)가 《노공묵이후학파개관(老孔墨以後學派槪觀)》의 뒤에 붙어 있는 노자철학이란 글에서 "노자가 말하고 있는 것 모두가 〈도〉라는 한 글자를 벗어나지 않는다."고 한 것도 그 때문이다.

2. 우주의 본원으로서의 도

《노자》의 의하면 〈도〉란 바로 우주의 본원이다. 하늘이며 땅이며 온 만물이 〈도〉를 바탕으로 하여, 이룩되었다는 것이다. 앞에서도 일부를 인용하였지만 제25장에서 노자는 다음과 같은 말을 하고 있다.

> 어떤 물건이 혼돈(混沌)히 이루어져 있었는데, 그것은 하늘과 땅의 생성보다도 앞서 있다. 아무 소리도 없고 아무 형체도 없지만, 홀로 존재하여 바뀌어지지 않고 모든 것에 두루 행하여지면서도 위태롭지 않으니, 천하의 모체라 할 만한 것이다. 나는 그 이름을 알지 못하므로 그것을 〈도〉라 이름지었고, 억

지로 그것을 대(大)라 부르기로 하였다. 대라는 것은 끊임없이 변화하여 간다. 끊임없이 변화하는 것은 멀리 극도에까지 이른다. 멀리 극도에 다다르면 제자리로 되돌아간다.

그러므로 도란 위대한 것이며, 하늘도 위대하고 땅도 위대하고, 왕(王)도 역시 위대하다. 세상에는 이 네 가지 위대한 것이 있는데, 왕도 그 중의 하나를 차지하는 것이다. 그런데 사람은 땅을 법도로 삼고, 땅은 하늘을 법도로 삼고, 하늘은 도를 법도로 삼으며, 도는 자연을 법도로 삼고 있는 것이다.

有物混成, 先天地生. 寂兮寥兮, 獨立而不改, 周行而不殆, 可以爲天下母, 吾不知其名, 字之曰道, 强爲之名曰大. 大曰逝, 逝曰遠, 遠曰反. 故道大, 天大, 地大, 王亦大. 域中有四大, 而王居其一焉. 人法地, 地法天, 天法道, 道法自然.

이 장은 노자의 〈도〉의 개념을 가장 구체적으로 설명하고 있다. 〈도〉란 하늘과 땅보다도 앞서 존재한 것이며, 우주 만물의 생성과 변화의 모체로서 영원히 변함없이 모든 것을 지배하고 있는 것이다. 따라서 〈도〉의 존재나 성격은 사람의 이성으로서는 정확히 파악할 수도 없는 것이며, 적당한 명칭도 없어 임시로 〈도〉라 부르기로 하였지만, 그 위대한 작용에서 볼 때에는 〈대〉라 불러도 좋을 듯한 것이라는 것이다.

노자는 이처럼 절대적이고 영원한 원리를 우주의 본원으로서 막연히 파악하고 있을 뿐만이 아니라 그것을 사람들에게 적용시키는데 역점을 두고 있고, 특히 사람들을 다스리는 일을 중시하여 〈왕〉을 크게 내세우고 있다. 이런 노자의 태도를 따라 여기에서는 제1절 도론에 이어, 제2절에서는 〈도〉의 인간을 통한 효용을 논하는 덕론, 제3절에서는 〈도〉를 근거로 처신하며 남을 다스리는 방법을 논한 도술을 각각 나누어 얘기하게 된 것이다.

이러한 노자의 〈도〉에 대하여 《한비자》 해로(解老)편에서는 다시 〈이(理)〉의 개념을 도입하여 다음과 같은 해설을 하고 있다.

〈도〉란 만물이 그러하게 된 근거이며, 모든 〈이〉가 머무르는 근원이다. 〈이〉란 만물이 이루어지는 조리이며, 〈도〉란 만물이 이룩되는 근거인 것이다. 그러므로 "〈도〉란 만물을 이를 따라 다스리는 것이다."라고 말하는 것이다.
道者, 萬物之所然也, 萬理之所稽也. 理者, 成物之文也; 道者, 萬物之所以成也. 故曰; 道, 理之者也.

한비자는 도의 작용을 이라고 파악하면서, 우주 생성의 본원으로서의 〈도〉를 해설하였는데, 이것이 후세 중국 철학에서 〈이〉의 문제를 중시케 한 근거가 되었다고도 할 수 있다. 〈도〉가 만물 생성의 본원이고, 그 작용이 〈이〉로서 나타난다 하더라도 〈도〉가 어떠한 존재인가 하는 것은 큰 문제가 된다.

그것은 사람의 지각으로서는 감지할 수가 없는 것이기 때문이다. 《노자》 제1장에서는 다음과 같은 〈도〉에 대한 설명을 하고 있다.

〈도〉라고 알 수 있는 〈도〉라면 그것은 절대 불변하는 도는 아니다. 명칭으로써 표현될 수 있는 명칭이라면 그것은 절대

불변하는 명칭은 아니다. 이름이 없는 것[無名]은 천지가 시작되던 상태이며, 이름이 있게 한 것[有名]은 만물의 모체이다. 언제나 무는 도의 오묘한 작용을 드러내 보이려 하고, 언제나 유는 만물의 차별상(差別相)을 드러내 보이려 한다.
　이 두 가지는 다같이 도에서 나왔으나 명칭이 다른 것이다. 이들이 다같이 나올 수 있었던 오묘한 작용을 일컬어 현(玄)이라고 한다. 이 현이 다시 현묘(玄妙)하게 작용하는 것이 여러 가지 미묘한 현상이 드러나게 되는 문인 것이다.
　　道可道, 非常道; 名可名, 非常名. 無名, 天地之始; 有名, 萬物之母. 常無, 欲觀其妙; 常有, 欲觀所徼. 此兩者, 同出而異名. 同, 謂之玄. 玄之又玄, 衆妙之門.

곧 〈도〉란 사람의 지각으로 파악했을 때는 이미 진정한 의미의 〈도〉가 못 되는 것이라는 뜻이다. 심지어는 사람들이 〈도〉라고 말했을 때 그것은 이미 진정한 〈도〉를 지칭하는 말이 될 수 없다는 것이다. 인간의 의식을 통해서 볼 때에는 〈유〉보다 〈무〉쪽이 〈도〉에 더 가깝다. 〈도〉는 이처럼 사람으로서는 그 존재를 파악하기 어려운 것이지만 그 작용은 오묘하기 이를 데가 없어 그것을 〈현〉이라 표현하였고, 다시 그것도 부족하여 "현이 현묘하게 작용한다."고 말하고 있는 것이다.
　이처럼 알기 어려운 〈도〉에 대하여 《노자》 제21장에서는 다시 다음과 같은 설명을 하고 있다.

　　위대한 덕을 지닌 사람의 모습은 오직 〈도〉만을 따른다. 〈도〉

라는 것의 성격은 황홀해서 종잡을 수가 없다. 종잡을 수 없는
그 가운데 물상이 존재하는 것이다. 종잡을 수 없는 그 가운데
만물이 존재하는 것이다. 심원하고 어두운 그 가운데 정수(精
粹)가 존재한다. 그 정수는 매우 참된 것이어서 그 가운데 진실
한 증험이 드러난다. 옛날부터 지금에 이르기까지 그 이름은
사라져 버린 일 없이 만물의 생성과 소멸을 총괄하여 왔다. 우
리는 무엇으로써 만물의 생성과 소멸이 그러함을 아는가 하면
바로 이러한 까닭 때문이다.

孔德之容, 唯道是從. 道之爲物, 唯恍唯惚. 惚兮恍兮, 其中有
像. 恍兮惚兮, 其中有物. 窈兮冥兮, 其中有精. 其精甚眞, 其中
有信. 自古及今, 其名不去, 以閱衆甫. 吾何以知衆甫之然哉? 以
此.

여기에서 "황홀하다"는 것은 사람의 감각으로는 파악하기 어
려운 것임을 형용한 말이다. 그러나 〈도〉는 의연히 존재하면서
만물의 생성과 소멸을 지배하는 근본이 되고 있다는 것이다. 제
14장에서도 다음과 같은 말을 하고 있다.

그것은 보아도 보이지 않는 것이어서, 형체도 없는 것, 곧 이
(夷)라고 부른다. 그것은 들어도 들리지 않는 것이어서, 소리도
없는 것, 곧 희(希)라고 부른다. 그것은 만지려 해도 만져지지
않는 것이어서, 은미한 것, 곧 미(微)라고 부른다. 이 세 가지
는 감각으로 그것을 구명할 수가 없다는 것이다. 본시 이것들
은 뒤섞이어 일(一)이 되어 있는 것이다. 그것은 위쪽이라고 해
서 분명하지도 않고 아래쪽이라고 해서 어두운 것도 아니다.

끊임없이 존재하고 있지만 이름을 붙일 수도 없다. 그것은 사물이 없는 상태로 되돌아가 있는 것이다.
 그래서 이것은 형상이 없는 상태, 곧 사물이 없는 상태라 말하는 것이며, 이것은 종잡을 수 없는 것이라 말하는 것이다. 그것은 앞으로 맞이해도 그 머리가 보이지 않으며, 뒤를 따라가도 그 꽁무니가 보이지 않는 것이다. 예로부터의 도를 지니고서 현재의 존재를 지배하고, 옛 만물의 시초를 알게 하는 것이다. 이것을 도기(道紀)라 부르는 것이다.
 視之不見, 名曰夷. 聽之不聞, 名曰希. 搏之不得, 名之微. 此三者, 不可致詰. 故混而爲一. 其上不皦, 其下不昧. 繩繩不可名. 復歸於無物. 是謂無狀之狀, 無物之象. 是爲惚恍. 迎之不見其首, 隨之不見其後. 執古之道, 以御今之有, 以知古始. 是謂道紀.

이 장에서도 역시 〈도〉란 만물의 생성변화의 근본이 되는 것이지만 사람의 지각으로서는 종잡을 수 없는 것임을 설명하고 있다. 그것은 〈도〉의 절대성을 강조하는 한편 사람의 지각이란 믿을 것이 못 된다는 결론도 유도하고 있는 것이다. 〈일(一)〉이라고도 표현한 도의 눈에 보이지 않는 〈이(夷)〉, 귀에 들리지 않는 〈희(希)〉, 손에 감촉되지 않는 〈미(微)〉의 성격이란 곧 〈무〉의 성격을 뜻하는 것이라 할 수 있다.
 앞에 인용한 제1장에서 "이름이 없는 것은 천지가 시작되던 상태"라고 하고 다시 "언제나 〈무〉는 도의 오묘한 작용을 드러내 보이려 한다."라고 한 것도, 〈도〉는 인간의 의식에서 볼 적에는 무의 상태나 같은 것임을 설명하는 것이다. 그래서 제32장에서도 "도란 언제나 이름도 없는 것"(道常無名)이라 하였다.

이 때문에 왕필(王弼)은 제34장의 주에서 "만물은 모두 도로 말미암아 생겨났다."고 하면서도, 다시 제1장의 주에서는 "모든 유(有)는 무에서 시작되었다.", 제16장의 주에서는 "모든 유는 텅 빈 허(虛)에서 생겨났다.", 제40장의 "천하의 만물은 유에서 생겨났고, 유는 무에서 생겨났다."(天下萬物生於有. 有生於無)는 말에 대한 주에서 "천하의 만물은 모두 유를 가지고 생겨났다고 하지만, 유의 시작은 무를 근본으로 삼고 있는 것이다."라고 설명하고 있다.

만물은 〈도〉로 말미암아 생겨났다고 하고, 다시 유는 무에서 생겨났다고 했으니, 〈도〉의 상태는 사람들의 지각으로써 볼 때 아무것도 없는 무 또는 텅 비어 아무것도 없는 허인 것이다.

그러면 이러한 사람들이 볼 때 무이며 허인 〈도〉가 만물을 어떻게 생성하는가? 제42장에서는 그것을 다음과 같이 설명하고 있다.

    도가 일을 낳고, 일은 이를 낳고, 이는 삼을 낳으며, 삼은 만물을 낳는다. 만물은 음을 짊어지고 양을 안고 있는 셈이며, 차 있는 기운을 통하여 조화되는 것이다.
    道生一, 一生二, 二生三, 三生萬物. 萬物負陰而抱陽, 冲氣以爲和.

곧 〈도〉에 의하여 무에서 일이 생겨나고, 일은 다시 이, 이는

다시 삼으로 늘어나 만물이 생성되었다는 것이다. 이것은 《역경》 계사전(繫辭傳)에서,

> 일음과 일양을 도라고 말한다.
> 一陰一陽之謂道.

> 그러므로 역에는 태극이 있는데, 이것이 양의(兩儀)를 낳으며, 양의가 사상(四象)을 낳고, 사상이 팔괘(八卦)를 낳는다.
> 是故易有太極, 是生兩儀, 兩儀生四象, 四象生八卦.

고 말한, 〈역〉의 생성의 개념과 통한다. 특히 송대 주돈이(周敦頤, 1017~1073)가 그의 《태극도설(太極圖說)》에서 "무극(無極)이면서 태극(太極)"이라고 하면서 "태극이 음양(陰陽)을 낳고, 음양이 오행(五行)을 낳는다."고 말한 것은 노자의 생성이론과 그대로 서로 통하는 것이라 할 수도 있다.

곧 도가 무극이며, 일이 태극이고, 이가 음양이며, 삼이 오행인 것이다. 노자가 이미 음양을 얘기하였거니와 다시 《노자》 제28장에서는,

> 영원히 위대한 덕은 어긋남이 없어 무극으로 되돌아가게 된다.
> 常德不忒, 復歸於無極.

고 하였으니, 노자가 이미 〈도〉를 〈무극〉이라 표현하였음을 발견하게 된다.[32] 《노자》는 중국적인 생성철학의 바탕을 이루고

있는 것이다.
 그러나 《노자》의 일이란 무엇인가? 《노자》에는 여러 곳에서 〈일〉에 관한 기록이 보인다. 제10장에,

> 혼백(魂魄)을 잘 간수하고 일을 지니어, 여기로부터 떠남이 없어야 한다.
> 載營魄抱一, 能無離乎.

라 하였는데, 왕필은 여기의 〈일〉을 "사람의 참됨(人之眞)"이라 설명하고 있다. 아마도 사람의 진실한 근본 또는 참된 모습 같은 것을 뜻하는 것으로 왕필은 이해했을 것이다.
 다시 제10장에서는,

> 비뚤어진 것은 온전히 되고 만다. 구부러진 것은 곧게 되고 만다. 움푹한 곳은 가득 차게 되고 만다. 낡은 것은 새롭게 되고 만다. 적은 것은 더 보태어지고 만다. 많은 것은 미혹되어 잃게 되고 만다. 그래서 성인은 일(一)을 안고서 천하의 규범이 되는 것이다.

---

32) 장자(莊子)는 노자의 일(一)에 태일(太一)이라 표현하였고 《莊子》 天地편), 《예기(禮記)》 예운(禮運)편에서는 "예는 반드시 태일에 근본을 두어야 한다. 이것이 나누어져 천지가 되고, 변하여 음양(陰陽)이 되었다.", 《여씨춘추(呂氏春秋)》 대악(大樂)편에서는 「태일이 양의(兩儀)를 낳고, 양의가 음양을 낳았다.」 하였으니, 노자의 우주 생성 개념의 발전을 엿볼 수가 있다.

曲則全. 枉則直. 窪則盈. 弊則新. 少則得. 多則惑. 是以聖人抱一, 爲天下式.

라고 하였다. 여기의 〈일〉도 앞 제10장의 일이나 같은 것이다. 그러나 왕필이 여기에서는 "적은 것의 극치(少之極)"라 이것을 설명하고 있는 것은 〈일〉이 무에 가까운 것이며 유가 시작되는 점이라는 생각에서였을 것이다. 제39장을 보면,

옛날의 일을 체득하였던 경우를 보자. 하늘은 일을 체득하여 맑아졌고, 땅은 일을 체득하여 편안해졌으며, 신은 일을 체득하여 영묘해졌고, 골짜기는 일을 체득하여 가득 차게 되었으며, 만물은 일을 체득하여 생존케 되었고, 임금은 일을 체득하여 천하를 올바르게 다스리었다. 그것들을 그렇게 만든 것은 일인 것이다.
昔之得一者. 天得一以淸, 地得一以寧, 神得一以靈, 谷得一以盈, 萬物得一以生, 侯王得一爲天下正, 其致之一也.

라고 말하였다. 여기에서의 〈일〉도 왕필이 설명했듯이 "수의 시작이며, 만물의 극치"로서 "만물은 각각 이 〈일〉을 통하여서 이룩되므로" 무에서 유가 생겨나는 지점임을 뜻한다. 따라서 〈일〉이란 〈도〉의 별명이라고 보아도 좋을 만큼 아주 그것에 가까운 것이다.

뒤에 《회남자(淮南子)》 원도훈(原道訓)에서는 이 〈도〉와 〈일〉에 대한 설명이 좀더 구체화 되고 있다.

이른바 형체가 없는 것이란 일(一)을 말한다. 이른바 일이란 천하에 필적할 만한 것이 다시 없는 것이다. 우뚝이 홀로 서있고, 덩그러니 홀로 존재한다. 그러나 위로는 높은 하늘에 통하고, 아래로는 온 우주를 관통한다. 둥글지만 그림쇠(規)에 들어맞지 않고, 모가 났지만 굽은 자(矩)에 들어맞지 않으며, 크게 혼돈히 〈일〉이 되어 있는 것이다.

… 그러므로 그것은 보아도 그 형체가 보이지 않고, 들어도 그 소리가 들리지 않으며, 그것을 따라가도 그 몸을 파악할 수가 없다. 형체가 없지만 형체가 있는 것들을 생성케 하고, 소리가 없지만 다섯 음계의 소리가 울리게 하고, 맛이 없지만 다섯 가지 맛을 이루케 하고, 색깔이 없지만 다섯 가지 색깔을 생성케 한다.

… 없는 듯하면서도 있고 없어진 듯하면서도 존재한다. 만물의 모든 것이 다 〈일〉이란 구멍 속에 포용되고, 모든 일의 근원이 모두 〈일〉이란 문에서 나온다. 그 움직임에는 형체가 없고, 변화는 신(神)과 같으며, 그 행동에는 흔적이 없으며, 늘 뒤진 듯하면서도 앞서간다.

후한(後漢)의 허신(許慎)은 이곳 주에서 "일이란 도의 근본이다."라고 설명을 덧붙이고 있다. 〈일〉은 유에로의 시발점이기는 하지만 아직 아무런 형체도 없는 무의 상태인 것이다. 그러나 〈일〉은 사람의 지각으로 감지할 수는 없지만 이미 완전한 무인 〈도〉로부터 유에로 움직여진 상태이다. 따라서 우주의 본원으로서 〈도〉가 형이상적인 개념이라면 〈일〉은 형이하적인 개념이라고 해야만 될 것이다.

다시 《노자》 제11장에는 〈무〉의 효용을 다음과 같은 비유를 들며 설명하고 있다.

> 서른 개의 수레바퀴 살이 한 개의 바퀴 통에 집중되어 있는데, 바퀴 통의 중간에 아무것도 없음으로써 그것은 효용을 지니게 된다. 진흙을 반죽하여 그릇을 만들었을 때, 그 중간에 아무것도 없음으로써 그것은 효용을 지니게 된다. 문과 창을 내어 집을 지었을 때, 그 중간에 아무것도 없음으로써 집은 효용을 지니게 된다. 그러므로 유가 이용될 수 있는 것은 무의 효용이 있기 때문인 것이다.
> 三十輻共一轂, 當其無, 有車之用. 埏埴以爲器, 當其無, 有器之用. 鑿戶牖以爲室, 當其無, 有室之用. 故有之以爲利, 無之以爲用.

곧 〈도〉는 무이며, 만물을 생성하는데, 사람들은 그 무의 효용에 대하여 의심하기 쉽다. 그러나 이 세계에 있어서 모든 존재의 기능은 무의 효용을 바탕으로 하여 발휘되고 있는 것이다. 이는 무인 〈도〉의 생성원리와 작용까지도 암시해 주는 말이라 볼 수 있다.

3. 만물의 존재 원리로서의 도-무위·자연

〈도〉는 만물 생성의 본원일 뿐만이 아니라 그것을 변화케 하고 존재케 하는 기본 원리이기도 한 것이다. 그러면 우주의 만물을 생성하고 존재케 하고 있는 〈도〉는 어떠한 원리에 입각하여 작용하고 있는가? 제34장에는 다음과 같은 설명이 보인다.

> 위대한 도는 장마물처럼 왼편, 오른편 어디에나 있다. 만물은 이것에 힘입어 생성되고 있지만 그것을 내세워 얘기하지 않으며, 공을 이룩하고서도 이름을 내세우지 않는다. 만물을 입혀주고 길러주고 하면서도 그 주인 노릇을 하지 않는다. 언제나 바라는 게 없어 작은 존재라 부르기 일쑤이다. 그러나 만물이 그에게로 되돌아가는데도 그 주인 노릇을 하지 않으니 위대한 존재라 부를 수 있는 것이다. 그래서 성인은 끝내 스스로 크다고 내세우지 않는 것이다. 그러므로 그의 위대한 업적을 이룩할 수가 있는 것이다.
> 大道氾兮, 其可左右. 萬物恃之而生, 而不辭. 功成, 不名. 有衣養萬物, 而不爲主. 常無欲, 可名於小. 萬物歸焉, 而不爲主, 可名爲大. 是以聖人, 終不自爲大, 故能成其大.

'위대한 도'는 어디에나 있으면서 만물을 생성케 하고 또 그것을 존재케 하고 있다. 그러나 스스로 그러한 능력이나 공로를 내세우는 일이 없기 때문에 사람들은 〈도〉의 존재조차도 소홀히 하기 쉽다. 〈도〉는 실체가 무일 뿐만이 아니라 그 작위까지

도 무인 것이다. 제37장에서,

> 도는 언제나 무위하지만 하지 않는 일이란 없는 것이다.
> 道常無爲, 而無不爲.

고 말한 것은 도의 작용을 단적으로 잘 설명한 것이다. 제51장에서는 또 말하였다.

> 그러므로 도는 물건을 생성하고 덕은 길러 준다는 것이다. 생장케 하고 생육케 하고 생성케 하고 성숙케 하고 길러 주고 보호해 주는 것이다. 생성케 하되 그것을 갖지는 않으며, 그렇게 해 주되 그 공을 내세우지 않으며, 생장케 해 주되 지배하지는 않는다. 그래서 이것은 현묘(玄妙)한 덕이라 말하는 것이다.
> 故道生之, 德畜之. 長之, 育之, 成之, 熟之, 養之, 覆之. 生而不有, 爲而不恃, 長而不宰, 是謂玄德.

곧, 〈도〉의 작용은 만물을 생성케 하고 존재케 하지만 거기에는 아무런 의식적인 작위도 가해지는 것이 없다. 제1장에서 "이름이 없는 것은 천지의 시작"이라 하였고, 제32장에서는 "〈도〉란 언제나 이름도 없는 것"(道常無名)이라고 말하고 있듯이 〈도〉의 본체는 이름도 없고 형체도 없고 움직이는 모양도 없는 것(제4장)이며, 그 작용 또한 〈무위〉한 것이다. 모든 것을 생성하고 존재케 하고 있지만 〈도〉는 "언제나 욕심이 없음"으로 (제34장) 전혀 만물을 차지하거나 지배하려 들지도 않고, 자기의 공을 내

세우는 법도 없다. 제37장에서는,

이름도 없는 소박함이란 또한 욕심도 없게 마련이다.
無名之樸, 夫亦將無欲.

라고 말하고 있다. 이 무위하고 욕심도 없는 것에서 시작하여 다시 제3장에서는 "언제나 백성들로 하여금 아는 것도 없고 욕심도 없도록 한다."(常使民無知無欲.)고 말하고 있고, 제1장에서 "지혜가 생겨나면서 대단한 거짓이 존재하게 되었다."(智慧出, 有大僞.)고 말하고 있듯이 아는 것이 없다는 개념이 나오고, 심지어 아무런 일도 의식적으로 하지 않아야 한다는 아무런 일도 없다는 개념(제48장·63장), 아무런 일에도 집착하는 일이 없어야 한다는 무집(無執)의 개념 등도 나온다. 그리고 무위하고, 아무런 욕심이 없고, 아는 것이 없고, 아무런 일도 없고, 아무런 집착하는 일이 없다는 개념은 결국 아무런 생각도 없고, 아무런 마음도 없음을 거쳐 사사로움이 없고, 내가 없는 경지에까지 이르게 된다. 제7장에는 이런 말이 있다.

하늘은 영원하고 땅도 영원히 존재한다. 하늘과 땅이 영원하고 영원히 존재할 수 있는 까닭은 그들 스스로 생존하려 들지 않기 때문이다. 그 때문에 영원히 생존하게 되는 것이다. 그래서 성인도 그 자신을 뒤로 미루지만 자신이 앞서게 되며, 그 자신을 도외시하지만 그 자신이 생존케 되는 것이다. 그것은 사사로운 나가 없기 때문이 아닌가? 그 때문에 그의 사사로운 나도 완성될 수가 있는 것이다.

　天長地久. 天地所以能長且久者, 以其不自生, 故能長久. 是以聖人後其身, 而身先, 外其身, 而身存. 非以其無私邪? 故能成其私.

곧 도에 의하여 이룩된 하늘과 땅은 사사로운 자기를 의식하는 일이 없다. 곧 사사로움이 없다. 그러므로 영원히 존재하게 된다는 것이다. 하늘과 땅이 하는 일이 없다는 것은 곧 〈도〉는 하는 일이 없다는 말로 바꿀 수도 있는 것이다. 제19장에서도 "사사로움을 줄이고 욕망을 적게 가져야만 한다."(少私寡欲)고 〈도〉의 사사로움이 없음을 따른 인생론을 펴고 있다. 그리고 제13장에서는 다음과 같이 말하고 있다.

　우리에게 큰 환난이 있는 까닭은 우리가 자신이 있음을 의식하기 때문이다. 우리가 자신을 의식하지 않게 된다면 우리에게 어찌 환난이 있겠는가?
　吾所謂大患者, 爲吾有身. 及吾無身, 吾有何患.

자기 자신에 대한 의식이 있는 한 완전히 〈무위〉할 수는 없을 것이다. 〈도〉가 무위한 이상 욕심이 없고, 아는 것도 없고, 하는 일도 없고, 집착하는 일도 없고, 사사로움도 없고, 나도 없는 것은 말할 나위도 없는 일이다. 노자의 이러한 이론의 전개는 뒷절 덕론에서 자세히 얘기할 인생론의 전개를 위한 것이다.

그러면 이처럼 〈무위〉한 도의 상태란 어떤 것인가? 《노자》 제

25장에서 "도는 자연을 법도로 삼는다."(道法自然)라고 말하고 있는데, 특히 왕필(王弼)은 도의 무위함을 "자연을 따르는 것"(順自然, 제37장 注)이라 설명하고 있다. 노자의 사상을 〈자연〉이란 면에서 파악한 것은 왕필에게서 비롯된 것이다.

《노자》를 보면 제 17장에서도 "공이 이룩되고 일이 잘 이루어졌을 때, 백성들은 모두 우리가 자연히 그렇게 된 것이라 말할 것이다."(功成事遂, 百姓皆謂我自然.), 제23장에선 "남에게 들리지 않는 말이야 말로 자연스러운 것이다."(希言自然) 등의 말을 하고 있으니 노자에게도 이미 〈자연〉의 개념이 있었던 것은 사실이다. 그러나 왕필에 와서는 노자의 〈도〉를 완전히 〈자연〉이란 측면에서 파악하고 있다. 《노자》의 왕필의 주를 보면 20여 군데에서 〈자연〉이란 말로 도의 상태와 도에 합치되는 사람의 행위를 설명하고 있다.

그에 의하면 〈자연〉스럽다는 것은 도에 합치되는 상태이고, 〈자연〉을 어긴다는 것은 곧 도에 어긋나는 것을 뜻하는 것이 된다. 여기에서 후세 사람들도 〈무위〉와 함께 〈자연〉이란 말로 도가 사상을 흔히 대표시키게 되었던 것이다.

그러나 노자의 〈자연〉은 영어의 Nature, 독일어 Natur와는 그 개념이 완전히 다르다. 왕필은 《노자》 제25장 "도는 자연을 법도로 삼는다."(道法自然)라는 말의 주에서 "자연이란 일컬을 게 없는 것을 말하는 것이며, 궁극적인 것을 형용하는 것이다."(自然者, 無稱之言, 窮極之辭也.)라고 설명하고 있다. 곧 자연이란 아무런 작위나 의식도 가해지지 않아 아무런 말도 할 수 없는, 있는 그대로의 상태, 존재나 변화의 의식조차도 가해지지 않은, 진실로 소박한, 있는 그대로의 궁극적인 상태라는 것이다.

글자 그대로 풀이하면 아무런 작위도 가해지지 않고 순전히 "스스로(自) 그러한 것(然)", 또는 아무런 의식조차도 없이 진실로 "저절로(自) 그러한 것"을 뜻한다. 그렇기 때문에 도의 무위한 상태나 도를 따르는 무위의 행위를 "자연을 따른다."라고 말하고 있는 것이다.

이 때문에 만물의 존재 원리는 〈무위〉라고 표현할 수도 있지만, 한편 "자연을 따르는 것"이라고도 말할 수가 있는 것이다. 곧 노자의 무위하고, 욕심도 없고, 사사로움도 없고, 내가 없는 상태가 〈자연〉인 것이다.

4. 도의 성격-반(反)·약(弱)

그러면 〈무〉이며 무위하고 자연스러운 〈도〉는 실제로 어떤 성격을 가지고 우리 앞에 드러나고 있는가? 노자는 〈도〉는 무위하고 자연스럽지만 한편 그 작용은 〈반(反)〉이라는 독특한 성격을 지니고 있다고 생각하였다. 제40장에서, "반이란 도의 움직임이다."(反者道之動)고 말하고 있는데,[33] 이 〈반〉이란 도의

---

33) 왕필(王弼)은 이곳의 주에서 "높은 것은 낮은 것을 기반으로 하고, 귀한 것은 천한 것을 근본으로 삼으며, 유(有)는 무(無)로써 효용을 지니게 되는데, 이것이 반(反)의 뜻이다."(高以下爲基, 貴以賤爲本, 有以無爲用, 此其反也.)라고, 여기에서 얘기하는 두 번째 〈반대효과(反對效果)〉의 뜻으로 〈반〉을 파악하고 있다.

움직이는 방향은 두 가지 면에서 파악할 수가 있다.

첫째, 도는 언제나 움직이고 변화하고 있지만, 반드시 "근본으로 되돌아오는" 방향으로 움직이고 있다는 것이다. 〈도〉란 "모든 것에 두루 행하여지며, 천하의 모든 것의 모체가 되는 것"인데, 노자는 제25장에서,

> 나는 그 이름을 알지 못하므로 그것을 〈도〉라고 이름지었고, 억지로 그곳은 대(大)라고 부르기로 하였다. 〈대〉라고 하는 것은 끊임없이 변화하여 간다. 끊임없이 변화하는 것은 멀리 극도에까지 이른다. 멀리 극도에 다다르면 제자리로 되돌아간다.
> 吾不知其名, 字之曰道. 强爲之名曰大. 大曰逝. 逝曰遠, 遠曰反.

라고 하였다. 곧 영원히 변화하면서도 언제나 극점을 지나 제자리, 곧 근본으로 되돌아오는 방향으로 움직이고 있다는 것이다. 노자는 〈반〉이란 표현을 되돌아감으로 바꾸기도 하였다. 제16장의 경우가 그 보기이다.

> 마음을 텅 비게 하는 것을 극도로 하고, 고요함을 지키는 일을 독실히 하면, 만물이 아울러 생겨나고 있지만, 우리는 그것들이 그 근원으로 '되돌아감'을 본다. 만물이란 번성하고는 있지만, 제각기 그 근원으로 되돌아가고 있는 것이다. 근원으로 되돌아감을 고요함이라 말하는데, 고요함이란 운명으로 되돌아감을 말하고 운명으로 되돌아감이란 일정한 법칙을 두고 말하

는 것이며, 일정한 법칙을 아는 것을 밝음이라고 하는 것이다.
致虛極, 守靜篤, 萬物並作, 吾以觀其復. 夫物芸芸, 各復歸其根. 歸根曰靜, 靜曰復命, 復命曰常, 知常曰明.

이 장은 텅 빈 것과 고요함을 바탕으로 한 도가의 수양론이지만, 그 이론은 "만물이란 번성하고는 있지만, 제각기 그 근원으로 되돌아가고 있다."는데 이론의 근거를 두고 있다. 〈반〉은 반(返)과도 통하여 〈되돌아감〉의 뜻도 지니고 있는 것이다. 제28장에서는 다시 "변함없는 덕이 그에게서 떠나지 않게 되어 어린 아기 같은 상태로 되돌아가게 된다."(常德不離, 復歸於嬰兒), "변함없는 덕은 어긋남이 없어 무극으로 되돌아가게 된다."(常德不忒, 復歸於無極.), "변함없는 덕은 충족케 되어 소박함으로 되돌아가게 된다."(常德乃足, 復歸於樸.)라고 말하고 있는데, 〈갓난아기 같은 상태〉나 〈무극〉 또는 〈소박함〉이란 〈도〉의 무위함 또는 자연의 상태를 뜻하는 말이다.

제30장에는 "그 일은 되돌아감을 좋아한다."(其事好還)는 구절이 보이는데 왕필은 주에서 "되돌아간다."는 것을 "무위로 되돌아가는 것"(還反無爲)이라 설명하고 있다. 〈도〉의 작용의 〈반〉의 원리를 되돌아감이란 말 이외에 〈되돌아가는 것(還)〉으로 표현하기도 한 것이다.

둘째, 도는 왕필이 "반이란 도의 움직임이다."(反者道之動 —제40장)는 구절에 단 주와 마찬가지로(앞의 주 33 참조), 우리가 눈으로 보고 생각하는 것과는 〈반대의 가치〉 또는 〈반대의 효과

〉를 나타낸다는 것이다. 제37장에서 "도는 언제나 무위하지만 하지 않는 일이란 없다."(道常無爲, 而無不爲.)고 한 말이 그러한 도의 성격에 대한 단적인 표현이라 할 것이다. 제41장에서는,

도에 밝은 것은 어두운 듯이 보이고, 도에 나아가는 것은 물러나는 듯이 보이며, 평탄한 도는 울퉁불퉁한 듯이 보이고, 훌륭한 덕은 속된 듯이 보인다. 크게 결백한 것은 욕된 듯이 보이고, 광대한 덕은 부족한 듯이 보이며, 튼튼한 덕은 간사한 듯이 보인다. 바탕이 참된 것은 더럽혀진 듯이 보이고, 크게 모난 것은 모퉁이가 없는 듯이 보인다.

明道若昧, 進道若退, 夷道若纇, 上德若俗. 大白若辱, 廣德若不足, 建德若偸. 質眞若渝, 大方無隅.

라고 하였다. 〈반〉의 성격은 도나 덕에 있어서뿐만 아니라 우리의 모든 가치판단에까지 적용된다. 제45장에서도 다음과 같은 말을 하고 있다.

위대한 성공은 결함이 있는 듯하지만, 그 효용에는 다함이 없다. 크게 충만한 것은 텅 빈 듯하지만, 그 효용에는 한이 없다. 크게 곧은 것은 굽은 듯이 보이고, 크게 교묘한 것은 졸렬한 듯이 보이고, 크게 말 잘하는 것은 말을 더듬는 듯이 보인다.

大成若缺, 其用不弊. 大盈若冲, 其用不窮. 大直若屈, 大巧若拙, 大辯若訥.

그리고 제2장에서는,

> 세상 사람들은 모두 아름답게 보이는 것을 아름답다고 여기고 있지만, 그것은 추한 것이다. 모두가 선하게 보이는 것을 선하다고 여기고 있지만 그것은 선하지 않은 것이다.
> 天下皆知美之爲美, 斯惡已. 皆知善之爲善, 斯不善已.

라고 하면서, 상대적인 가치를 절대적인 것으로 믿는 사람들의 그릇된 일반적인 가치판단을 경고하고 있는 것이다.

그뿐만이 아니라 〈도〉의 근본으로 되돌아가는 성격 때문에 우리 눈에 뜨이는 모든 현상은 〈반대효과〉를 내게 마련이다. 그래서 제40장에서,

> 비뚤어진 것은 온전히 된다. 구부러진 것은 곧게 된다. 움푹한 곳은 가득 차게 된다. 낡은 것은 새롭게 된다. 적은 것은 더 보태어진다. 많은 것은 미혹되어 잃게 된다.
> 曲則全. 枉則直. 窪則盈. 弊則新. 少則得. 多則惑.

고 하였다.

다시 노자는 〈도〉의 성격을 〈약〉이란 면에서도 파악하고 있다. 이것은 물론 〈반〉의 성격과도 밀접한 관련이 있는 것이다. 제40장에서 "반이란 것은 도의 움직임이다."(反者道之動)라고 말한 데 이어 "약이란 것은 도의 작용이다."(弱者道之用)라고 말하고 있다. 이 대목의 주에서 왕필이 지적하고 있듯이 〈약〉은

부드러움과도 통한다. 〈약〉의 반대는 강이고 〈부드러움〉의 반대는 억센 것이다. 무위한 도의 성격은 억세고 강하기보다는 부드럽고 약할 수밖에 없을 것이다. 제76장 같은 데에서는 이를 근거로 부드럽고 약함의 철학을 본격적으로 설교하고 있다.

    사람이 살아 있을 적에는 부드럽고 약하지만, 죽고 나서는 굳고 강해진다. 만물이나 초목도 살아 있을 적에는 부드럽고 여리지만, 죽고 나서는 말라서 뻣뻣해진다. 그러므로 굳고 강한 것은 죽음의 무리이고, 부드럽고 약한 것은 삶의 무리인 것이다. 그래서 군대가 강하면 승리하지 못하고, 나무가 강하면 꺾이어지는 것이다. 강대한 것이 아래쪽에 위치하고, 부드럽고 약한 것이 위쪽에 위치한다.
    人之生也柔弱, 其死也堅強. 萬物草木之生也柔脆, 其死也枯槁. 故堅強者, 死之徒; 柔弱者, 生之徒. 是以兵強則不勝, 木強則兵. 強大處下, 柔弱處上.

이밖에도 제36장에선 "부드럽고 약함이 억세고 강함을 이긴다."(柔弱勝剛强.), 제42장의 "강하고 사나운 자는 제 목숨에 죽지 못한다."(强梁者, 不得其死.), 제78장 "천하의 부드럽고 약한 것으로는 물보다 더한 것이 없지만, 굳고 강한 것을 공격하는 데 있어서는 그보다 더 나은 것이 없다. … 약한 것이 강한 것을 이기고, 부드러운 것이 억센 것을 이긴다는 것은… "(天下莫柔弱於水, 而攻堅强者, 莫之能勝. … 弱之勝强, 柔之勝剛…), 제43장의 "천하의 지극히 부드러운 것이 천하의 지극히 억센 것을 부리고 있다."(天下之至柔, 馳騁天下之至堅.) 제52장의 "부드러움을 지키는 것을 강하다고 한다."(守柔曰强) 등 도처에서 〈부드럽고 약함〉의 이론을 내세우고 있다. 그것은 바로 도의 작용 자체가 부드럽고 약한 것이라고 생각하였기 때문이다. 도의 성격을 이처럼 〈반〉과 〈약〉의 면에서 파악한 것은 노자의 인생론이나 정치론에도 지극히 큰 영향을 끼치게 된다.

제2절
덕 론

1. 상급의 덕(上德)과 하급의 덕(下德)

앞에서도 이미 얘기했듯이 〈덕〉이란 사람이나 사물을 통하여 발휘되는 〈도〉의 공용이다. 따라서 〈덕〉이란 〈도〉의 공능이기 때문에 〈도〉에 대한 개념이 곧 〈덕〉을 결정하게 된다. 제21장에서 "위대한 덕의 모습은 오직 도만을 따른다."(孔德之容, 唯道是從.)한 것도 그 때문이다. 곧 "도를 따르고, 도를 지키는 것"이 〈덕〉인 것이다.

그런데 《노자》 덕경의 첫머리 장인 제38장을 보면 〈덕〉을 상급의 덕과 하급의 덕으로 구분하여 얘기하고 있다.

　상급의 덕은 덕을 의식하지 않으니, 그래서 덕이 있는 것이다. 하급의 덕은 덕을 잃지 않으려 하니, 그래서 덕이 없는 것이다. 상급의 덕은 무위하며, 행위의 목적이 없다. 하급의 덕은 유위(有爲)하며, 행위의 목적이 있다. 상급의 인(仁)은 유위하면서도 행위의 목적은 없다. 상급의 의(義)는 유위하면서 행위를 의식한다. 상급의 예(禮)는 유위하면서 상대방이 이에 호응하지 않으면 팔을 잡아끌면서 이에 따르게 한다. 그러므로 도를 잃은 뒤에야 덕이 드러나며, 덕을 잃은 뒤에야 인(仁)해지며, 인을 잃은 뒤에야 의로워지고, 의를 잃은 뒤에야 예가 드러나는 것이다. 대체로 예라는 것은 충(忠)과 신(信)이 박약해진 것으로서, 혼란의 시작인 것이다. 남보다 앞서 아는 것은 도의 형식적인 겉치레로서 어리석음의 시작인 것이다. 그래서 대장부는 그 돈후함에 처신하지 그 박약함에 처신하지 않으며, 그 내실을 따르지 그 형식적인 겉치레를 따르지 않는 것이다. 그러므로 뒤의 것은 버리고 앞의 것을 취하여야만 하는 것이다.

上德不德, 是以有德. 下德不失德, 是以無德. 上德無爲, 而無以爲. 下德爲之, 而有以爲. 上仁爲之, 而無以爲. 上義爲之, 而有以爲. 上禮爲之, 而莫之應, 則攘臂而仍之. 故失道而後德, 失德而後仁, 失仁而後義, 失義而後禮. 夫禮者, 忠信之薄, 亂之首. 前識者, 道之華, 而愚之始. 是以大丈夫處其厚, 不處其薄; 居其實, 不居其華. 故去彼取此.

노자는 〈도〉의 무위함을 근거로 〈덕〉을 이해하고 있지만, 실제로 덕에는 〈상급의 덕〉과 〈하급의 덕〉이 있다고 하였다. 〈덕〉이 사람을 통하여 드러나는 것이기 때문에, 실제로 드러나는 덕은 사람의 수양이나 교양 정도에 따라 차별이 생기지 않을 수가 없는 것이다. 〈상급의 덕〉이란 바로 〈도〉에 합치되는 완전히 무위·무욕한 덕으로써, 그러한 덕을 지닌 사람은 덕 자체를 의식하는 일도 없고, 덕 있는 행동을 하되, 그 행동은 아무런 목표도 없는 무의식적인 것이다. 반대로 〈하급의 덕〉은 덕을 닦으려고 의식적으로 노력하며, 그의 행동에 뚜렷한 목표를 지니고 있다. 곧 노자는 〈무위〉의 원리를 기준으로 하여 덕을 평가하고 있는 것이다.

다시 그는 최상급의 인애(仁愛)를 뜻하는 〈상급의 인〉은 남을 위하고 사랑하는 행동을 하되 거기에는 어떤 보답 같은 것을 기대하는 일이 없다고 하였다. 다시 〈상급의 의〉란 자기와 남 사이에 일어나는 문제들을 올바로 판단하고 올바로 해결할 수 있는 최상급의 정의를 뜻하는데 그 행동에는 뚜렷한 목표와 신념이 있다. 끝머리의 〈상급의 예〉는 자기와 남들 사이의 관계를 적절히 구별하여 사회에서 올바른 몸가짐과 적절한 행위를 하는 최상급의 예를 뜻하는데, 이것은 처음부터 자기뿐만이 아니라 남의 행동이나 생각까지도 규제하지 않으면 안 된다.

노자의 의하면 이 상급의 인·상급의 의·상급의 예도 모두 〈하급의 덕〉에 속하는 것이다. 그는 〈무위〉를 근거로 하여 〈하급의 덕〉에는 다시 상급의 인·상급의 의·상급의 예 같은 것이 있다고 생각한 것이다. 〈상급의 인〉은 행동의 보상을 바라는 것 같은 목표는 없지만, 이것은 훌륭한 일이니 하여야만 한다는 행위의식은 있다. 곧 〈상급의 인〉은 이미 유위한 행위이다. 〈상급의 의〉·〈상급의 예〉로 가면 행동이나 의식이 더욱 유위의 도를 더하게 된다.

　그래서 노자는 상급의 예는 상급의 의만 못하고 상급의 의는 상급의 인만 못하다고 생각하여, "덕을 잃은 뒤에야 인이 드러나며, 인을 잃은 뒤에야 의가 드러나고, 의를 잃은 뒤에야 예가 드러난다."고 한 것이다. 물론 상급의 인이나 상급의 의·상급의 예보다도 훨씬 못한 하급의 인·의·예를 생각할 수도 있다. 그러나 여기에서 일부러 최상급의 인·의·예를 얘기하고 있는 것은 유가를 비롯하여 일반적으로 사람들은 그것들을 훌륭한 〈덕〉이라 생각하고 있지만 이미 그것은 의식적인 행동에 속하는 것이기 때문에 진실한 〈덕〉이 아닌 〈하급의 덕〉에 속하는 것임을 강조하기 위해서이다.

　그가 "남보다 앞서 아는 것은 도의 형식적인 겉치레"라고 말한 것은 유가의 덕목인 지(知)조차도 진실한 덕이 못됨을 첨가하여 설명하기 위한 것이었다. 따라서 노자의 생각에 의하면 진실한 덕이란 오직 "도를 따르는 것"(21장)이어야 하며, 도처럼 완전히 무위하여야만 하는 것이다. 아무리 훌륭하다고 생각되는 행위도 일단 유위하기만 하면 그것은 〈덕〉이 될 수 없는 것이다.

　왕필은 이 대목의 주에서 다음과 같은 덕에 관한 해설을 하고 있다.

　　덕이란 득(得)의 뜻이다. 언제나 취득하고 있되 잃지 않아야 하며, 이롭게만 하지 해치는 일이 없기 때문이다. 그래서 덕이라 이름 붙인 것이다. 어떻게 덕을 얻는가? 도로 말미암아야만 한다. 어떻게 덕을 다하는가? 무로써 효용을 삼아야 한다. 무로써 효용을 삼으면 모든 것을 유지시켜 주게 된다. 그러므로 사물에 대한 생각이 없다면 사물을 제대로 다스려지지 않는 게 없게 될 것이며, 사물에 대한 생각을 지닌다면 그 생성 변화에 얽혀지는 생각을 버리지 못하게 될 것이다. 그래서 천지가 넓다고는 하지만 무로써 그 마음을 삼고, 성왕(聖王)이 비록 위대하지만 텅 빈 것을 위주로 삼는 것이다.

그러므로 매일 "근본으로 되돌아온다."(復)는 입장에서 볼 것 같으면, 곧 천지의 마음이 드러나게 된다. 지일(至日)이[34] 되어 거기에 대하여 생각해 보면 곧 선왕(先王)들의 지극함을 발견하게 된다. 그러므로 그의 사사로움을 죽이어 그 자신이 없어야 하며, 그러면 온 세상이 모두 그를 우러러보게 되고 멀고 가까운 사람들 모두가 와서 따르게 된다. 자기를 특별히 드러내고 자신을 생각하는 마음을 갖고 있으면, 곧 한 몸도 온전히 보존할 수 없게 되고, 자기 뼈와 살조차도 서로 용납할 수가 없게 된다.

그래서 〈상급의 덕〉을 지닌 사람은 오직 도만을 좇아서, 그의 덕을 덕으로 의식하지 않고, 집착하는 일도 없고 작용을 가하는 일도 없게 된다. 그러므로 덕을 지니고서 하지 않는 일이 없게 되고, 추구하지 않아도 취득하며 일부러 하지 않아도 성

---

34) 지일(至日)은 동지(冬至)와 하지(夏至). 일 년 중 낮이 가장 짧은 날과 밤이 가장 짧은 날로, 어떤 일의 극점(極點)을 상징한다. 동지를 지나면 낮이 다시 길어지고, 하지를 지나면 낮이 다시 짧아지듯 〈도〉의 작용은 영원히 "근본으로 되돌아가는" 순환 작용을 하고 있다.

취하게 되는 것이다. 그래서 비록 덕을 지니고는 있지만 그것을 덕이라 이름 붙일 수가 없게 된다.

〈하급의 덕〉은 추구하여 그것을 취득하고, 의식적으로 행하여 그것을 성취한다. 곧 선한 것을 내세우고 사물을 처리한다. 그래서 덕이 있다는 이름을 얻게 되는 것이다. 그러나 추구하여 취득하면 반드시 그것을 잃게 되고, 의식적으로 행하여 성취하면 반드시 그것은 실패로 돌아간다. 선하다는 말이 생겨나면 곧 선하지 않은 것이 그에 대응하여 생기게 된다. 그래서 〈하급의 덕〉은 "유위하며, 행위의 목적이 있다."고 하는 것이다. 행위의 목적이 없는 사람은 특별히 이루려는 바가 없다. 모든 무위하지 못하면서도 행동하는 것들은 모두가 〈하급의 덕〉인 것이다. 인·의·예절 같은 것이 바로 그것이다.

덕의 상급과 하급을 밝히려면 바로 〈하급의 덕〉을 따져 그것을 〈상급의 덕〉에 대비시켜 보면 된다. 그러면 덕은 무에 이르러 극치를 이루게 된다. 〈하급의 덕〉에 있어 하급의 것으로 상급의 것을 헤아려 본 것이 바로 인(仁)의 경우이다. 인은 행위의 보수를 바라는 의식이 없는 단계에 이르기에는 족하지만, 그래도 유위한 것이다. 의식적으로 행하면서도 목적이 없기는 한데, 그래도 유위한 것이며, 의식적인 행위의 환난을 당하게 되는 것이다. 덕의 근본은 무위에 있고, 그 모체가 되는 것은 이름도 없는 것이다.

만약 근본을 버리고 모체가 되는 것을 버리며 그 자식이나 같은 말단적인 것을 좇는다면, 공로는 크다 하더라도 일은 제대로 되지 않고 명성은 아름답다 하더라도 거짓이 반드시 생겨나게 될 것이다. 작위 없이 이룩하고 흥청거리지 않고 다스리지를 못한다면 곧 그것은 유위인 것이다.

그러므로 널리 두루 베풀며 인(仁)한 마음으로 사람들을 사랑하는 사람은 사람들을 사랑함에 사사로움에 치우치는 일이 없게 된다. 그래서 "상급의 인은 유위하되, 그 행위의 목적은 없다."고 하는 것이다. 사랑을 하되 모든 사람을 다 같이 두루 사랑하지 못하면 곧 어떤 것은 누르고 어떤 것은 추켜세우며, 올바른 것과 참된 것을 따져 의에 따라 일을 처리하게 된다. 그런 사람은 구부러진 것에 대하여 성을 내고 곧은 것을 도우며 저것은 도와주고 이것은 공격하고 하여, 사물을 처리함에 마음에 행동하는 목표를 지니게 된다. 그래서 "상급의 의는 유위하며 그 행위의 의식이 있다."고 하는 것이다.

곧은 것을 독실히 실천하지 못하면 곧 쓸데없는 허식과 외모를 꾸미어 예로써 일을 공경히 처리하게 된다. 그런 사람은 좋아하는 것을 숭상하며 공경함을 닦아서, 이것저것을 따지고 책하여, 곧 여기에 대응하지 못하면 거기에 노여움이 생기게 된다. 그러므로 "상급의 예는 유위하며 상대방이 이에 호응하지 않으면 팔을 잡아 끌면서 이에 따르게 한다."고 한 것이다.

위대한 것으로서 지극한 것은 오직 도라 할 것이다. 이 이하의 것들이야 어찌 존중할 만하다고 하겠는가? …

왕필의 해설은 더 계속되고 있지만 이 정도면 그의 〈도〉와 〈덕〉에 대한 개념을 알 수 있었으리라 믿는다. 왕필의 견해는 대체로 앞의 필자의 해설과 합치되므로 이 정도에서 번역을 그쳤다. 다음에는 《노자》의 가장 오래된 해설인 《한비자》 해로(解老)편에 보이는 제38장에 대한 해설 부분을 소개한다.

덕이란 내적인 것이고 득이란 외적인 것이다. "상급의 덕은 덕을 의식하지 않는다."는 것은 정신이 외부에 의하여 흔들리지 않음을 뜻한다. 정신이 외부에 의하여 흔들리지 않으면 곧 몸이 온전해진다. 몸이 온전한 것을 덕이라 말하는데 덕이란 몸을 얻는 것(得身)을 뜻한다. 덕이란 것은 무위함으로써 모여지고, 욕심이 없음으로써 이루어지고, 생각하지 않음으로써 안정되고, 작용하지 않음으로써 굳어지는 것이다. 유위하고 욕심이 있으면 덕은 깃들일 곳이 없게 된다. 덕이 깃들일 곳이 없으면 온전치 않게 된다. 작용을 하고 생각을 하면 덕이 굳어지지 않는다. 덕이 굳어지지 않으면 공(功)이 없게 된다. 공이 없는 것은 덕을 의식하는 데서 생긴다. 덕을 의식하면 덕이 없게 되고 그것을 얻으려 하지 않으면 덕이 있게 된다. 그러므로 "상급의 덕은 덕을 의식하지 않는 것이다. 그래서 덕을 지니게 된다."고 말했던 것이다.

 무위하고 아무런 생각도 없이 텅 비게 됨을 귀중히 여기는 까닭은 그 뜻이 제약당하는 바가 없기 때문이다. 도술을 지니지 못한 사람들은 일부러 무위하고 아무 일도 없이 텅 비게 되려 한다. 일부러 무위하고 아무 일도 없이 텅 비게 되려는 사람들은 그의 뜻이 언제나 텅 비는 것을 잊지 않게 되는데, 이것은 텅 비게 되려는 데 제약을 당하는 것이다. 텅 빈다는 것은 그의 뜻이 제약당하는 바가 없음을 뜻하는 것이다. 지금 텅 비게 되려는데 제약을 당하고 있다면, 이것은 텅 비지 않은 것이 된다. 텅 빈 상태를 이룬 사람의 무의는 무위로써 법도를 삼으려 들지 않는 것이다. 무위로써 법도를 삼으려 들지 않아야만 곧 텅 비게 되는 것이다. 텅 비어야만 덕이 성하게 되고, 덕이 성한 것을 〈상급의 덕〉이라 부르는 것이다. 그래서 〈상급의 덕〉은 무위하면서도 이루지 않는 것이 없다.[35]고 하는 것이다.

인(仁)이란 것은 마음속으로 혼연히 사람들을 사랑하는 것이다. 그는 사람들이 복을 받는 것을 기뻐하고, 사람들이 화를 당하는 것을 싫어한다. 그것은 마음속으로부터 저절로 우러나오는 것이지, 그 보답을 바라고 그러는 것은 아니다. 그러므로 "상급의 인은 유위하면서도 행동의 목적은 없다."고 말한 것이다.

의라는 것은 임금과 신하 사이의 위아래에 관한 일이요, 아버지와 자식 사이의 차별에 관한 것이며, 친구들 사이에 만나 교제하는 도리이며, 친한 사람과 먼 사람 및 집안을 안팎으로 대하는 분수를 가리는 것인 것이다. 신하는 임금을 섬김이 마땅한 것[宜]이며, 아래 사람은 위 사람을 따름이 마땅한 것이고, 자식은 아버지를 섬김이 마땅한 것이며, 민중들이 귀한 신분의 사람을 공경함이 마땅한 것이고, 알고 사귀는 친구들 사이에는 서로 돕는 게 마땅한 것이고, 친한 사람은 안으로 가까이하고 먼 사람은 밖으로 멀리 대하는 것이 마땅한 것인 것이다. 의라는 것은 마땅한 것[宜]을 뜻하며, 마땅하게 행동해야 함을 뜻한다. 그래서 "상급의 의는 유위하면서 행위를 의식하고 있다."고 말했던 것이다.

예라는 것은 정을 드러내는 수단이며, 모든 의의 형식적인 꾸밈이요, 임금과 신하 및 아버지와 아들이 서로 대하는 방법

---

[35] 이 구절은 "〈상덕〉은 무위하며 행위의 목적이 없다."(上德無爲, 而無以爲.)의 잘못인 듯. 앞 제37장 "도는 언제나 무위하면서도 이루지 않는 것이란 없다."(道常無爲, 而無不爲.)라는 구절 때문에 혼란이 생긴 것인 듯하다.

이며, 귀한 신분과 천한 신분 및 현명한 사람과 못난 사람을 구별하는 근거인 것이다. 마음속에는 품고 있지만 상대방이 알지 못하므로, 종종 걸음으로 나아가 몸을 굽혀 절함으로써 그 뜻을 밝히고, 실지로 마음속으로 사랑하고는 있지만 상대방이 알지 못하므로 좋은 말과 번잡한 표현으로 그것을 믿게 만드는 것이다. 예라는 것은 외부의 모습을 조절하여 속마음을 알리는 수단인 것이다. 그래서 "예라는 것은 정을 드러내는 수단이다."라고 한 것이다.

대체로 사람이 밖의 사물에 의하여 움직여지고 있을 적에는 그것이 자신을 위하는 예이어야만 함을 알지 못한다. 보통 사람들이 예를 행할 적에는 그것으로써 다른 사람에 대한 존경을 나타내려 한다. 그러므로 때로는 열심히 하지만 때로는 쇠미해지기도 한다. 군자가 예를 행함에 있어서는 그것으로써 그 자신을 위한다. 그 자신을 위하기 때문에 예를 성실히 함으로써 〈상급의 예〉를 삼는다. 〈상급의 예〉는 성실한 것이지만 보통 사람들은 다르게 생각한다. 그래서 서로 응대하지 못하게 된다. 서로 응대하지 못하기 때문에 "상급의 예는 유위하며, 상대방이 이에 호응하지 아니한다."고 한 것이다. 보통 사람들이 다르게 생각한다 하더라도 성인께서는 공경함으로 되돌아가 손발을 극진히 움직이는 예도 쇠하지 않는 것이다. 그래서 "팔을 잡아 끌면서 이에 따르게 한다."고 한 것이다.

도가 쌓이면 덕의 공이 있게 되니, 덕이란 도의 공인 것이다. 공에 내실이 있으면 그 내실에 빛이 있게 되는데, 인이란 것은 덕의 빛인 것이다. 빛에 광택이 있으면 그 광택에 이루어지는 일이 있게 되는데, 의라는 것은 인이 이루어지는 일인 것이다.

이루어지는 일에 예가 있으면 예에는 무늬가 생기게 마련인데, 예라는 것은 의의 무늬인 것이다. 그래서 "도를 잃은 뒤에야 덕이 드러나며, 덕을 잃은 뒤에야 인이 드러나고, 인을 잃은 뒤에야 의가 드러나며, 의를 잃은 뒤에야 예가 드러난다."[36)]고 한 것이다.

예라는 것은 정을 드러내는 수단이며, 무늬라는 것은 바탕을 위한 꾸밈인 것이다. 군자는 정을 취하되 겉모습은 버리며, 바탕은 좋아하되 꾸밈은 싫어하는 것이다. 대체로 외모에 의거하여 정을 따지는 사람은 그 정이 약한 것이다. 꾸밈을 근거로 하여 바탕을 따지는 사람은 그 정이 약한 것이다. 꾸밈을 근거로 하여 바탕을 따지는 사람은 그 바탕이 쇠하였기 때문이다. 무엇을 근거로 그렇게 말하는가?

화씨의 구슬[和氏之璧]같은 좋은 구슬은 여러 가지 채색으로 장식되어 있지 않고, 수후의 진주[隋侯之珠]같은 좋은 보배는 은이나 금으로 장식되어 있지 않다. 그 바탕이 지극히 아름답기 때문에 외부의 물건으로 거기에 장식을 가할 수가 없는 것이다. 대체로 사물 가운데 수식을 가한 뒤에야 행세할 수 있는 것은 그 바탕이 아름답지 못하기 때문이다. 그래서 아버지와 아들의 사이는 그 예가 분명치 않은 것이다. 그러므로 "예라는 것은 박약(薄弱)한 것"이라 한 것이다.

---

36) 송초본(宋鈔本)을 근거로 한 사부총간본(四部叢刊本) 《한비자》에는 이 구절이 "도를 잃은 뒤에야 덕을 잃고 되고, 덕을 잃은 뒤에야 인을 잃게 되며, 인을 잃은 뒤에야 의를 잃게 되고, 의를 잃은 뒤에야 예를 잃게 된다." (失道而後失德, 失道而後失仁, 失仁而後失義, 失義而後失禮.)로 되어 있다.

모든 사물이란 아울러 성대해지지 않는 법이니 음양(陰陽)이 그 보기이다. 사물의 이치는 서로 빼앗고 주고 하는 것인데 위세(威勢)와 덕이 그 보기이다. 실지로 돈후한 사람들은 외모의 꾸밈이 박약한 법이니 아버지와 아들 사이의 예가 그 보기이다. 이로써 본다면 예가 번거로운 사람은 실지 마음은 쇠하여 약해진다. 그러하니 예를 행하는 사람이란 일로써 사람의 소박한 마음에까지 누를 끼치려는 사람이다. 보통 사람들은 예를 행함에 있어서, 사람들이 그에게 호응하면 가벼이 기뻐하고, 호응하지 않으면 책망을 한다. 지금 예를 행하는 사람들은 일로써 사람의 소박한 마음에까지 누를 끼치어, 그것을 근거로 서로의 분수를 책하고 있으니, 다툼이 없을 수가 있겠는가? 다툼이 있다면 어지러워질 것이다. 그래서 "예라는 것은 충실함과 신의가 박약해진 것이며, 혼란의 시작이다."라고 말했던 것이다.

《한비자》의 해설은 "남보다 앞서 아는 것은 도의 형식적인 겉치레"(前識者, 道之華.)라는 구절 이하에 대해서도 계속되고 있다. 그러나 노자의 도론을 바탕으로 한 덕론에 대한 한비자의 기본 입장은 이것으로 어느 정도 파악되었으리라 믿기에 번역을 여기에서 그친다.

따라서 노자가 덕으로서 숭상하는 것은 완전히 무위한 〈상급의 덕〉이지 유위한 〈하급의 덕〉이 아니다. 또한 덕은 사물이나 사람들을 통하여 계속 드러나고 있는 도의 효능이기 때문에, 제51장에는 도와 덕의 관계에 대하여 다음과 같은 설명을 하고 있다.

도는 생성하고 덕은 길러주어, 만물은 형체를 지니게 되고 여러 가지 형세가 이룩되는 것이다. 그래서 만물은 도를 소중히 하고 덕을 귀중히 하지 않을 수가 없는 것이다. 도가 소중하고 덕이 귀중한 것은 어느 누구가 그렇게 만든 것이 아니고 언제나 자연스럽게 그러한 것이다. 그러므로 도는 생성하고 덕은 길러주고 생장케 하고 생육케 하고 성장케 하고 성숙케 하고 보양해 주고 보호해 주는 것이다. 생성케 하되 소유하지 않으며, 그렇게 해주되 공을 내세우지 않으며, 생장케 해주되 지배하지는 않는다. 그래서 이것을 현묘(玄妙)한 덕이라 말하는 것이다.

道生之, 德畜之, 物形之, 勢成之. 是以萬物, 莫不尊道而貴德. 道之尊, 德之貴, 夫莫之命, 而常自然. 故道生之, 德畜之, 長之, 育之, 成之, 熟之, 養之, 覆之. 生而不有, 爲而不恃, 長而不宰. 是謂玄德.

"도는 생성하고 덕을 길러준다." 도가 만물 생성의 본원이라면, 그 도에 따라 자라나고 성숙하고 변화하는 성능이 덕인 것이다. 도가 "무위하면서도 이루지 않는 것이 없듯이", 덕도 "무위하고, 아무런 행위의 의식도 없지만" 여러 가지 현상과 변화를 나타내게 한다. 그래서 덕을 "현묘(玄妙)하다"고 표현한 것이다.

2. 성인(聖人)과 군자(君子)

《노자》를 읽어 보면 흔히 성인의 행실과 말을 인용하여 자기 이론의 근거로 삼고 있다. 좀 더 정확히 말하면 《노자》 제81장 중에 〈성인〉이란 말이 31회 인용되고 있는데, 상편 도경에 11회, 하편 덕경에 20회의 비율이다. '성인'이 노자의 "이상적인 인격자"이며 "온전한 도를 터득한 사람"을 뜻한다면, 하편에서 성인이 〈완전한 덕을 지닌 사람〉으로 더 많이 인용된 것은 당연한 일이라 하겠다.

《노자》에서 말하는 성인이란 추상적이고 가공적인 인물이 아니라 "온전한 도를 터득한 사람" 또는 "완전한 덕의 실현자"인 것이다. 제47장을 보면 성인에 대하여 다음과 같이 설명하고 있다.

> 문을 나서지 않고서도 천하의 일을 알고, 창 밖을 내다보지 않고서도 하늘의 도를 볼 수가 있다. 그가 밖으로 나가는 것이 멀수록 그가 아는 것은 더욱 적어지는 것이다. 그러므로 성인은 아무데도 가지 않고서도 알게 되며, 보지 않고서도 올바로 식별하고 작위(作爲)를 하지 않으면서도 일을 성취시키게 되는 것이다.
> 不出戶知天下, 不窺牖見天道. 其出彌遠, 其知彌少. 是以聖人不行而知, 不見而名, 不爲而成.

성인은 무위하면서도 모든 것을 알고 모든 것을 올바로 판단하고, 모든 것을 이룩케 하는 사람이다. 곧 성인은 노자에게 있어 그의 도덕론의 구체적이고 이상적인 체현자(體現者)였던 것이다.

공자도 성인에 대하여 얘기하고 있지만 그 성격이 노자와는 크게 다르다. 《논어》는 1만 5,900여 자라고 하니, 《노자》의 3배의 부피가 넘지만, 우선 성인이란 말이 별로 눈에 뜨이지 않는다. 성인 또는 성(聖)이란 글자는 모두 10회도 나오지 않는 정도이다. 《논어》술이(述而)편에서 공자는,

전술(傳述)하기는 하되 창작하지는 않으며, 믿음을 가지고 옛 것을 좋아한다.
述而不作, 信而好古.

고 말했듯이, 자기는 옛 성인(堯·舜·禹·湯·文武·周公 등)의 가르침과 제도를 계승 발전시키기만 하면 되었지 새로운 이론이나 제도를 창작하지 않겠다는 기본 태도를 지니고 있었다. 그것은 이미 옛 성인들이 후세 사람들로서 배우고 본떠야만 할 문물제도를 마련하여 놓았으니, 성인이 못되는 후세 사람이 새로운 이론이나 제도를 마련해 보았자 일을 그르치기만 할 뿐이라 생각하였기 때문이다. 그것은 한편 공자가 후세 사람들로서는 성인이라 부를 수 있는 완전무결한 인격자가 될 수 없는 것이라 생각하였음을 뜻한다. 공자는 《논어》술이(述而)편에서,

성인은 나는 만나보지 못하였다. 군자라도 만날 수 있는 것이 다행이지.
聖人, 吾不得而見之矣. 得見君子者, 斯可矣.

성인이나 인인(仁人)이야 내 어찌 감히 되겠느냐? 그렇지만 배우는 데 싫증내지 않고, 남을 가르치는 데 지치지 않는다고 말할 수 있을 것이다.
若聖與仁, 則吾豈敢? 抑爲之不厭, 誨人不倦, 則可謂云爾已矣.

라고 말하고 있다. 계씨(季氏)편에서도,

군자에게는 세 가지 두려워할 일이 있다. 천명을 두려워하고, 대인을 두려워하고, 성인의 말씀을 두려워한다. 소인은 천명을 알지 못하므로 두려워하지 않으며, 대인을 예사로 알고 지내며, 성인의 말씀을 업신여긴다.
君子有三畏, 畏天命, 畏大人, 畏聖人之言. 小人, 不知天命而不畏也. 狎大人, 侮聖人之言.

고 하였다. 공자는 성인이란 현실적으로는 추구하기 어려운 이상적인 지극한 인간을 가리키는 것으로 생각하였다.
공자는 현실적으로 사람들이 노력하기만 하면 누구나 도달할 수 있는 인간형으로 성인보다 아래인 군자를 설교하고 있다. 군자란 소인과 대가 되는 말로, 본시는 지배계층의 뜻이었으나(소인은 피지배계층), 뒤에는 덕망이 있는 훌륭한 지배계층의 사람들을 뜻하게 되었다.[37] 따라서 군자는 작위(作爲)를 가하여야만 하는 사람들이기 때문에 노자로서는 거들떠보지도 않았던 게 당연하다. 《노자》에는 두 번 군자라는 말이 보이는데 비하여 《논어》에는 도합 100여 회 이상 군자라는 말이 보일 정도로 공자는 군자가 될 것을 사람들에게 설교하고 있다.

《맹자》에도 그 내용이 3만 5,370여 자라 하나 성인이란 말은 31회, 군자라는 말은 60회 정도 보이며, 거기에는 또 요(堯)·순(舜)과 같은 선왕(先王)에 대한 말이 90회 정도로 많이 나오는 게 특색이다. 그런데 《노자》에서 성인의 대로 사람들(人)·백성(民)·중인(衆)·백성(百姓)이란 말을 쓰고 있는 것을 보면, 노자도 성인을 그 사회의 지배자로 생각하였음에 틀림없다. 그러면 노자가 생각하던 성인은 어떤 사람이며 어떻게 다스리던 사람이었는가?

성인은 무위하며 공을 이룩하면서도 스스로를 드러내지 않는다. 제2장에서 노자는 이렇게 말하고 있다.

> 그래서 성인은 무위하게 일에 처신하며, 말로 하지 않는 가르침을 행하는 것이다. 만물을 생성시키고도 얘기하지 않으며, 생겨나게 하고도 그것을 갖지 않으며, 행동을 하더라도 의지하는 데가 없으며, 공로를 이룩하더라도 그것을 내세우지 않는다. 그들은 스스로 공로를 내세우지 않기 때문에 공로가 그에

---

37) 졸저, 《공자의 생애와 사상》 제2장 4절 참조.

게서 떠나는 법이 없는 것이다.
 是以聖人處無爲之事, 行不言之敎. 萬物作焉而不辭. 生而不有, 爲而不恃, 功成而弗居. 夫唯弗居, 是以不去.

 성인은 무위하여, 남에게 어떤 행동을 강요하는 말도 하지 않을 뿐만 아니라 자기를 전혀 내세우지 않는다. 그러면서도 모든 일을 이룩케 한다.
 그래서 성인은 (본능적인) 배를 채우기 위한 행동은 하지만 (욕망인) 눈을 즐겁게 하는 행동 같은 것은 하지 않는다.
 是以聖人爲腹, 不爲目. -제12장

 그래서 성인은 사물에 대하여 대범하여 구별을 하지 않으며, 청렴하여 남을 해치지 않고, 곧기는 하되 지나치게 뻗지는 않으며, 빛은 있으되 반짝이지는 않는다.
 是以聖人, 方而不割, 廉而不劌, 直而不肆, 光而不耀.
 -제58장

 그래서 성인이란 끝내 큰일을 하려 들지는 않지만 큰일을 완성시킬 수 있는 것이다.
 是以聖人, 終不爲大, 故能成其大. -제63장

 이것 모두가 성인이 무위하고 하는 일도 없고 욕심도 없기 때문이다.

한편 그것은 성인이 도를 따르기 때문이다. 제22장에서 "그래서 성인은 일(一)을 지님으로써 천하의 규범이 되는 것이다."(是以聖人抱一, 爲天下式)고 하였는데, 이미 앞 절에서 얘기한 바와 같이 〈일〉을 지닌다는 것은 도를 터득하고 도를 지키는 것을 뜻한다.

그 때문에 "성인은 그 자신을 뒤로 미루지만 자신이 앞서게 되며, 그 자신을 도외시하지만 자신이 생존케 되는 것이다."(是以聖人後其身, 而身先; 外其身, 而身存. -제7장) "그래서 성인은 심한 짓을 하지 않고, 사치한 짓을 하지 않으며, 교만한 짓을 하지 않지만"(是以聖人, 去甚, 去奢, 去泰. -제29장) 사람들 뿐만 아니라 만물을 위해서도 이로운 일만을 하게 된다. 제27장에서 "성인은 언제나 사람들을 잘 구제하기 때문에 돌보지 않고 버려지는 사람이 없고, 언제나 사물을 잘 구원하기 때문에 돌보지 않고 버려지는 사물이 없게 된다."(是以聖人常善救人, 故無棄人; 常善救物, 故無棄物.)고 한 것도 그 때문이다.

다시 일반 백성들의 통치자로의 성인은 어떻게 사람들을 다스리는가? 제3장에는 다음과 같은 설명이 보인다.

> 그래서 성인이 정치를 함에 있어서는 그들의 마음은 텅 비게 하되 그들의 배는 채워주며, 그들의 뜻은 약하게 만들되 그들의 뼈는 강하게 해준다. 언제나 백성들로 하여금 아는 것이 없고 욕심이 없게 만든다. 지혜 있는 자들로 하여금 감히 작위(作爲)에 의한 행동을 못하게 한다. 무위를 실천하면 곧 다스려지지 않는 일이 없게 될 것이다.
>
> 是以聖人之治, 虛其心, 實其腹; 弱其志, 强其骨. 常使民無知

無欲. 使夫知者, 不敢爲也. 爲無爲, 則無不治.

곧 성인은 자신이 무위할 뿐만 아니라 백성들까지도 무위하고, 욕심이 없고, 아는 것이 없게 한다. 그리고 "성인은 일정한 마음을 갖지 아니하고 백성들의 마음으로써 자기 마음을 삼는다."(聖人無常心, 百姓心爲心. -제49장) 이것이 이른바 무위지치(無爲之治)이다. 제5장에서 "하늘과 땅은 인(仁)하지 않으니 만물을 짚으로 만든 개처럼 버려 둔다. 성인도 인하지 않으니 백성들을 짚으로 만든 개처럼 버려 둔다."(天地不仁, 以萬物爲芻狗. 聖人不仁, 以百姓爲芻狗.)라고 말한 것도 도를 따르는 성인의 '무위지치'를 설명한 말이다.

여기의 '짚으로 만든 개'(芻狗)란 옛날 중국에서 제사 지낼 때 쓰던 물건으로, 제사만 끝나면 아무데나 내버리는 것이었다. "성인은 무위하기 때문에 실패하는 일도 없고, 집착하는 일도 없기 때문에 잃는 일도 없다."(聖人無爲, 故無敗; 無執, 故無失. -제64장) 그렇다고 바보이거나 아무것도 모르는 게 아니다. "성인은 아무데도 가지 않고서도 알며, 보지 않고서도 올바로 식별하며, 무위하면서도 일을 성취시킨다."(是以聖人不行而知, 不見而名, 不爲而成. -제47장)

노자는 이러한 성인의 모습은 마치 갓난아기와 같은 것이라 하였다. 노자가 생각한 무위하고, 욕심이 없고, 하는 일이 없어서 맑고 고요하고 텅 비고 참된 이상적인 인간의 모습이 아무 의식도 없고 깨끗하기만 한 갓난아기와 같다는 것이다. 제28장에서는 이렇게 말하고 있다.

수컷의 강함을 알고서 암컷의 연약함을 지키면 천하의 만물이 귀착하는 골짜기 같은 존재가 된다. 골짜기 같은 존재가 되면 변함없는 덕이 그에게서 떠나지 않게 되어 어린 아기 같은 상태로 되돌아가게 된다.
知其雄, 守其雌, 爲天下谿. 爲天下谿, 常德不離, 復歸於嬰兒.

〈골짜기〉란 모든 것을 포용하면서도 낮고 겸손한 〈도〉의 성격에 비유한 것이다. 도를 따라 온전한 덕을 지니게 된 사람, 곧 성인은 다시 어린 아기 같은 모습이 된다는 것이다. 다시 제49장에서는,

성인은 일정한 마음을 갖지 아니하고 백성들의 마음으로써 자기 마음을 삼는다. … 성인은 천하를 대함에 있어서 두려운 듯이 천하를 다스리며 그의 마음을 흐리멍덩하게 한다. 그리고 백성들이 모두 그의 귀와 눈을 기울이더라도 성인은 누구에게나 어린 아기 같은 상태로 보이게 한다.
聖人無常心, 以百姓心爲心. … 聖人在天下, 惵惵爲天下, 渾其心. 而百姓皆注其耳目, 聖人皆孩之.

고 하였다. 왕필은 이 장의 주에서 "모두들 도에 조화시킴으로써 욕심이 없어서 갓난아기같이 된다는 것"이라고 하면서, 도를 따르는 인간의 상태가 갓난아기 같지 않을 수 없음을 자세히 설

명하고 있다. 제55장에서도,

> 덕을 두터이 지니고 있는 사람은 갓난아기에 비유할 수 있다. 그는 벌이나 갈충(蝎蟲) 독사 따위가 쏘거나 물지 못하고, 사나운 짐승도 할퀴지 못하며, 사나운 새도 들이치지 못한다. 뼈는 약하고 살갗은 부드러우면서도 손아귀는 굳게 쥐어진다. 남녀의 결합에 대하여는 알지 못하면서도 음경(陰莖)은 일어서는데, 정기의 지극함 때문이다. 하루 종일 울어도 목이 쉬지 않는데, 화기(和氣)의 지극함 때문이다.
> 含德之厚, 比於赤子. 蜂蠆虺蛇不螫, 猛獸不據, 攫鳥不搏. 骨弱筋柔, 而握固. 未知牝牡之合, 而朘作, 精之至也. 終日號而不嗄, 和之至也.

라고 아기와 비슷한 모습의 성인을 묘사하고 있다. 왕필은 이 장의 주에서 "갓난아기는 추구하는 것도 없고 욕망도 없어서 모든 물건을 범하지 않는다. 그러므로 독충 같은 물건이라 할지라도 그 사람을 범하지 않는 것이다. 덕을 두터이 지니고 있는 사람도 물건을 범하는 일이 없기 때문에 어떤 물건도 그의 온전함을 손상시키지 않는 것이다."라고 설명하고 있다. 제10장에서도,

> 혼백(魂魄)을 잘 간수하고 일(一)을 지니어, 여기로부터 떠나는 일이 없어야 한다. 정기를 오로지하여 부드러운 마음을 이룩함으로써 갓난아기와 같아져야만 한다.
> 載營魄抱一, 能無離乎. 專氣致柔, 能嬰兒乎.

하고, 도를 따름으로써 갓난아기와 같은 사람이 될 것을 강조하고 있다.

여러 사람들은 즐거워하기를 좋은 요리상을 받은 것과도 같고 봄에 누대(樓臺)에 오른 것 같기도 하다. 그러나 나는 홀로 무위함으로써 기쁨과 슬픔의 조짐을 드러내지 않고 웃을 줄도 모르는 갓난아기와도 같으며, 매인 데가 없어 돌아갈 곳도 없는 듯하다.
衆人熙熙, 如享太牢, 如春登臺. 我獨泊兮, 其未兆, 如嬰兒之未孩, 儽儽兮, 若無所歸. -제20장

라 하였다. 갓난아기와 같은 사람이야말로 성인이라고 노자는 생각하였던 것이다.

이밖에도 《노자》를 보면 도를 터득하고 지극한 덕을 지닌 훌륭한 사람으로 선한 사람·도를 지닌 사람·대장부 등의 칭호가 보인다. 이들은 성인만큼 완전하고 지극한 경지에 이른 사람으로 강조되고 있지는 않지만, 거의 성인의 경지에 가까이 다다른 사람이다. 먼저 선인에 관한 노자의 얘기를 들어보자. 《노자》 제27장에,

그러므로 선한 사람은 선하지 않은 사람의 스승이며, 선하지 않은 사람이란 선한 사람의 자원이 되는 것이다. 그 스승을 귀중히 여기지 않고, 그러한 자원을 아낄 줄 모른다면, 비록 지혜 있는 사람이라 할지라도 크게 미혹될 것이다.

故善人者, 不善人之師; 不善人者, 善人之資. 不貴其師, 不愛其資, 雖智大迷.

라 하였다. 이 장은 첫머리가 "길을 잘 가는 사람은 지난 자국을 남기지 않고, 말을 잘하는 사람은 트집을 잡을 허물이 없다."(善行無轍迹, 善言無瑕謫.)는 말로 시작되고 있는 것을 보면, '선한 사람'이란 도를 터득하여 모든 일을 지극히 잘하는 사람의 뜻임이 분명하다. 제62장에서도,

〈도〉란 만물의 구석에 숨겨져 있는 것이지만, 선한 사람에게는 보물이 되고 선하지 않은 사람들도 이것에 의하여 보전되고 있는 것이다.
道者萬物之奧, 善人之寶, 不善人之所保.

라 하였고, 제79장에서는,

하늘의 도는 특히 친한 사람은 없이 언제나 선한 사람 편을 든다.
天道無親, 常與善人.

라 하였다. 〈선한 사람〉이란 일반적인 마음이 착한 사람이 아니라 노자의 도를 잘 따르는 사람임이 분명하다. 제49장에서,

성인은 일정한 마음을 갖지 아니하고 백성들의 마음으로써

자기 마음을 삼는다. 선한 사람을 우리는 선하다고 하지만, 선하지 않은 사람도 우리는 역시 선하다고 하여야 한다. 인간의 덕이란 선한 것이기 때문이다.

聖人無常心, 以百姓心爲心. 善者吾善之, 不善者吾亦善之. 德善.

라고 말하고 있다. 〈선자(善者)〉가 〈선인(善人)〉이나 같은 말이라고 본다면, 〈성인〉과 대비시켜 얘기하고 있는 것으로 보아 〈선한 사람〉이란 성인의 경지에까지는 이르지 못하고 어느 정도의 도를 터득하여 남에게 도움은 주되 피해는 주지 않는 사람을 뜻하는 듯하다. 다만 제81장에서 "선한 사람은 말을 잘하지 않고, 말을 잘하는 사람은 선하지 않다."(善者不辯, 辯者不善.)고 말하고 있는 것을 보면, 〈선한 사람〉이 일반적인 개념의 착한 사람만을 뜻하는 말이 아님이 분명하다. 곧 제65장에서 "옛날에 도를 잘 닦았던 사람은, 사람을 총명하게 만들지 않고 그들을 어리석게 만들어 다스렸다."(古之善爲道者, 非以明民, 將以愚之.)라고 한 구절에 보이는 〈선위도자(善爲道者)〉에 가까운 말이 〈선인〉・〈선자〉인 듯하다.

〈도를 지닌 사람〉이란 도를 터득하고 도를 따라 행동하는 사람일 것이다. 제23장에서,

그러므로 도에 종사하는 사람은, 도를 터득한 사람을 대하면 똑같이 도를 따르고, 덕이 있는 사람을 대하면 똑같이 덕을 따르며, 실수를 하는 사람을 대하면 똑같이 실수를 한다.

故從事於道者, 道者同於道, 德者同於德, 失者同於失.

라 하였는데, 이 "도에 종사하는 사람"이 곧 〈도를 지닌 사람〉일 것이다. 그러기에 안으로는 지극한 성인으로서의 도를 닦고 있을[內聖] 뿐만이 아니라 밖으로는 훌륭한 지도자[外王]가 되는 것이다. 그래서 제31장에서는,

　　훌륭한 무기는 상서롭지 않은 연모이어서, 만물 중에는 그것을 싫어하는 것들이 있다. 그러므로 〈도를 지닌 사람〉은 그것을 가까이하지 않는다.
　　夫佳兵, 不祥之器, 物或惡之, 故有道者不處.

라 하였고, 제77장에서는,

　　누가 남음이 있음으로써 천하를 받들 수가 있겠는가? 오직 〈도를 지닌 사람〉뿐이다.
　　孰能有餘以奉天下? 唯有道者.

등으로 말하고 있다.
　　다시 제38장에 보이는 〈대장부〉도 진실한 덕을 닦은 남자일 것이다.

　　그래서 〈대장부〉는 그 돈후(敦厚)함에 처신하지 그 박약함에 처신하지 않으며, 그 내실을 따르지 형식적인 겉치레를 따르지

않는 것이다.
　是以大丈夫處其厚, 不處其薄; 居其實, 不居其華.

어떻든 〈성인〉이란 무위한 도를 따르며 지극한 덕을 이룩한 이상적인 인간에 대한 노자의 칭호이다. 노자는 그런 사람에 가까운 사람들은 가끔 〈선한사람〉·〈도를 지닌 사람〉·〈대장부〉 등으로 부르기도 하였다.

이 때문에 〈성인〉에 대한 설명을 통하여 노자의 덕이란 어떤 것인가 대체로 밝혀진 셈이다. 그러나 다음에는 노자의 인생론, 정치론 중의 중요한 몇 사항을 가려 설명함으로써 그의 사상의 윤곽을 좀 더 뚜렷이 밝혀 볼까 한다.

3. 양생론(養生論)

그러면 실제로 도를 따라 훌륭한 덕을 닦은 사람은 어떠해야만 하는가? 말할 것도 없이 사람은 언제나 무위하여만 한다고 하였는데, 그 〈무위〉하다는 것은 어떠한 것을 뜻하는가?

노자는 사람은 무엇보다도 무위·욕심이 없음·하는 일이 없음 함으로써, 〈소박〉하여야만 한다고 하였다. 〈소박〉하다는 것은 나무토막이 본래의 자연의 바탕 그대로 있는 것을 말한다. 제57장에서 노자는,

　　내가 무위함으로써 백성들은 스스로 교화되고, 내가 고요함

을 좋아함으로써 백성들은 스스로 올바르게 되고, 내가 하는 일이 없음으로써 백성들은 스스로 부유해지고, 내가 욕심이 없음으로써 백성들은 스스로 〈소박〉해진다.
我無爲而民自化, 我好靜而民自正, 我無事而民自富, 我無欲而民自樸.

라고 하였고, 제28장에서는,

변함없는 덕이 충족하게 되면 〈소박〉함으로 되돌아가게 된다.
常德乃足, 復歸於樸.

라 하였다. 왕필은 이 장의 주에서 소박함은 참됨의 뜻이라 설명하고 있다. 제32장에서는,

도란 언제나 이름이 없으며, 〈소박〉하여 비록 작게 보이지만 천하에는 그것을 지배할 수 있는 게 없다.
道常無名, 樸雖小, 天下莫能臣也.

고 하였다. 왕필은 이 장의 주에서 "소박이란 물건은 무로써 마음을 삼고 있어서 또한 이름이 없다. 그러므로 도를 터득하려면 소박함을 지키는 게 가장 좋다. … 소박이란 물건은 멍하면서도 치우쳐지는 데가 없어 무유(無有)에 가깝다. 그러므로 아무도 그것을 지배할 수가 없는 것이다. 소박함을 지니고 무위하여 사

물로써 그의 참됨에 누가 끼쳐지는 일이 없고 욕망 때문에 그의 정신을 해치는 일이 없으면 사물이 스스로 존경하며 따르게 되고 도는 스스로 얻어지게 되는 것이다."라고 설명하고 있다. 제37장에서도,

　　변화하는 데 있어 작위(作爲)를 가하려 하는 일이 있다면 우리는 그것을 이름이 없는 〈소박〉함으로 눌러야만 한다. 이름이 없는 〈소박〉함이란 욕심이 없는 것이다.
　　化而欲作, 吾將鎭之以無名之樸. 無名之樸, 夫亦將無欲.

라고 하였다. 제15장에서는 "돈독하기 소박함 같아야 한다."(敦若樸) 하였고, 제58장에서 "그 정치가 어수룩하면 그 백성들은 순박해진다."(其政悶悶, 其民淳淳.)고 하였는데, "순박하다."는 형용도 〈소박〉의 모습을 말하는 것이다.
　곧 〈소박〉하다는 것은 물건이 지극히 순박한 〈자연의 상태〉를 뜻한다. 도를 따름으로써 무위한 자연의 상태는 〈소박〉해야만 하는 것이다. 제64장에서 "그러함(욕심을 갖지 않고 공부하지 않는 것으로 공부함)으로써 만물의 자연스러움을 돕고, 감히 인위적인 행동은 하지 않는다."(以輔萬物之自然, 而不敢爲.) 하였는데, "만물의 자연스러움"이 곧 〈소박〉인 것이다.
　노자는 또 도의 극치에 이른 상태를 〈맑음〉·〈고요함〉·〈텅 빔〉이란 말로도 표현하고 있다. 이는 〈소박함〉이 그 외형적인 면을 표현한 말인데 비하여, 그 정신 또는 그 상태와 성격 등의

면을 표현한 말이다. 제45장에서,

맑고 고요함으로써 천하의 올바름을 이룩한다.
淸靜爲天下正.

고 하였는데, 제39장에서 "하늘은 일(一)을 체득하여 맑다."(天得一以淸.)고 말했듯이 〈맑음〉이란 "하늘처럼 맑은 상태" 또는 "도의 지극한 상태"를 뜻한다. 다시 제16장에서는,

텅 빈 상태에 이름을 지극히 하고, 고요함을 지킴을 독실히 하면, 만물이 아울러 생겨나지만 우리는 그것들이 그 근원으로 되돌아감을 보게 된다.
致虛極, 守靜篤, 萬物竝作, 吾以觀其復.

고 말하고 있다. 제3장에서는 "그 마음을 텅 비게 한다."(虛其心.)하였으니, 왕필이 제16장의 주에서 "모든 유(有)는 텅 빈 것에서 생겨나고, 움직임은 고요함에서 생겨난다. 그러므로 만물이 비록 다같이 생겨나고 움직이지만 끝내는 텅 빈 것과 고요함으로 다시 되돌아가게 되는 것이니, 이것이 사물의 지극함이요, 독실함인 것이다." 라고 설명하고 있듯이, 텅 빈 것은 도의 성격이고 고요함은 도의 움직이는 상태인 것이다. 그래서 노자는 "무거운 것은 가벼운 것의 근본이 되고, 고요함은 시끄러운 것의 지배자가 된다."(重爲輕根, 靜爲躁君. −제26장), "고요함은 뜨거운 것을 이긴다."(靜勝熱. −제45장), "암컷은 언제나 고요

함으로써 수컷을 이겨내는데, 고요함으로써 겸손히 처신하기 때문이다."(牝常以靜勝牡, 以靜爲下. -제61장)라고 하면서 고요함을 사람들에게 설교하고 있다.

따라서 사람들은 올바르게 도를 따라 살기 위해서는 소박함·자연스러움·맑음·텅 빔·고요함의 상태를 유지해야 한다는 것이다. 노자는 〈무위〉를 주장하기는 하였지만, 얼핏 보면 유위(有爲)한 일이라 볼 수 있는 양생(養生)에 대한 개념도 갖고 있었다. 제50장을 보면 다음과 같이 쓰고 있다.

> 나오는 것이 삶이고, 들어가는 것이 죽음이다. 삶의 도리를 온전히 하는 사람은 열 명에 세 명 정도이고, 죽음의 도리를 온전히 하는 사람도 열 명에 세 명 정도이다. 사람이 나서 공연히 움직이어 죽는 곳으로 가게 되는 사람도 열 명에 세 명 정도이다. 그것은 무엇 때문인가? 그의 삶을 너무 잘 살아가려 들기 때문이다. 듣건데 섭생(攝生)을 잘하는 사람은 육지를 여행해도 외뿔소나 호랑이를 만나지 아니하고, 군대에 들어가서도 무기의 피해를 입지 아니 한다 하였다. 외뿔소도 그의 뿔로 들이받을 여지가 없고, 호랑이도 그의 발톱으로 할퀼 여지가 없으며, 무기도 그 날을 들이밀 여지가 없는 것이다. 그것은 무엇 때문인가? 그에게는 죽게 되는 곳이 없기 때문인 것이다.
>
> 出生, 入死. 生之徒, 十有三; 死之徒十有三. 人之生, 動之死地, 亦十有三. 夫何故? 以其生生之厚. 蓋聞, 善攝生者, 陸行不遇兕虎, 入軍不被甲兵. 兕無所投其角, 虎無所措其爪, 兵無所容其刃. 夫何故? 以其無死地.

곧 사람이란 스스로 죽을 곳으로 가게 되는 일이 없도록 잘 살아가야 한다는 것이다. 죽을 곳이 없는 삶이란 "잘 먹고 잘 입고 잘 살려는 의식적인 노력이 없는" 소박하고 맑고 텅 비고 고요한 상태의 삶인 것이다. 그러면 사나운 짐승이나 무기를 든 강도라 할지라도 그를 해칠 수가 없는 상태가 된다. 이것이 노자의 양생론인 것이다. 제55장에서도,

> 삶을 증진시키려 하는 것을 나쁜 징조라 하며, 마음이 기운을 부리는 것을 부러지기 쉬운 강한 것이라 한다. 만물은 장성해지면 늙게 마련인데, 이것을 도에 어긋나는 것이라 말한다. 도에 어긋나는 것이란 일찍이 죽게 마련이다.
> 益生曰祥, 心使氣曰强. 物壯則老, 謂之不道, 不道早已.

라고 말하였고, 다시 제75장에서도,

> 오직 삶 때문에 행동하지 않는 사람이 삶을 귀중히 여기는 사람보다 현명하다.
> 夫唯無以生爲者, 是賢於貴生.

고 말하고 있다. 이러한 양생론도 결국은 그의 〈무위〉 사상에서 나온 것이다.

4. 가치관

노자 사상의 다른 한 가지 특징은 일반적인 세상의 모든 상대적인 가치판단의 기준을 절대적인 것이 못된다고 부정하는 것이다. 세상에는 절대적으로 긴 것이나 짧은 것, 또는 절대적으로 좋은 것이나 나쁜 것 등이 있을 수 없는데도, 사람들은 상대적인 그러한 가치를 믿고 뒤쫓는 데서 불행이 생겨나고 있다고 생각하는 것이다.

그것은 모든 것의 기본원리인 〈도〉가 언제나 "근본으로 되돌아가고 있고[反]" "부드럽고 약한 상태로 드러난다[弱]."는 성격[38]을 올바로 인식하지 못하기 때문이기도 하다.

《노자》에는 다음과 같은 글이 보인다.

> 세상 사람들은 모두 아름답게 보이는 것을 아름다운 것이라 여기고 있지만 그것은 추한 것일 수도 있다. 모두가 선(善)하게 보이는 것을 선한 것이라 여기고 있지만 그것은 선하지 않은 것일 수도 있다. 본시 유(有)와 무(無)는 상대적인 뜻에서 생겨났고, 어려운 것과 쉬운 것도 상대적인 입장에서 이루어지며, 긴 것과 짧은 것도 상대적으로 비교하는 데서 있게 되고, 높은 것과 낮은 것도 상대적인 관념에서 있게 되며, 음악과 소리도 상대적인 소리의 조화의 구별에서 생겨나고, 앞과 뒤도 상대적인 개념의 구별에 불과하다.

---

38) 앞 제1절 4) 참조.

天下皆知美之爲美, 斯惡已; 皆知善之爲善, 斯不善已. 故有無相生, 難易相成, 長短相形, 高下相傾, 音聲相和, 前後相隨.
―제2장

다섯 가지 색깔은 사람들의 눈을 멀게 하는 것이고, 다섯 가지 소리는 사람들의 귀를 먹게 하는 것이며, 다섯 가지 맛은 사람들의 입맛을 버리게 하는 것이고, 말 달리며 사냥질 하는 것은 사람들의 마음을 미쳐 날뛰게 하는 것이며, 얻기 어려운 재물이란 사람들의 올바른 행동을 방해하는 것이다.
五色令人目盲; 五音令人耳聾; 五味令人口爽; 馳騁畋獵, 令人心發狂; 難得之貨, 令人行妨. ―제12장

곧 사람들은 모든 상대적인 가치를 절대적인 것으로 잘못 알고 있을 뿐만이 아니라, 그러한 그릇된 가치판단은 사람들의 올바른 기능이나 행동을 방해한다는 것이다. 그리하여 제20장에서는,

〈네〉하고 대답하는 것과 〈어〉하는 대답의 차이가 얼마나 되는가? 선한 것과 악한 것은 그 차이가 얼마나 되는가?
唯之與阿, 相去幾何? 善之與惡, 相去何若?

라고 반문하고 있다.
그뿐만이 아니라 노자는 진정한 사물의 가치란 겉으로 나타나는 그러한 모양에 대한 판단과는 정반대일 경우가 많다고 생각

하였다.

위대한 성취는 결함이 있는 듯하지만 그 효용에는 다함이 없고, 크게 충만한 것은 텅 빈 듯하지만 그 효용은 한이 없는 것이다. 크게 곧은 것은 굽은 듯이 보이고, 크게 교묘한 것은 졸렬한 듯이 보이고, 크게 말 잘하는 것은 말을 더듬는 듯이 보인다.
大成若缺, 其用不弊. 大盈若沖, 其用不窮. 大直若屈, 大巧若拙, 大辯若訥. -제45장

도에 밝은 것은 어두운 듯이 보이고, 도에 나아가는 것은 물러나는 듯이 보이며, 평탄한 도는 울퉁불퉁한 듯이 보이고 훌륭한 덕은 속된 듯이 보인다. 크게 결백한 것은 욕된 듯이 보이고, 광대한 덕을 지닌 것은 부족함이 있는 듯이 보이며, 튼튼한 덕은 간사한 듯이 보인다. 바탕이 참된 것은 더럽혀진 듯이 보이고, 크게 모진 것은 모가 없는 듯이 보인다.
明道若昧, 進道若退, 夷道若纇, 上德若俗, 大白若辱, 廣德若不足, 建德若偸. 質眞若渝, 大方無隅. -제41장

이것은 한편 〈도〉의 원리가 근본으로 되돌아가는 〈반(反)〉의 작용을 지니고 있기 때문이기도 하다.[39] 세상에는 영원히 아름답고 영원히 길고 영원히 좋은 것 같은 물건이란 있을 수 없다. 아름다운 것, 긴 것, 좋은 것은 모두 일정한 극점을 넘어서면 다시 추해지고 짧아지고 나빠지게 마련이다. 제77장에서는,

---

39) 앞 제1절 4) 참조.

> 하늘의 도는 마치 활줄을 당긴 활과도 같다. 높은 것은 억누르고, 낮은 것은 들어 올린다. 남음이 있는 것은 덜어주고, 부족한 것은 보태어 준다.
> 天之道, 其猶張弓與. 高者抑之, 下者擧之. 有餘者損之, 不足者輔之.

고 하였다. 따라서 우리는 일반적인 상대적 가치판단이 절대적인 것이 될 수 없는 것임을 아는 동시에 또한 우리가 보는 그러한 현상과는 정반대의 가치를 지니고 있는 수가 많으며, 다시 우리가 보고 판단한 가치는 진실한 것이라 하더라도 언제나 결국은 그 반대의 가치를 향해서 변화하고 있는 것임을 알아야 한다는 것이다.

이러한 가치관은 윤리면에 있어서도 공자와는 정반대의 생각을 갖게 하고 있다. 공자는 인의(仁義)를 크게 내세우고 있지만, 노자는 인의란 도에 어긋나는 유위(有爲)한 행위로써 사회를 혼란에 빠뜨리고 사람들을 불행케 하는 원인이 되는 것이라 생각하였다. 이미 앞의 1) 상급의 덕과 하급의 덕에서 가장 훌륭한 인인 상급의 인이나 가장 훌륭한 덕인 상급의 덕, 또는 가장 훌륭한 예인 상급의 예조차도 노자는 모두 하급의 덕에 속하는 것으로 생각하였음을 지적하였다. 다시 제18장에서도,

> 위대한 도가 무너지자 인의가 생겨났다. 지혜가 생겨나면서 대단한 거짓이 존재하게 되었다. 집안 위아래가 친화하지 않게

되자 효도와 자애가 존재하게 되었다. 국가가 혼란하여지자 충신이 존재하게 되었다.
　　大道廢, 有仁義. 智慧出, 有大僞. 六親不和, 有孝慈. 國家昏亂, 有忠臣.

고 하면서, 유가에서 존중하는 인·의·지(知)·효(孝)·자(慈)·충(忠) 같은 윤리는 모두 혼란의 산물임을 지적하고 있다. 이미 제38장에서 "예라는 것은 충실함과 신의가 박약해진 것으로서 혼란의 시작인 것이다."(夫禮者, 忠信之薄, 而亂之首.)고 하면서 예가 혼란의 산물이라고 한 말을 앞에서 인용하였다. 그러기에 제19장에서는 유가적인 덕의 추구나 일반적인 가치의 추구를 접어치우고 사사로움도 없고 욕심도 없음으로써 소박한 몸가짐을 지닐 것을 설교하고 있다.

　　성(聖)스러움을 끊어버리고 지혜를 버리면 백성들의 이익은 백배로 는다. 인(仁)을 끊어버리고 의(義)를 버리면 백성들은 효도와 자애로움으로 되돌아갈 것이다. 기교를 끊어버리고, 이익을 버리면 도둑들이 존재하지 않게 될 것이다. … 본시의 바탕[素]을 드러내고 소박한 그대로를 지니며, 사사로움을 줄이고 욕망을 적게 가져야만 한다.
　　絶聖棄智, 民利百倍. 絶仁棄義, 民復孝慈. 絶巧棄利, 盜賊無有. … 見素抱樸, 少私寡欲.

다시 제3장에서는,

현명함을 숭상하지 않으면 백성들이 다투지 않게 된다.
不尙賢, 使民不爭.

고도 하였는데, 위의 '성'(聖)이나 이곳의 '현'(賢)은 모두가 유가적인 성·현을 뜻할 것이다. 유가에서 내세우는 윤리는 모두가 유위한 도에 어긋나는 것이라는 이유도 있지만, 보통 우리 눈에 훌륭하게 보이는 현상들이란 실제로는 모두가 훌륭한 것이 되지 못한다는 가치관 때문에 노자는 이러한 주장을 하고 있는 것이다. 제58장에서는,

화 속에 복이 깃들여 있고, 복 속에 화가 숨겨져 있는 것이다.
禍兮福之所倚, 福兮禍之所伏.

고 하였고, 또,
정상적인 것이 다시 기괴한 것이 되고, 선한 것이 다시 요망한 것이 된다.
正復爲奇, 善復爲妖.

고도 하였다. 따라서 사람이란 행복하게 살고자 하는 노력이나 의식도 버려야 되고, 올바르고 착하게 행동하려는 노력이나 의식조차도 버려야만 한다는 것이다.
노자는 무위하고 사사로움이 없고 욕심이 없어야만 인간이 완전한 자유를 누릴 수 있고 행복하게 살 수 있게 된다고 생각하

였다. 무엇보다도 자기 위주의 생각을 버려야만 한다. 제24장에서,

> 스스로 드러내려 하는 사람은 분명히 알려지지 않는다. 스스로 옳다고 하는 사람은 밝게 인정받지 못한다. 스스로 자랑하는 사람은 공적이 인정되지 않는다. 스스로 뽐내는 사람은 재능이 훌륭하다고 알려지지 않는다.
> 自見者不明, 自是者不彰, 自我者無功, 自矜者不長.

라고 하였다. 제22장에서는 성인은,

> 스스로 드러내려 하지 않기 때문에 분명히 드러난다. 스스로 옳다고 주장하지 않기 때문에 더욱 밝게 인정받는다. 스스로 자랑하지 않기 때문에 그의 공적이 더욱 인정된다. 스스로 뽐내지 않기 때문에 재능이 훌륭하다고 인정받는다.
> 不自見故明, 不自是故彰, 不自伐故有功, 不自矜故長.

고 그 말을 뒤집어 표현하고 있다.

정말로 훌륭한 사람은 자신을 전혀 드러내지 않기 때문에 흐리멍덩한 바보같이 보이게 마련이다. 제15장에서 "옛날의 훌륭한 노릇을 한 사람"(古之善爲士者)은,

> 조심스럽기 겨울에 냇물을 건너는 듯하고, 우물쭈물하기 사방의 이웃을 모두 두려워하는 듯하고, 위엄있기 손님 노릇을

하는 듯하고, 거침없기 얼음이 확 풀리듯 하고, 독실하기 소박한 나무 등걸 같고, 넓직하기 산골짜기 같고, 흐릿하기 흙탕물 같다.
　豫若冬涉川, 猶若畏四隣, 儼若客, 煥若冰將釋, 敦若樸, 曠若谷, 渾若濁.

고 하였다. 제20장에서도,

　나는 홀로 무위함으로써 기쁨과 슬픔의 조짐을 드러내지 않고 웃을 줄도 모르는 갓난아기와도 같고, 매인 데가 없어 돌아갈 곳도 없는 것과 같다. 여러 사람들은 모두 남음이 있는 듯하지만 나만 홀로 모두 잃은 듯하다. 나는 어리석은 사람의 마음을 지니고 있어서 멍청하기만 하다. 속인들은 사리에 밝지만 나만 홀로 사리에 어두운 듯하다. 속인들은 똘똘하지만 나만 홀로 흐릿하다. 담담하기 바다와 같고, 바람이 살랑거리듯 멈추는 곳이 없는 듯하다. 여러 사람들은 모두 뚜렷한 목적이 있지만 나만 홀로 어리석고 천한 듯하다.
　我獨泊兮, 其未兆, 如嬰兒之未孩, 儽儽兮, 若無所歸. 衆人皆有餘, 而我獨若遺. 我愚人之心也哉, 沌沌兮. 俗人昭昭, 我獨若昏. 俗人察察, 我獨悶悶. 澹兮其若海, 飂兮若無所止. 衆人皆有以, 而我獨頑似鄙.

고 하였다. 제67장에서는,

　천하에서 모두 나의 도는 크기만 했지 못난 것 같다고 말한다. 그것이 크기 때문에 못난 것 같은 것이다.
天下皆謂我道大似不肖. 夫唯大, 故似不肖.

라고 말하고 있다. 곧 못나고 어리석고 흐리멍덩한 듯이 보이는 것은 바로 노자의 〈도〉의 속성인 것이다. 제4장에서 〈도〉란,

그 예리한 것을 꺾고 분규를 해결하며, 그 빛나는 것을 조화시키고 그 중의 먼지 같은 것과 함께 어울린다.
挫其銳, 解其紛; 和其光, 同其塵.

하였는데, 제56장에서는 〈정말로 아는 사람〉은 그 예리한 것을 꺾고 분규를 해결하며, 밝은 빛을 조화시키고 먼지 같은 것과 함께 어울린다고 똑같은 표현을 하고 있다. 도를 터득한 사람뿐만 아니라 〈도〉 자체가 예리하지 않고 혼란하지 않으며, 빛나지 않고 먼지나 비슷한 흐리멍덩한 모양을 하고 있다는 것이다. 이것은 앞에서 얘기한 도의 성격은 일반적으로 부드럽고 약한 상태로 나타난다는 원리와도 통하는 것이다.

그러기에 노자는 사람들에게 "겸손하고" "남의 아래쪽에 처신하고" "남보다 뒤처질 것"을 설교한다. 그것은 "모든 귀한 것이란 천한 것으로써 근본을 삼고 있고, 높은 것은 낮은 것으로써 기초를 삼고 있기 때문이다."(故貴以賤爲本, 高以下爲基. —제39장) 남보다 낮고 남보다 뒤지게 처신하다는 것은 자신의 양생을 위해서뿐 만이 아니라 큰일을 이룩하기 위해서도 필요한 원리라고 생각하였다.

암컷은 언제나 고요함으로써 활동적인 수컷을 이겨내는데, 고요함으로써 겸손하게 처신하기 때문이다. 그러므로 큰 나라로써 작은 나라에 대하여 겸손하게 처신하면 곧 작은 나라를 취하게 된다. 작은 나라로써 큰 나라에 대하여 겸손하게 처신하면 곧 큰 나라를 취하게 된다.

牝常以靜勝牡, 以靜爲下. 故大國以下小國, 則取小國. 小國以下大國, 則取大國. －제61장

그러므로 성인은 백성들의 윗자리에 있으려 한다면 반드시 말을 함에 있어 자신을 낮추었다. 백성들의 앞자리에 서려 한다면 반드시 자신을 그들 뒤로 미루었다.

是以聖人欲上民, 必以言下之. 欲先民, 必以身後之. －제66장

그래서 노자는 훌륭한 덕의 상징으로서 물을 들어 설교하였다.

최상의 선이란 물과 같은 것이다. 물의 선함은 만물을 이롭게 해주고 있지만 다투지 아니하며, 여러 사람들이 싫어하는 낮은 위치에 처신한다. 그러므로 거의 도에 가까운 것이라 할 수 있다. 처신은 땅과 같이 훌륭하게 되고, 마음은 심연과 같이 훌륭하게 되며, 남에게 주는 것은 인애함과 사랑으로써 잘하게 되고, 말은 신의가 있어 훌륭하게 되며, 정치는 잘 다스려져 훌륭하게 되고, 일은 능력이 있어 훌륭하게 되며, 행동은 때에 알맞아 훌륭하게 되는 것이다. 오직 다투는 일이 없기 때문에 아무 탈도 없게 되는 것이다.

上善若水. 水善, 利萬物而不爭, 處衆人之所惡, 故幾於道. 居善地, 心善淵, 與善仁, 言善信, 政善治, 事善能, 動善時. 夫唯不爭, 故無尤. -제8장

천하의 부드럽고 약한 것으로는 물보다 더한 것이 없지만, 굳고 강한 것을 공격하는 데 있어서는 물보다 더 나은 것이 없으니, 그 아무것으로도 이에 대신할 수는 없는 것이다.
天下莫柔弱於水, 而攻堅强者, 莫之能勝, 其無以易之.
-제78장

물의 다투지 않는 훌륭한 성질은 다시 다음 절의 병법을 논할 때 자세히 얘기할 예정이다. 노자는 물처럼 부드럽고 약하며 아래로만 처신하는 것이 가장 강할 수 있는 태도임을 역설하고 있다.

이처럼 겸손하게 처신하는 사람은 물질적으로는 당연히 검소하게 마련이다. 노자는 제67장에서,

나에게는 〈세 가지 보배〉가 있는데, 그것을 받들어 보배로 삼고 있다. 첫째는 자애로움이요, 둘째는 검약이요, 셋째는 감히 천하에서 앞서지 않는 것이다.
夫我有三寶, 持而寶之. 一曰慈, 二曰儉, 三曰不敢爲天下先.

라고 선언하고 있다. 〈자애로움〉이란 〈인자〉함 또는 〈인〉과도 통하는 말로서 "겸손하게 처신하는 태도로 남을 생각하고 남을

대하는 태도"이다. 〈검약함〉이란 말할 것도 없이 "겸손하게 처신하는 태도로 살아가는 방법"이며, "감히 천하에서 앞서지 않는다."는 것은 "겸손하게 처신하는 태도로 스스로가 처신하는 방법"인 것이다. 이처럼 노자의 〈보배〉는 모두가 남보다 낮게 처신하고 남보다 뒤처져야 한다는 것이다. 그리고 그것은 겸손하게 처신한다는 사상과 관련이 있는 것이다. 다시 제29장에서는,

그래서 성인은 심한 짓을 하지 않고, 사치한 짓을 하지 않으며, 교만한 짓을 하지 않는다.
是以聖人, 去甚, 去奢, 去泰.

하였다. 이 밖에도 《노자》에서 검약할 것을 설교한 대목이 여러 군데 보인다.

황금과 옥이 집안에 가득 차면 그것을 지킬 수가 없게 된다. 부귀함으로써 교만하다 보면 스스로 그로 인한 허물을 입게 된다.
金玉滿堂, 莫之能守. 富貴而驕, 自遺其咎. −제9장

얻기 어려운 재물이란 사람들의 바른 행동을 방해하는 것이다.
難得之貨, 令人行妨. −제12장

자신과 재물은 어느 것이 더 소중한가? … 그러니 심히 아끼

면 반드시 크게 손실을 받게 되고, 많이 지니고 있으면 반드시 크게 잃게 된다.

身與貨孰多? … 是故甚愛大費, 多藏必厚亡. -제44장

문채가 아름다운 옷을 입고, 날카로운 칼을 차고, 실컷 먹고 마시며 남아 돌아가는 재물을 지니고 있다면, 이는 뽐내는 도둑이라 불러야 할 자이다.

服文綵, 帶利劍, 厭飮食, 財貨有餘, 是謂夸盜. -제53장

욕심이 없어야 함을 주장하는 노자이니 물욕과 사치를 반대하는 것은 너무도 당연한 일이라 할 것이다. 사람은 언제나 자기의 처지에 만족하고 더 이상의 것을 추구하려고 무리하게 애쓰지 말아야만 한다.

그래서 "그러므로 만족할 줄 알면 욕을 당하지 아니하고, 멈출 줄 알면 위태롭지 않게 되며, 오래도록 자신을 보전할 수 있게 된다."(故知足不辱, 知止不殆, 可以長久. -제33장), "만족을 아는 사람은 부자이다."(知足者富. -제33장), "그러므로 만족할 줄 앎으로써 만족을 하게 되면 언제나 만족스럽게 되는 것이다."(故知足之足, 常足. -제46장) 등의 말을 하고 있는 것이다.

세상 사람들의 일반적인 가치판단이 모두 상대적인 것이며 절대적인 것이 못 된다는 사실을 인식하면, 그 사람은 더 이상 추구할 것이 없게 되고 언제나 만족하게 될 것이다.

그리고 그 사람은 언제나 검소하고 남에게 겸손하게 처신하는 태도를 지니게 될 것은 말할 나위도 없다.

5. 지식론

노자는 일반적인 지혜 뿐만이 아니라 지식 또는 지각 자체를 부정한다. 앞에서 얘기한 노자의 양생론이나 가치관과도 관계있는 것이지만, 이것은 다시 반학문(反學問) 반문화(反文化)적인 논리에까지 발전하고 있어 따로 떼어 설명하기로 하였다.

노자는 앞에서도 약간 언급되었지만 사람들의 일반적인 지혜나 지식을 거부한다.

> 성(聖)스러움을 끊어버리고 지혜를 버리면 백성들의 이익은 백배로 늘어난다.
> 絕聖棄智, 民利百倍. —제19장

> 지혜가 생겨나면서 대단한 거짓이 있게 되었다.
> 志慧出, 有大僞. —제18장

고 하면서 노자는 지혜가 사람들을 불행케 만드는 원인이라 생각했었다. 그러기에,

> 백성을 사랑하고 나라를 다스리되 아는 것이 없도록 만들어야 한다.
> 愛民治國, 能無知乎. —제10장

> 백성들을 다스리기 어려운 것은 그들에게 지혜가 많기 때문

이다.

民之難治, 以其智多. －제70장

라고 하면서, 자신이 지혜를 버릴 뿐만이 아니라 모든 사람들이 지혜를 버리도록 만들어야 한다고 강조하였다.

한자의 〈지(知)〉와 〈지(智)〉는 서로 통하는 글자이며, 〈지혜〉뿐만이 아니라 〈지식〉의 뜻도 지니고 있다. "잘 아는 사람은 말하지 않고, 말하는 사람은 알지 못하는 것이다."(知者不言, 言者不知. －제56장), "알면서도 알지 못하는 듯하는 것이 훌륭한 태도이고, 알지 못하면서도 아는 체하는 것은 병폐이다."(知不知上, 不知知病. －제71장)라고 할 때의 〈지〉는 지혜보다는 지식 쪽의 뜻을 지닌 것으로 봄이 옳으며, 이것은 반지식의 선언인 것이다.

노자가 "세상 사람들은 모두 아름답게 보이는 것을 아름다운 것이라 여기고 있지만 그것은 추한 것이다. 모두가 선하게 보이는 것을 선한 것이라 여기고 있지만 그것은 선하지 않은 것이다."(天下皆知美之爲美, 斯惡已. 皆知善之爲善, 斯不善已. －제2장)라고 말하고 있는 것을 보면, 지혜나 지식이 문제가 아니라 지각 자체를 부정하고 있다고 보아야 할 것이다. 그의 무위하고 욕심이 없고 사사로움이 없어야 한다는 이론이 아는 것이 없는 것에까지 발전하는 것은 너무나 당연하다. 노자가 여러번 덕을 잘 닦은 사람의 모양을 "흐리멍덩하고" "어리석다"고 표현하고 있는 것은 그가 아는 것이 없는 것의 상태에 놓여 있기 때문인 것이다.

이러한 노자로서는 일반적인 학문을 반대하는 것이 너무나 당연한 일이라 할 것이다. 제20장에서는 "학문을 끊어 버리면 걱정이 없게 된다."(絕學無憂)라고 잘라 말하고 있다. 노자는 학문을 한다는 것은 결국 한계가 있고 불완전한 사람의 이성을 가지고 무한하고 완전한 진리를 탐구하려는 행위라고 생각한 것이다. 이런 무모한 행위가 사람들에게 근심 걱정을 안겨주고 사람들을 불행하게 만든다는 것이다. 제48장에서는 이런 말을 하고 있다.

> 학문을 하면 날로 지식이 늘어나지만 도를 닦는 일을 하면 날로 지식이 줄어든다. 지식이 줄어들고 또 줄어들어서 무위함에 이르게 되는데, 무위하게 되면 이룩하지 않는 일도 없게 되는 것이다.
> 爲學日益, 爲道日損. 損之又損, 以至於無爲, 無爲而無不爲.

결국 지식을 얻고 능력을 기르려는 학문이란 도에 어긋나는 행위라는 것이다. 그래서 노자는 "배우지 않는 것을 학문으로 삼아라."(學不學. -제64장) 하고 가르치고도 있다. 모든 지식과 능력을 버리고 어리석은 상태로 있는 것이 무위한 도에 합당한 처신이라는 것이다. 왕필이 주에서 설명하고 있는 것처럼 "어리석다는 것은 아는 것이 없이 참됨을 지키며 자연을 따르는 것"이기 때문이다.

이토록 노자의 사상은 반문명 반문화적이다. 노자가 생각하는 무위하고 맑고, 고요하고, 텅 비고, 소박한 인간이란 사람의 때가 묻지 않은 자연세계에 있어서의 동물이나 식물에 가까운 상태인 것처럼 느껴진다. 지각조차도 부정하고 나면 공중에 떠다니는 구름이나 땅 위에 굴러다니는 돌덩이나 같은 것으로까지 느껴진다.

그러나 사람이란 지각을 지니고 있기 때문에 노자도 그러한 사실까지도 부정할 수는 없었을 것이다. 그러면 노자가 생각했던 진실한 앎이란 어떤 것이었을까? 그것은 사람들 스스로에 대하여 아는 것과 참된 도의 성격을 이해하는 것이다 노자는,

스스로를 잘 알기는 하지만 자신을 드러내지는 않는다.
自知不自見. -제72장

수컷의 강함을 알고서 암컷의 약함을 지킨다. … 그 결백함을 알고서 그 더럽혀진 검은 것을 지킨다. … 그 영화로움에 대하여 알고서 그 욕된 상태를 지킨다.
知其雄, 守其雌, … 知其白, 守其墨, … 知其榮, 守其辱.
-제28장

라는 말을 하고 있는데, 이것은 결국 무엇이 도에 합당한 일인가를 알아야만 한다는 것이다. 이러한 이론은 여러 군데에 더 보인다.

남을 아는 사람은 지혜로운 이이고, 자신을 아는 사람은 총

명한 이이다. … 만족을 아는 사람은 부자이다.
知人者智, 自知者明. … 知足者富. -제33장

문을 나서지 않고도 천하의 일을 안다.
不出戶知天下. -제47장

조화를 아는 것을 법도에 맞는 것이라 하며, 법도에 맞는 것을 아는 것을 밝음이라 한다.
知和曰常, 知常曰明. -제55장

그러므로 만족할 줄 알면 욕을 당하지 아니하고, 멈출 줄 알면 위태롭게 되지 않는다.
故知足不辱, 知止不殆. -제44장

노자가 이처럼 〈앎〉에 대하여 얘기하고 있다는 것은, 제33장에서 〈지혜〉와 〈총명함〉·〈부〉에 대하여 설교한 것과 아울러 생각할 때 아무리 그것들이 진실한 것이라 하더라도 모순되는 이론이 아닐 수가 없다. 이미 어떤 것은 진실이고, 어떤 것은 허위이며, 이것은 올바른 일이고 저것은 그릇된 일이라는 구별이나 판단 자체가 그의 〈무위〉의 원리에 어긋나는 것이기 때문이다. 그러나 노자는 사람의 지각을 완전히 부정할 수가 없었기 때문에 "도에 합당한 앎"이란 것을 생각하고 있었던 것 같다. 제52장에서는,

천하에는 처음이 있었는데, 그것이 천하의 어머니가 되었다. 그 어머니를 터득함으로써 그 자식을 알고, 그 자식을 앎으로써 다시 그 어머니를 지키게 된다.
　天下有始, 以爲天下母. 旣得其母, 以知其子. 旣知其子, 復守其母.

고 말하고 있다. 왕필은 이 대목의 주에서 "어머니는 근본[本]이고, 자식은 말단[末]이다. 근본을 터득하면 말단에 대해서도 알게 되는데, 근본을 버리지 않고 말단을 추구하기 때문이다."고 설명하고 있다. 그러나 필자는 여기의 〈어머니〉란 천하의 근본이 되는 〈도〉를 뜻하며, 〈자식〉이란 그 도의 효용인 〈덕〉을 뜻하는 것이라 본다. 따라서 노자가 말하는 참된 앎이란 도에 대하여 올바로 알고 덕에 대하여 올바로 이해하는 것이 된다.

제3절
도술(道術)

　도술이 일종의 술법이며 기교에 속하는 것이라면, 아무리 도를 바탕으로 한 술법이라 하더라도 노자의 무위하고 하는 일이 없어야 한다는 사상의 근본 원리와 모순되지 않을 수가 없을 것이다. 그러나 인간이란 먹고 자며, 움직이고 생각하고 느끼는 동물이기 때문에 완전히 자연의 풀과 나무나 흙과 돌 같은 상태에 놓여 있을 수는 없다. 더구나 사람은 남과 어울려야만 하고, 사회를 올바로 다스려야만 한다는 것을 전제로 할 때 완전한 무위나 무사는 있을 수가 없다. 이에 노자도 도에 합당하게 올바로 움직이고 올바로 생각하며 제대로 느끼는 방법을 생각하지 않을 수가 없었을 것이다. 이에 노자가 생각하는 올바른 처신과 올바로 일에 대처하는 방법과 올바로 세상을 다스리는 방법, 올바로 전쟁을 수행하는 방법 등을 한데 묶어 〈도술〉이라 부르게 된 것이다. 사실 〈도술〉이란 말을 들으면 노자는 무척 화를 낼 법한 일이지만 도를 따르는 노자의 방법은 오묘한 술법의 경지처럼 느껴지기에 그렇게 부르는 것이다. 노자 스스로 성인은 "말로 하지 않는 가르침을 행한다."(行不言之敎. -제2장), "상급의 선비는 도에 관한 말을 들으면 부지런히 그것을 행한다." (上士聞道, 勤而行之. -제41장)하였으니, 아무리 도에 합당한 행위라 하더라도 "행한다."는 것은 완전한 무위가 아닌 것이다. 《노자》제11장에서,

> 서른 개의 수레바퀴 살이 한 개의 바퀴통에 집중되어 있는데, 바퀴통 중간에 아무것도 없음으로써 수레는 그 효용을 지니게 된다. 진흙을 반죽하여 그릇을 만들었을 때, 그 중간에 아무것도 없음으로써 그릇은 효용을 지니게 된다. 문과 창을 내어 집을 만들었을 때 그 중간에 아무것도 없음으로써 집은 효용을 지니게 된다. 그러므로 유(有)가 유익한 것이 되는 것은 무(無)의 효용이 있기 때문인 것이다.
> 三十輻共一轂, 當其無, 有車之用. 埏埴以爲器, 當其無, 有器之用. 鑿戶牖以爲室, 當其無, 有室之用. 故有之以爲利, 無之以爲用.

라고 말하고 있다. 이처럼 무의 효용을 통한 유의 기능 발휘나 무위를 바탕으로 한 유위한 행동이나 처신을 얘기하자니 묘한 술법이 되지 않을 수가 없는 것이다. 노자 스스로 "말로 하지 않는 가르침과 무위의 이익은 천하에 이것을 따를 것이 드물

다."(不言之教, 無爲之益, 天下希及之. -제43장)고 얘기하고 있듯이 무위고 하는 일이 없는 것이고 간에 그것이 사람들에게 "이로운 것"이라는 전제가 붙는 이상 그것은 술법과 같은 것이 되지 않을 수 없을 것이다.

1. 처신(處身)과 처사(處事)

노자는 사람으로서 움직이고 행동을 하지 않을 수 없지만 모든 처신이나 행동에 있어 그 흔적을 드러내지 말라고 하였다. 도에 따라 행동하는 사람이 "생성시키고도 차지하지 않으며, 행동을 하더라도 의지하는 데가 없고, 생장케 하면서도 지배하지 않는다."(生而不有, 爲而不恃, 長而不宰. -제10장)고 했듯이, 행위의 뚜렷한 목적이나 자기를 위하려는 노력이 없음으로써 그것은 가능한 것이다. 제27장에서,

> 길을 잘 가는 사람은 지난 자국을 남기지 않고, 말을 잘 하는 사람은 트집잡을 흠이 없으며, 셈을 잘 하는 사람은 셈 가치를 쓰지 아니한다. 문을 잘 닫는 사람은 빗장과 자물쇠가 없더라도 열 수가 없게 하고, 잘 묶는 사람은 새끼줄로 묶지 아니하더라도 풀 수가 없게 한다.
> 善行無徹迹, 善言無瑕讁, 善數不用籌策. 善閉無關楗而不可開, 善結無繩約而不可解.

고 하였다. 자취도 남기지 않고 길을 간다거나 흠잡을 데가 없는 말을 하고 셈 가치 없이 어려운 계산을 한다는 것은 말처럼 그렇게 쉬운 일이 아니다. 더구나 빗장이나 자물쇠 없이도 남이 열지 못하도록 문을 닫는다든가 새끼줄 없이도 남이 풀 수 없도록 묶는다는 것은 더욱 어려운 기교에 속한다. 제54장에서는,

　　잘 세워 놓은 것은 뽑히지 않으며, 잘 끌어안고 있으면 떨어져 나가지 않는다.
　　善建者不拔, 善抱者不脫.

고도 하였다. 문제는 노자가 생각한 "잘 하는 것"이란 어떻게 하는 것이냐는 것이다. "잘 한다."고 하는 이상 그것은 아무것도 하지 않는 것이 될 수는 없을 것이다. 노자는 "잘 하는" 술법을 여러 가지로 설명하고 있다.
　먼저 도의 〈반〉의 원리를 응용해서 자기가 실제로 바라는 방향과는 반대의 행동을 하라고 역설한다.

　　무엇이든 오므라들게 하려면 반드시 일시적으로 그것을 벌려준다. 무엇이든 약하게 만들려면 반드시 일시적으로 그것을 강하게 해준다. 무엇이든 패멸시키려면 반드시 일시적으로 그것을 흥성케 해준다. 무엇이든 뺏으려면 반드시 일시적으로 그것을 내준다. 〈미묘한 밝은 원리〉라 말하는 것이다.
　　將欲歙之, 必固張之. 將欲弱之, 必固强之. 將欲廢之, 必固興之. 將欲奪之, 必固與之. 是謂微明 −제36장

노자는 자신의 도술을 "미묘한 밝은 원리[微明]"라 부르고 있는데, 어떻든 이것은 일종의 술책임에 틀림없다. 무엇이든 극점에 달하면 그 반대의 방향으로 발전하게 마련이기 때문이라고 이해되기보다는, 정반대의 뜻을 보여줌으로써 상대방을 방심시키려는 권모술수에 가까운 낌새까지도 느끼게 한다.

어려운 일을 도모함에 있어서는 그것이 쉬울 때 처리하도록 하며, 큰 일을 처리함에 있어서는 그것이 자그마할 때 해결하여야 한다. 천하의 어려운 일은 반드시 쉬운 일로부터 생겨나고, 천하의 큰 일이란 반드시 자그마한 일로부터 생겨나는 것이기 때문이다.
圖難於其易, 爲大於其細. 天下難事, 必作於易; 天下大事, 必作於細. —제63장

작은 일이 커지고 쉬운 일이 복잡하게 발전하여 어렵게 된다는 것은 누구나 다 아는 원리이다. 따라서 일은 작고 하기 쉬울 때 처리해야 한다. 노자는 "그래서 성인은 큰 일을 하려들지는 않지만 큰 일을 완성시킬 수가 있는 것이다."(是以聖人, 終不爲大. 故能成其大. —제63장)라고 말하고 있지만, 모든 일을 쉽고 작을 때 해낸다는 것은 보통 사람으로서는 쉽지 않은 일이다. 무위하고 하는 일이 없어야 한다는 이론과는 반대가 될 만큼 자기 주위의 모든 일에 세심하고 빈틈없는 주의를 기울이고 있어야만 그것이 가능하다 할 것이다.

일이란 평안한 상태에서 유지하기가 쉽고, 문제의 조짐이 드러나기 전에 도모하기가 쉬운 것이다. 여리고 약할 때에는 깨뜨리기 쉽고, 미세 할 때에는 흩어버리기 쉬운 것이다. 문제가 생기기 전에 처리하고, 혼란해지기 전에 다스려야만 한다. 한 아름의 큰 나무도 터럭 끝만한 싹으로부터 생겨난 것이고, 아홉 층의 높은 누대(樓臺)도 한줌의 흙을 쌓는 데서부터 세워진 것이며, 천리 길도 한 발자국을 내딛는 데서부터 가게 되는 것이다.

其安易持, 其未兆易謀. 其脆易破, 其微易散. 爲之於未有, 治之於未亂. 合抱之木, 生於毫末; 九層之臺, 起於累土; 千里之行, 始於足下. -제64장

언제나 평안한 상태를 유지할 수 있고 또 아무런 조짐도 드러나기 전에 일을 미리 처리할 수만 있다면 무위한 상태로 지낼 수 있을는 지도 모른다. "문제가 생기기도 전에 일을 처리하고 혼란해지기 전에 다스린다."는 것은 "문제가 생겨나지 않도록 하고 혼란이 일어나지 않도록 미리 조치한다."는 것을 뜻한다. 노자는 그래서 "성인은 무위하며 그러므로 실패가 없다."(聖人無爲, 故無敗. -제64장)라고 하였지만, 실제로는 문제가 생기지 않도록 미리 조치하고 혼란이 일어나지 않도록, 미리 잘 다스린다는 것은 일어난 문제를 처리하고 혼란한 것을 다스리는 것 이상으로 어려운 일이다. 어려운 문제나 사회의 혼란이 그 사람 자신과는 관계없이 남에 의하여 일어나는 것이라면, 그것들을 미리 조치한다는 것은 자신이 무위함으로써 될 수는 없는 일일 것이다.

이렇게 따져 보면 노자의 〈도술〉에는 논리상 모순이 없을 수가 없다. 그렇지만 노자의 이러한 교훈들은 사람이 처신하는데 있어 올바른 일면을 가르치고 있는 것은 사실이다. 너무 악착같이 직선적으로 어떤 일에 매달리는 것이 오히려 그 일을 그르치는 경우가 세상에는 흔하기 때문이다.

2. 정치론

노자는 무위로써 세상을 다스린다는 것이 그의 정치 이상이었다.

> 천하를 취하여 그것은 인위로 다스리려 하는 것은 불가능한 일이라고 나는 본다. 천하란 오묘한 그릇이어서 인위로 다스릴 수가 없는 것이다. 인위로 다스리려는 자는 그것을 망치고, 거기에 집착하는 자는 그것을 잃을 것이다.
> 將欲取天下爲之, 吾見其不得已. 天下神器, 不可爲也. 爲者敗之, 執者失之. —제29장

> 백성들은 아무도 명령하지 않아도 스스로 고루 다스려지게 된다.
> 民莫之令, 而自均. —제32장

천하를 취함에 있어서는 언제나 하는 일이 없음으로써 하여

야 한다. 그에게 일이 있게 되면 천하를 취하지 못하게 되는 것이다.
　　取天下, 常以無事. 及其有事, 不足以取天下. －제48장

　세상은 인위적으로 다스리지 않고 아무런 일에도 집착하지 않으며, 명령하는 일 없이도 스스로 다스려지도록 되어야만 한다는 것이다.
　성인은 노자에게 있어 이상적인 인간형인 동시에 이상적인 통치자이기도 하다. 이미 앞에서 성인은 무위함을 설명하였지만 정치를 하는 데 있어서도 〈무위〉로써 한다고 하였다.

　　그래서 성인은 무위하게 일에 처신하며, 말로 하지 않는 가르침을 행한다.
　　是以聖人處無爲之事, 行不言之敎. －제2장

　　성인도 인하지 않으니 백성들을 짚으로 만든 개처럼 버려둔다.
　　聖人不仁, 以百姓爲蒭狗. －제5장

　따라서 성인은 자기를 드러내지 않고 언제나 하는 일도 없고 욕심도 없으며 남보다 겸손하게 처신하며 맑고 고요한 태도로 나라를 다스리게 되는 것이다. 심지어 성인은 백성을 다스리는 자리에 있게 된다 하더라도 무위하여, 일반적인 관점에서 보면 인하지 않은 것처럼 보이기도 한다. 제57장에서,

그러므로 성인께서 말씀하시기를, 내가 무위함으로써 백성들은 스스로 교화되고, 내가 고요함을 좋아함으로써 백성들은 스스로 올바르게 되고, 내가 하는 일이 없음으로써 백성들은 스스로 부해지고, 내가 욕심이 없음으로써 백성들은 스스로 소박해진다고 하셨다.
故聖人云; 我無爲而民自化, 我好靜而民自正, 我無事而民自富, 我無欲而民自樸.

고 한 것은 성인의 그러한 다스림을 설명한 말이다.

그러나 노자 스스로 "큰 나라를 다스리는 것은 작은 생선을 굽는 일과 같다."(治大國, 若烹小鮮. -제60장), "올바름으로 나라를 다스려야 하고, 묘한 책략으로 용병(用兵)을 하여야 한다."(以正治國, 以奇用兵. -제57장), "나라의 이기(利器)는 남에게 보여주어서는 안되는 것이다."(國之利器, 不可以示人. -제36장)라는 등의 말을 하고 있는 것을 보면, 노자 자신도 나라를 다스린다는 것은 이미 남과의 접촉이나 혼란의 해결을 뜻하는 것이므로 도에 따른 미묘한 술법을 이용하지 않으면 안 된다고 생각했던 것 같다. 앞에서도 노자 스스로 나라의 〈이기〉라는 말을 쓰고 있거니와, 그 자신이 다스림을 위한 정치제도 자체를 부인하지 않고 있는 것이다.

그러므로 천자를 세우고 삼공을 두도록 하였다.
故立天子, 置三公. -제62장

소박함이 흩어지면 곧 그릇 같은 사람이 된다. 성인은 그러한 사람들을 등용하여 관청의 우두머리로 삼는 것이다.
樸散則爲器, 聖人用之, 則爲官長. -제28장

언제나 죽음을 다스리는 분이 따로 있어 사람을 죽이게 되는 것이다. 죽음을 다스리는 분을 대신하여 사람을 죽이는 것을 '위대한 목공을 대신하여 나무를 깎는 것'이라 말한다. 위대한 목공을 대신하여 나무를 깎는 사람으로서 그의 손을 다치지 않을 사람은 드물 것이다.
常有司殺者殺. 夫代司殺者殺, 是謂代大匠斲. 夫代大匠斲者, 希有不傷其手矣. -제74장

노자는 일반 관리뿐만 아니라 사형을 집행하는 관리까지도 인정하고 있는 듯이 느껴진다. 노자는 이처럼 다스림과 다스림의 제도를 인정하고 있으니, 그 독특한 다스림의 술법이 있지 않으면 안 될 것이다. 어떤 사람이 다른 사람들을 다스리고 또 그 다스리는 제도를 마련했다는 것은 노자가 이상으로 만든 〈무위의 다스림〉이 완전히 이루어지지 않았기 때문일 것이다. 사회의 혼란과 여러 가지 서로 다른 욕망을 지닌 사람들을 다스린다는 것을 전제로 할 때 거기에 오묘한 술법을 응용하지 않는다면 어떠한 다스림도 효과를 거둘 수가 없을 것이다.

그러면 천하를 다스리는 데 필요한 노자의 도술은 어떠한 것인가? 제67장에서 "첫째 자애로움, 둘째 검약, 셋째 감히 천하에서 앞서지 않음"(一曰慈, 二曰儉, 三曰不敢爲天下先.)의 세

가지를 〈세 가지 보배〉라 말하고 있는데, 이 〈세 가지 보배〉가 바로 노자의 정치술을 요약한 것이라 할 수 있다.

첫째; 자애로움이란 인자와도 통하여 남을 위하려는 마음가짐이다. 제27장에서 "성인은 언제나 사람들을 잘 구제하기 때문에 돌보지 않고 버려지는 사람이 없게 된다. 언제나 물건을 잘 구원하기 때문에 돌보지 않고 버려지는 물건이 없게 된다."(是以聖人常善救人, 故無棄人. 常善救物, 故無棄物.)하였는데 이것이 바로 〈자애로움〉의 행동인 것이다. 다시 제49장에서는 "성인은 일정한 마음을 갖지 아니하고 백성들의 마음으로써 자기 마음을 삼는다."(聖人無常心, 以百姓心爲心.)하였는데, 이 〈자애로움〉 때문에 성인은 언제나 자기를 버리고 백성들의 입장에 있고 백성들과 마음을 함께 하는 것이다.

덕에 대한 개념에는 큰 차이가 있지만 노자도 공자나 마찬가지로 〈덕〉을 가지고 백성을 다스려야만 한다고 생각하였다. 노자는 "덕을 두터이 지니고 있는 사람은 갓난아기에 비유할 수 있다."(含德之厚, 比於赤子. -제55장)고 하였으니, 덕을 닦은 사람이란 〈무위〉의 경지를 이룩한 사람을 가리킨다. 그러나 나라를 다스리는 〈덕〉이란 완전한 〈무위〉의 상태만을 뜻하지는 않는 것 같다.

사람들을 다스리고 하늘을 섬기는 일은 농사를 짓듯이 하는 것보다 더 좋은 것은 없다. 오직 농사를 짓듯이 하는 것을 일찍부터 자연의 이치를 따르는 것이라 말한다. 일찍부터 자연의 이치를 따르는 것을 두터이 덕을 쌓는 것이라고도 말한다. 두터이 덕을 쌓게 되면 곧 극복하지 못하는 게 없게 된다.
治人事天, 莫若嗇. 夫唯嗇, 是謂早服. 早服, 謂之重積德. 重積德, 則無不克. −제59장

위에서 "두터이 덕을 쌓는다." 하였으니, 그것이 농사를 짓듯 자연의 원리를 따르는 것이라 하더라도 완전한 〈무위〉는 아닌 것이다. 오히려 〈무위〉를 근거로 한 덕을 이용하여 다스리는 술법이라 말하는 게 좋을 정도이다.

그것은 유가의 "수신(修身)·제가(齊家)·치국(治國)·평천하(平天下)"(《大學》 참조)라는 덕치주의의 방법과 비슷한 노자의 덕으로 나라를 다스린다는 개념에서 더욱 두드러진다. 제54장에서 노자는 다음과 같은 말을 하고 있다.

〈도〉를 잘 세워 놓으면 뽑히지 아니하며, 잘 끌어안고 있으면 떨어져 나가지 않는다. 그렇게 한 이는 자손들의 제사가 끊이지 않게 될 것이다. 그러한 것을 자신이 닦고 있으면 그의 덕은 곧 참되게 될 것이다. 그러한 것을 집안이 닦고 있다면 그 덕은 곧 남음이 있게 될 것이다. 그러한 것을 고을이 닦고 있다면 그 덕은 곧 영원해질 것이다. 그러한 것을 나라가 닦고 있다면 그 덕은 곧 풍성해질 것이다. 그러한 것을 천하가 닦고 있다면 그 덕은 곧 널리 퍼지게 될 것이다.
善建者不拔, 善抱者不脫. 子孫祭祀不輟. 修之於身, 其德乃眞. 修之於家, 其德乃餘. 修之於鄕, 其德乃長. 修之於國, 其德乃豐. 修之於天下, 其德乃普.

〈수신(修身)〉의 내용이 《대학》에서 처럼 "사물의 이치를 탐구하고(格物)" "지식을 얻고(致知)" "뜻을 정성되게 하고(誠意)" "마음을 올바로 갖는 것(正心)"이 아니라, "도를 잘 세우고(善建)" "잘 끌어안는 것(善抱)"이기는 하지만 노자도 개인이 우선 덕을 닦고, 그 덕을 온 집안에 펴며, 온 집안이 그 덕을 따르게 된 다음에는 다시 그것을 자기의 고을·나라·천하로 넓히고 발전시켜 나가야만 한다고 생각했던 것 같다.

둘째; 검약이란 경제적인 면에서의 덕이며 겸손하게 처신하는 것이다. 제53장에서는,

조정을 지나치게 잘 건사하면 나라의 밭은 매우 황폐해지고 백성들의 창고는 매우 텅 비게 된다. 문채가 아름다운 옷을 입고, 날카로운 칼을 차고, 실컷 먹고 마시며 남아 돌아가는 재물을 지니고 있다면, 이는 뽐내는 도둑이라 불러야 할 자이다.
朝甚徐, 田甚蕪, 倉甚虛. 服文綵, 帶利劍, 厭飮食, 財貨有餘, 是謂夸盜.

라고 하였다. 그래서 "성인은 심한 짓을 않고, 사치한 짓을 하지 않으며, 교만한 짓을 하지 않는다."(是以聖人, 去甚, 去奢, 去泰 -제29장)라고 한 것이다. "본시의 바탕을 드러내고 소박한 그대로를 지니며, 사사로움을 줄이고 욕망을 적게 가져야 한다."(見素抱樸, 少私寡欲. -제19장)라고 설교하는 노자로서는 당연한 얘기라 할 것이다.

근본적으로 노자는 부귀영화나 진귀한 보물 같은 것 자체를

별것이 아니라고 생각하였다.

　　황금과 구슬이 집안에 가득 차면 그것을 지킬 수가 없게 된다. 부귀함으로써 교만하다 보면 스스로 그로 인한 허물을 입게 된다.
　　金玉滿堂, 莫之能守. 富貴而驕, 自遺其咎. -제9장

　　얻기 어려운 재물이란 사람들의 올바른 행동을 방해하는 것이다.
　　難得之貨, 令人行妨. -제12장

　　그래서 성인은 욕망을 갖지 않으려 하며, 얻기 어려운 재물을 귀중히 여기지 않는다.
　　是以聖人欲不欲, 不貴難得之貨. -제64장

따라서 다스리는 사람은 욕심이 없어야 하고 사치를 하지 않아야 함은 물론, 다스림을 받는 백성들까지도 무욕하고 사치와 영예를 추구하지 않도록 만들어야 한다는 것이다.
　셋째; "감히 천하에서 앞서지 않는다."(不敢爲天下先.)는 것은 정치에 있어서의 겸손하게 처신하여야 한다는 원리를 뜻한다. 제7장에서도,

　　그래서 성인은 그 자신을 뒤로 미루지만 자신이 앞서게 되며, 그 자신을 도외시하지만 자신이 생존케 되는 것이다.
　　是以聖人後其身, 而身先; 外其身, 而身存.

라고 말하고 있다. 제66장에서는,

> 그러므로 성인은 백성들의 윗자리에 있으려 한다면 반드시 말함에 있어 자신을 낮추었다. 백성들의 앞자리에 있으려 한다면 반드시 그 자신을 그들 뒤로 미루었다. 그러므로 성인이 윗자리를 차지하고 있어도 백성들은 중히 여길 줄을 모르며, 앞자리를 차지하고 있어도 백성들은 해로운 것으로 여기지 않는다. 그렇기 때문에 온천하가 그를 추대하면서도 싫은 줄을 모른다.
>
> 是以欲上民, 必以言下之. 欲先民, 必以身後之. 是以聖人處上而民不重, 處前而民不害. 是以天下樂推而不厭.

라고 하였다. 제68장에서도 "사람을 잘 쓰는 사람은 남보다 아랫자리에 처신한다."(善用人者, 爲下)라고 하였다. 곧 나라를 다스리는 사람은 백성들보다도 낮게 처신하고 뒤처져 행동하여야만 한다는 것이다. 그러면 모든 백성들이 그가 윗자리에서 자신들을 이끌어주고 있다는 사실조차도 의식하지 못하면서 제대로 잘 따라오게 된다는 것이다. 제17장에서,

> 뛰어난 이가 임금 자리에 있으면 백성들은 그가 존재함을 알 따름이다. 그보다 못한 임금이면 백성들은 그를 친근히 여기고 그를 기린다. 그보다도 못한 임금이면 백성들이 그를 두려워한다. 그보다도 못한 임금이면 백성들이 그를 업신여긴다.
>
> 太上, 下知有之. 其次, 親之譽之. 其次, 畏之. 其次, 侮之.

하였다. 곧 가장 훌륭한 통치자란 백성들이 그런 사람이 있다는 사실만을 알게 하여야지 그가 자기네를 다스리고 도와주는 사람임을 알도록 하지는 않는다는 것이다.

그 때문에 정치를 하는 사람은 정령(政令)을 간소화시켜야만 한다. 제57장에서는,

> 천하에 꺼리어 금하는 게 많으면 백성들은 더욱 가난해진다. 백성들에게 편리한 기구가 많으면 국가는 더욱 혼란해진다. 사람들에게 기교가 많아지면 기괴한 사물이 더욱 생겨난다. 법령이 밝아질수록 도적들이 많아진다.
> 天下多忌諱, 而民彌貧. 民多利器, 國家滋昏. 人多技巧, 奇物滋起. 法令滋彰, 盜賊多有.

라고 하였다.

> 백성들이 죽음을 두려워하지 않는다면 어떻게 죽음으로써 그들을 두려워하게 할 수가 있겠는가?
> 民不畏死, 奈何以死懼之? -제74장

라고 말한 것도, 아무리 법과 형벌을 엄하게 하여 보았자 백성들이 다스리는 사람의 덕을 따르지 않으면 소용없는 일임을 강조한 말이다.

부세(賦稅)를 가볍게 하여야 함은 두말 할 나위가 없다. 제75장을 보면,

백성들이 굶주리는 것은, 그들을 다스리는 사람의 거두는 세금이 많기 때문에, 그래서 굶주리는 것이다. 백성들을 다스리기가 어렵게 되는 것은 그들을 다스리는 사람들이 인위적인 다스림을 하기 때문에, 그래서 다스리기 어렵게 되는 것이다. 백성들이 죽음을 가볍게 여기는 것은 그들을 다스리는 사람들이 생활을 풍족하게 하려고 들기 때문에, 그래서 죽음을 가볍게 여기게 되는 것이다.
　　民之饑, 以其上食稅之多, 是以饑. 民之難治, 以其上之有爲, 是以難治. 民之輕死, 以其上生生之厚, 是以輕死.

라고 하였다. "죽음을 두려워하지 않는다."는 것은 나라의 법을 두려워하지 않고 가볍게 여긴다는 것을 뜻한다. 그러니 정치를 하는 사람은 무위하고 검약할 것은 물론 백성들로부터 거둬들이는 부세를 가볍게 하여야만 한다. 제79장에서는,

　　덕이 있는 사람은 빌려 주는 계약문서나 맡고 있고, 덕이 없는 사람은 세금을 거두어들이는 일을 맡는다.
　　有德司契, 無德司徹. －제79장

라고 하면서 세금 자체를 부정하고 있다. "감히 천하에서 앞서지 않는다."고 가르친 노자의 정책으로서는 당연한 일이라 할 것이다.
　　겸손하게 처신하는 덕은 임금과 백성 또는 개인들 사이 뿐만이 아니라 나라와 나라 사이의 외교에까지도 적용시켜야 한다.

노자는 제61장에서,

> 그러므로 큰 나라로서 작은 나라에 대하여 겸손하게 처신하면 곧 작은 나라를 취하게 된다. 작은 나라로서 큰 나라에 대하여 겸손하게 처신하면 곧 큰 나라를 취하게 된다. 이와 같이 이편에서 겸손하게 처신하면 저편을 취하게 되고 저편에서 겸손하게 처신하면 이편을 취하게 된다.
> 故大國以下小國, 則取小國. 小國以下大國, 則取大國. 故或下以取, 或下而取.

고 하였다. 그에 따르면 큰 나라고 작은 나라고 간에 외국에 대하여 겸손하게 처신하는 태도를 취하여야만 그 나라가 더욱 커지고 발전하게 된다는 것이다.

이런 모든 정책이 제대로 시행되자면 백성들은 정말로 아무것도 모르고 어리석어야만 한다. 제3장에서는 이런 말을 하고 있다.

> 그래서 성인들 정치를 함에 있어서는 그들의 마음은 텅 비게 하되 그들의 배는 채워주며, 그들의 뜻은 약하게 만들되 그들의 뼈는 강하게 해준다. 언제나 백성들로 하여금 아는 것도 없고 욕망도 없게 만드는 것이다.
> 是以聖人之治, 虛其心, 實其腹; 弱其志, 强其骨. 常使民無知無欲.

백성들을 아무것도 모르고 아무것도 바라는 것이 없는, 자기

의 마음도 없고 뜻도 없는 동물과 같은 상태로 만들어 놓는다는 것이다. 제10장에서도,

    백성을 사랑하고 나라를 다스리되, 아는 것이 없도록 만들 수 있어야 한다.
    愛國治民, 能無知乎.

라고 하였다.
    이것은 말을 바꾸면 백성들을 극히 어리석은 상태로 만드는 것을 뜻하기도 한다. 제65장에서는,

    옛날에 도를 잘 닦았던 사람은 백성들을 총명하게 만들지 않고 그들을 어리석게 만들어 주었다. 백성들이 다스리기 어려운 것은 그들에게 지혜가 많기 때문이다.
    古之善爲道者, 非以明民, 將以愚之. 民之難治, 以其智多.

라고 하였다. 백성들은 아는 것도 없고 지혜도 없이 극히 어리석어야만 한다. 따라서 백성들에게 교육을 시킬 필요도 없고 특수한 기술을 가르칠 필요도 없다. 다스리는 사람은 오직 백성들의 생존을 위한 본능만을 충족시키도록 하여야 한다. 제12장에서,

    그래서 성인은 배를 위하기는 하지만 눈을 위하지는 않는다.
    是以聖人爲腹, 不爲目.

라고도 하였다. "배를 위한다."는 것은 백성들이 살아가는데 필요한 기본적인 의식주(衣食住) 같은 것만을 해결해 준다는 뜻이다. "눈을 위한다."는 것은 사람의 기본적인 살아가는 본능을 넘어선 감각적인 욕망을 충족시키는 것, 곧 아름다운 것을 듣고 보고 즐기는 것 같은 것을 말한다.

곧 정치는 도의 원리를 따라 "무위하면서도 하지 않는 일이 없는"(無爲而無不爲 -제37장) 경지에 이르러야 한다. 그것은 이상 얘기한 여러 가지 정치의 술법을 통하여야만 가능한 것이다. 그리하여 "만물을 생성시키고도 얘기하지 않고, 생겨나게 하고도 소유하지 않으며, 행동을 하더라도 의지하는 데가 없고, 공로를 이룩하더라도 그것을 내세우지 않음"(萬物作焉而不辭, 生而不有, 爲而不恃, 功成而不居. -제2장)으로써 "공이 이룩되고 일이 잘 이루어져도 백성들은 모두 우리가 자연히 그렇게 된 것이라고 말하는"(功成事遂, 百姓皆謂我自然. -제17장) 경지에 도달하여야만 한다는 것이다. 또 경제적으로는 "성인은 재물을 축적하지 않는다. 모두 그것을 남을 위하여 쓰지만 자기는 더욱 많이 갖게 되고, 모두 그것을 남에게 주지만 자기는 더욱 많아진다."(聖人不積, 旣以爲人, 己愈有, 旣以與人, 己愈多. -제81장)고 하는 경지를 이룩하여야만 한다는 것이다.

3. 후왕론(侯王論)

노자의 천하를 다스리는 천자나 나라를 다스리는 후왕(侯王)에 대한 개념은 독특하다. 《노자》만 보더라도 이에 대하여는 긍정적인 면과 부정적인 면이 뚜렷한 대조를 이루고 있다.
먼저 제16장에서,

일정한 법칙을 알면 모든 것을 용납하게 되고, 모든 것을 용납하면 공정해질 것이며, 공정해지면 왕자가 되고, 왕자가 되면 천연(天然)해질 것이며, 천연해지면 곧 도에 합당하게 될 것이다.
知常容, 容乃公, 公乃王, 王乃天, 天乃道.

또 제25장에서는,

그러므로 도란 위대한 것이며, 하늘도 위대하고 땅도 위대하고 왕도 역시 위대하다. 세상에는 네 가지 위대한 것이 있는데, 왕도 그 중의 하나를 차지하는 것이다.
故道大, 天大, 地大, 王亦大. 域中有四大, 而王居其一焉.

고 하였다. 여기서 왕(王)이란 유가에 있어서의 왕자(王者)의 개념과 흡사하다. 그는 영원불변하는 법칙을 알고, 모든 것을 용납하며 극히 공정하게 처신하는 사람이다. 그러기에 그는 천연스러울 수 있고 도에 합당하게 된다는 것이다. 그렇다 하더라도 세상을 다스리는 사람인 왕을 하늘·땅·도와 함께 이 세상의 "네 가지 위대한 것(四大) 중의 하나"라고 한 것은 얼핏 이해가 가지 않는다. 진실로 무위의 다스림을 이룩하여 임금이나 백성이 모두 무위하고 아무런 욕심도 없고 하는 일도 없게 되면 임금이란 지위는 실제로 별 뜻 없는 지위가 될 것이기 때문이다. 그럼에도 불구하고 왕을 이처럼 극히 위대한 존재로 생각하고 있는 것은 아무래도 왕이 도술에 의한 인간을 다스리는 자이며 세상을 조화시키는 자임을 인정하기 때문일 것이다.

어떻든 세상을 다스리는 임금은 도를 따르며 도에 합당한 행동을 하여야만 한다.

> 도란 언제나 이름도 없으며, 소박하여 비록 작게 보이지만 천하에는 그것을 지배할 수 있는 게 없다. 임금이 만약 그것을 잘 지킨다면 만물이 스스로 모두 존경하고 따르게 될 것이다. 하늘과 땅이 서로 화합하여 단 이슬을 내릴 것이고, 백성들은 아무도 명령하지 않는다 하더라도 스스로 고루 다스려지게 될 것이다.
>
> 道常無名, 樸雖小, 天下莫能臣也. 侯王若能守之, 萬物將自賓. 天地相合, 以降甘露; 民莫之令, 而自均. —제32장

> 도는 언제나 무위하지만 하지 않는 일이란 없는 것이다. 임금이 만약 이것을 지킬 줄 안다면 만물은 스스로 생성 변화하게 될 것이다.
>
> 道常無爲, 而無不爲. 侯王若能守之, 萬物將自化. —제37장

옛날에 일(一)을 체득하였던 것들을 보자. 하늘은 일을 체득하여 맑아졌고, 땅은 일을 체득하여 안정되었으며, 신(神)은 일을 체득하여 영험해졌고, 골짜기는 일을 체득하여 가득 차게 되었으며, 만물은 일을 체득하여 존재하게 되었고, 임금은 일을 체득하여 천하를 올바로 다스리게 되었다. 그것들을 그렇게 만든 것이 일인 것이다.

昔之得一者, 天得一以淸, 地得一以寧, 神得一以靈, 谷得一以盈, 萬物得一以生, 侯王得一以爲天下正. 其致之一也. -제39장

곧 임금이란 도의 이름도 없고 무위한 경지를 터득하여야만 세상을 올바로 다스리게 된다는 것이다. 제39장의 〈일〉도 도를 가리킨다. 제26장에서 "어찌 천자가 되어 가지고도 자신을 천하보다 가벼이 할 수가 있겠는가?"(奈何萬乘之主, 而以身輕天下?)라고 말한 것도, 임금은 천하를 다스리는 데 대한 관심보다도 자신의 행위가 도에 합당한가, 곧 도의 무거움과 고요함을 유지하고 있는가 하는 일에 더 신경을 써야만 한다는 것이다. 그래서 제62장에서는 "천자를 세우고 삼공을 두어"(立天子, 置三公) 세상을 다스리되, 오직 도에 합당하여야만 한다고 한 것이다. 노자의 생각으로는 이처럼 도에 합당한 임금은 모든 사람들과 자연을 도에 조화시키게 되기 때문에 하늘·땅·도와 함께 이 세상의 "네 가지 위대한 것"(四大) 중의 하나가 된다고 한 듯하다.

그러면서도 한편으로 다스리는 입장에 있는 임금의 지위란 형편없는 것임을 강조하고도 있다. 제39장에서,

그러므로 높고 귀한 것은 낮고 천한 것으로 그 근본을 삼고, 높은 것은 낮은 것으로 그 기본을 삼는 것이다. 그래서 임금은 스스로를 고(孤)니 과(寡)니 불곡(不穀)이니 하고 부르는 것이다. 이것은 비천한 것으로 그의 근본을 삼기 때문이 아니겠는가?

故貴以賤爲本, 高以下爲基. 是以侯王自謂孤寡不穀. 此非以賤爲本邪?

라고 말하고 있다. 〈고〉는 외로운 사람, 〈과〉는 덕이 적은 사람, 〈불곡〉은 복이 없는 사람의 뜻을 지니고 있는데도 임금은 스스로를 그렇게 부른다. 이것은 천한 것이 귀한 것의 근본이 됨을 밝히기 위한 것이라는 것이다. 또 제42장에서는,

사람들이 싫어하는 것이 고(孤)나 과(寡)나 불곡(不穀)인데, 임금들은 그런 말로써 스스로를 부른다.

人之所惡, 唯孤寡不穀, 而王公以爲稱.

고 말하고 있다. 임금은 스스로를 낮출 수밖에 없는 입장임을 밝히려는 뜻도 깃들어 있는 말이다. 제78장에서는 숫제 직설적으로 임금이란 지위에 대하여 다음과 같이 말하고 있다.

나라의 때와 같은 것을 받아들이는 것, 그것을 사직(社稷)의 주인이라 말하고, 나라의 상서롭지 못한 것을 받아들이는 것, 그것을 천하의 왕자라고 부른다.

受國之垢, 是謂社稷主; 受國之不祥, 是謂天下王.

임금이란 나라를 다스리는 지위는 나라에서 가장 더럽고 가장 상서롭지 못한 일을 하는 지위라는 것이다. 그것은 임금의 다스림이 무위의 원리에 위배되고, 임금의 권력이 부드럽고 약해야 한다는 원칙에 어긋나는 것이라 생각했기 때문이다.

이처럼 노자의 천자나 나라의 임금에 대한 견해는 긍정적인 일면과 부정적인 일면을 함께 갖고 있었다. 임금의 자리가 이처럼 두 면으로 갈라지는 근거는 도술의 응용 여하에 달려 있다. 도술을 제대로 응용하지 못하여 인위적인 정치를 하는 임금은 나라의 모든 추악한 현상을 책임지고 나라의 불행을 떠맡는 좋지 않은 임금이 되고, 도술을 제대로 응용하여 무위의 다스림을 이룩하는 임금은 하늘과 땅과 도와 함께 이 세상의 "네 가지 위대한 것" 중의 하나가 된다는 것이다. 노자가 〈현(玄)〉·〈묘(妙)〉라는 말을 즐겨 쓰고 있는 것은 이러한 도술의 오묘한 효용 때문이기도 할 것이다.

제4절
병술(兵術)

일반적으로 병가에서는 노자의 도술(道術)을 바탕으로 하여 병술을 발전시키고 있다고 생각하고 있다. 그러나 《노자》 중에는 직접 병법 또는 병술을 논한 대목이 적지 않게 들어있어, 일부 학자들 중에는 노자를 실제로는 병가라고 보려는 이들도 있다.

당(唐)대의 왕진(王眞)은 《도덕진경논병요의술(道德眞經論兵要義術)》 서표(叙表)에서 "오천의 글자로 이루어진 책(《노자》를 가리킴)은 … 한 장(章)의 병법과 뜻이 연결되지 않는 것은 없다."(五千之言, … 未嘗有一章不屬意于兵也.)고 말하였고, 송(宋)대의 소철(蘇轍)은 《노자해(老子解)》 권2에서 "이 책은 거의 지혜를 씀에 있어서 관중(管仲)이나 손무(孫武)같은 병가와 무엇이 다른가?"(此幾于用智也, 與管仲孫武何異?)고 말하고 있다. 다시 청(淸)대로 들어와서도 왕부지(王夫之)는 《송론(宋論)》

신종(神宗)에서 "노자가 말하기를 '올바름으로써 나라를 다스리고, 기책(奇策)으로써 작전을 한다.' 하였는데 병법을 논하는 자들이 스승으로 삼았다."(老氏之言曰; 以正治國, 以奇用兵. 言兵者師之.) "노자는 무기를 들고 변화하며 속임으로써 요행을 바라는 자들의 조종(祖宗)이 되었다."(老氏者, 持機械變詐以徼幸之祖也.)고 말하고 있다. 모두들 노자는 병가에 가깝다는 생각에서 나온 말이다. 중국의 국가 주석이었던 전략가인 모택동(毛澤東)도 《노자》는 한 권의 병서라 말하였다 한다.[40]

확실히 《노자》 중에는 병법과 관련되는 글이 많다. 그것은 상편 도경(道經)에도 보인다. 보기를 든다.

> 무엇이든 오므라들게 하려면 반드시 먼저 그것을 넓혀주어야 한다. 그것을 약하게 하려면 반드시 먼저 그것을 강하게 해주어야 한다. 그것을 파멸시키려 한다면 반드시 먼저 그것을 흥성케 해주어야 한다. 그의 것을 뺏으려 한다면 반드시 먼저 그에게 내주어야 한다.
> 將欲歙之, 必固張之. 將欲弱之, 必固强之. 將欲廢之, 必固興之. 將欲奪之, 必固與之.

마치 《손자병법(孫子兵法)》의 보충설명 같은 내용이다.

하편 덕론(德論)에 가면 직접 병법을 논한 글이 여러 곳에 보

---

40) 이택후(李澤厚) 《중국고대사상사론(中國古代思想史論)》 손로한합설(孫老韓合說)에서 인용. 다만 그도 확실한 근거는 제시하지 않고 있다. 중국 학자가 모주석(毛主席)의 말을 거짓으로 논문에 인용하지는 않았을 것이다.

인다. 아래에 보기로 제67장 · 68장 · 69장의 글을 들기로 한다.

지금 자애로움은 버리고 용감하려고만 들거나, 검약함은 버리고 널리 은혜를 끼치려고 들거나, 남보다 뒤지려는 태도는 버리고 앞서려고만 한다면 죽게 될 것이다. 자애로움으로써 싸우면 승리하게 되고, 자애로움으로써 지키면 견고하게 된다.
今舍慈且勇, 舍儉且廣, 舍後且先, 死矣. 夫慈以戰則勝, 以守則固. -제67장

훌륭한 용사는 용맹스럽지 않고, 잘 싸우는 사람은 성내지 않으며, 적과 싸워 잘 이기는 사람은 다투지 않는다. 사람을 잘 쓰는 사람은 남의 아랫자리에 처신한다. 이것을 다투지 않는 덕이라 한다.
善爲士者, 不武. 善戰者, 不怒. 善勝敵者, 不與. 善用人者, 爲之下. 是謂不爭之德. -제68장

전쟁을 하는데 교훈이 있다. 감히 주도권을 잡으려 들지 말고 손님처럼 행동해야 하며, 감히 한 치[寸]라도 전진하려 들지 말고 한 자[尺] 정도 물러서는 태도를 취해야 한다는 것이다. 이런 것을 두고 나아가도 나아감이 없는 듯하고, 떨쳐버려도 휘두르는 팔이 없는 듯하며, 쳐부숴도 적대하지 않는 듯하고, 무기를 잡고 싸워도 무기가 없는 듯하다고 하는 것이다.

적을 가벼이 여기는 것보다 더 큰 화근은 없다. 적을 가벼이 여기다가는 우리의 보배를 모두 잃게 될 것이다. 그러므로 무기를 들고 서로 공격할 때에는 그런 행위를 슬퍼하는 자가 이

기게 되는 것이다.

 用兵有言, 吾不敢爲主而爲客, 不敢進寸而退尺. 是謂行無行, 攘無臂, 扔無敵, 執無兵.
 禍莫大於輕敵. 輕敵, 幾喪吾寶. 故抗兵相加, 哀者勝矣
-제69장

이러한 정도라면 《노자》는 도나 덕을 논한 책이 아니라 바로 병법을 논한 병서라 하여도 좋을 것이다. 이 밖에도 전쟁이나 군대에 관한 말이 여러 곳에 보인다. 그리고 노자가 논하고 있는 도술은 직접 전쟁과 관련이 없는 것이라 하더라도 모두 병술(兵術)로 응용될 수 있는 성격의 것이다. 보기를 몇 가지만 들어 보겠다.

 알면서도 알지 못하는 것 같은 것이 훌륭한 태도이다. 알지 못하면서도 아는 체 하는 것은 병폐이다.
 知不知上, 不知知病. -제71장

 스스로 잘 알기는 하지만 스스로를 드러내지 않고, 자신을 사랑하기는 하지만 자신을 귀중한 것으로 내세우지는 않는다.
 自知不自見, 自愛不自貴. -제72장

 하늘의 도는 다투지 않으면서도 잘 이기고, 말하지 않아도 모두 잘 호응하며, 부르지 않아도 스스로 온다.
 天之道, 不爭而善勝, 不言而善應, 不召而自來. -제73장

따라서 《손자병법》을 보면 반대로 도가적인 낌새를 느끼게 하는 말이 여러 곳에 보인다. 보기를 든다.

그러므로 백 번 싸워서 백 번 이긴다는 것은 최선의 일은 되지 못한다. 싸우지 않고 상대방 군사를 굴복시키는 것이 최선의 방법이다.
是故百戰百勝, 非善之善者也. 不戰而屈人之兵, 善之善者也.
-攻篇

〈적의 사자의〉 말씨가 겸손하면서도 더욱 방비를 하는 것은 진공할 뜻을 지녔기 때문이다. 말씨가 강경하면서 진격하려는 것처럼 보이는 것은 후퇴할 뜻을 지녔기 때문이다.
辭卑而益備者, 進也. 辭强而進驅者, 退也. -行軍篇

전쟁이란 속이는 방법을 써야 한다. 그러므로 능력이 있으면서도 없는 듯이 보이고, 사용할 것인데도 사용하지 않을 것처럼 보여주어야 한다. 가까운 것인데도 먼 것처럼 보이며, 먼 것인데도 가까운 것처럼 보여주어야 한다.
兵者詭道也. 故能而示之不能, 用而示之不用. 近而示之遠, 遠而示之近. -計篇

도술을 법술로 돌려놓다 보니 당연히 생기는 결과이다. 심지어 노자의 말을 손자가 슬쩍 바꾸어 놓은 것처럼 여겨지는 대목도 있다.

《노자》 ; 올바름으로써 나라를 다스리고 기책(奇策)으로 용병(用兵)을 해야 한다.
以正治國, 以奇用兵. －제57장
《손자》 ; 모든 전쟁은 올바름으로 맞붙어 싸우고, 기책으로 이기는 것이다.
凡戰者, 以正合, 以奇勝. －勢篇

춘추시대에 노자의 초나라는 남만(南蠻)의 오랑캐 나라로 이제 겨우 나라를 세우고, 싸움을 통하여 나라 땅을 넓혀가기 시작하면서 중원의 문화를 받아들이어 나라를 발전시키려고 애쓰고 있었다. 중원의 여러 나라들은 나날이 국세를 확장시키고 있는 초나라를 진(晉)나라를 중심으로 하여 힘을 합쳐 견제하였다. 《노자》는 중국 남방의 따스한 날씨와 풍부한 자원으로 안락한 삶을 누리는 낭만적인 사상도 지니고 있지만 전쟁의 실제 체험을 통하여 우러나온 정치철학도 함께 담고 있는 것이다. 노자가 살았던 나라는 전쟁을 도외시하고는 살아남을 수 조차도 없는 조건이었다. 그 때문에 《노자》 속에는 '무위자연'의 사상과 함께 이와 모순이 되는 '도술'을 바탕으로 한 병가의 철학도 함께 지니게 되었을 것이다. 보기에 따라서는 인간의 이성을 부정하며 초연한 듯이 보이는 면보다도 《노자》의 병가적인 성격 곧 병술이 보다 원초적인 것이라 할 수 있을 것이다.

제5절
노자의 이상사회(理想社會)

그러면 모든 사람들이 무위하고, 무위의 다스림이 이루어져 모두가 소박하고 맑고 고요한 자연의 상태를 이룩한 사회란 어떤 모습일까?

《노자》를 보면 끝의 제80장에서 그의 이상향이 다음과 같이 그려져 있다.

① 나라는 작고 백성들은 적어야 한다. ② 비록 갖가지 연모가 있다 하더라도 쓰지 않는다. ③ 백성들로 하여금 죽음을 중히 여기게 하고 멀리 이사 다니지 않도록 한다. ④ 비록 배와 수레가 있다 하더라도 탈 일이 없어야 한다. 비록 갑옷과 무기가 있다 하더라도 그것을 벌여놓고 쓸 일이 없어야 한다. ⑤ 사람들로 하여금 다시 새끼줄에 매듭을 지어 기호로 사용하던 옛 상태로 되돌아가게 한다. ⑥ 그들의 음식을 달게 먹고, 그들의

옷을 아름답게 여기고, 그들의 사는 집에 편안히 살며, 그들의 풍속을 즐긴다. ⑦ 이웃 나라가 서로 바라보이고, 닭과 개 우는 소리가 서로 들리지만 백성들은 늙어 죽을 때까지 서로 내왕하는 일이 없다.

　　小國寡民. 使有什伯之器, 而不用. 使民重死, 而不遠徙. 雖有舟輿, 無所乘之; 雖有甲兵, 無所陳之. 使人復結繩而用之. 甘其食, 美其服, 安其居, 樂其俗. 隣國相望, 鷄犬之聲相聞, 民至老死, 不相往來.

첫째; "나라는 작고 백성들은 적어야 한다." 제61장에서도 "큰 나라라는 것은 하류의 깃"(大國者下流)이라고 말하였지만, 나라가 크고 백성이 많을수록 일이 많아지고 다스림이 복잡해져서, "무위의 다스림"을 이룩하기 어렵게 되기 때문이다. 그뿐 아니라 크고 많고 강한 것을 반대하는 노자의 입장과도 이것은 합치된다.

둘째; "비록 갖가지 연모가 있다 하더라도 쓰지 않는다." 노자가 이상적으로 생각하는 나라의 백성들은 소박함과 맑고 고요함을 지키기 때문에 무슨 일을 하거나 연모의 힘조차도 빌려 들지 않는다. 이러한 반문명의 태도는 기교를 반대하는 그의 입장과 합치되는 것이다.

셋째; "백성들로 하여금 죽음을 중히 여기고 멀리 이사 다니지 않도록 한다." "죽음을 중히 여긴다."는 것은 생존에 필요한 본능적인 욕구의 충족만을 위한다는 뜻이다. 그것은 제3장에서 "그들의 마음은 텅 비게 해주되 그들의 배는 채워준다."(虛其

心, 實其腹.), 또는 제12장에서 "성인은 배 만을 위하지 눈을 위하지는 않는다."(聖人爲腹, 不爲目.)라고 한 말과도 통한다. 그리고 "멀리 이사 다니지 않는다."는 것은 명예와 이익을 뒤쫓지 않음을 뜻한다.

넷째; "비록 배와 수레가 있다 하더라도 탈 일이 없어야 한다. 비록 갑옷과 무기가 있다 하더라도 그것을 벌여 놓고 쓸 일이 없어야 한다." 이것은 이상향의 둘째·셋째 조건과도 관련이 있는 것이다. 완전한 무위의 다스림이 이루어진 상태에서는 배나 수레를 타고 먼 곳을 쫓아다닐 일도 없을 것이며, 전쟁을 할 필요는 더욱이 없게 될 것이다.

다섯째; "사람들로 하여금 다시 새끼줄에 매듭을 지어 기호로 사용하던 옛 상태로 되돌아가게 한다."《역경》계사전(繫辭傳)에 상고(上古) 시대에는 새끼줄에 매듭을 지어 기호로 사용하며 다스리었는데, 후세에 성인이 서계(書契)로 그에 대치하였다[41]라고 쓰여 있다. 따라서 이 말은 태고적 사회와 비슷한 상태의 정치로 되돌아가야 함을 주장한 것이다. 유가에서는 하(夏)·은(殷)·주(周)의 삼대(三代), 빨라야 요(堯)·순(舜) 시대를 그들의 이상정치가 실현되었던 시대로 받드는 데 비하여, 노자는 철저히 옛날로 돌아갈 것을 주장하여 중국 최초의 제왕이라고 전

---

41) 《서경(書經)》의 서(序)에도 "옛날에 복희씨(伏羲氏)가 천하를 다스릴 적에 비로소 팔괘(八卦)를 그리고 서계(書契)를 마련하여 새끼줄에 매듭을 지어 기호로 사용하며 다스리던 것(結繩之政)에 대치하였는데, 여기에서 문적(文籍)이 생겨난 것이다."라고 하였다. 이에 의하면 〈서계(書契)〉란 초보적인 기호 단계의 문자를 뜻하는 듯하다.

해지고 있는 황제(黃帝)의 시대까지 거슬러 올라가야만 한다고 생각하였다. 이것은 원시로의 복귀를 뜻하는 것이기도 하며, 이것을 근거로 하여 후세에 〈황로지학(黃老之學)〉으로 도가 사상이 발전하게 된다.

여섯째; "그들의 음식을 달게 먹고, 그들의 옷을 아름답게 여기고, 그들의 사는 집에 편안히 살며, 그들의 풍속을 즐긴다." 사람들이 원시적이고 동물적인 생활을 하고 있지만, 모든 사람이 자신의 생활에 만족하며 그 생활을 즐기게 되어야 한다는 것이다. "만족할 줄 안다."(知足)는 것은 노자의 행복의 요체(要締)이기도 한 것이다.

일곱째; "이웃 나라가 서로 바라보이고, 닭과 개 우는 소리가 서로 들리지만 백성들은 늙어 죽을 때까지 서로 내왕하는 일이 없다." 노자의 이상향은 부락국가의 범위를 벗어나지 못한 원시적인 것이다. 그러기에 이웃 나라의 "닭과 개가 우는 소리"까지도 잘 들린다. 그러나 사람들은 제각기 자급자족하며 살아가고 있기 때문에 다른 사람들과 어울리거나 다른 나라와 내왕할 필요가 전혀 없게 되는 것이다.

이러한 노자의 이상향은 《장자》에 이르러 더욱더 구체화되고 있다.

> 그러므로 지극한 덕으로 다스려지는 세상에서는 그들의 행동이 무겁고 더디며 그들의 눈길은 한결같다. 그러한 시대에는 산에는 오솔길도 나지 않았고, 물 위에는 배도 다리도 없었다. 만물이 무리를 이루어 살았고, 그들 고장의 이웃하고만 접촉하였

다. 새와 짐승이 무리를 이루었고, 풀과 나무는 제대로 자랐다. 그러므로 새나 짐승을 끈으로 매어 끌고 다니며 놀 수가 있었고, 새나 까치 둥우리로 기어 올라가 들여다볼 수도 있었다.

　지극한 덕으로 다스려지는 세상에서는 새와 짐승과 함께 어울려 살았고, 만물과 무리지어 다같이 살았다. 그러니 어찌 군자와 소인이 있음을 알았겠는가? 다같이 아는 것이 없어서 그의 덕에서 떠나지 않았다. 다같이 욕심이 없었는데, 이것을 소박함이라 말한다. 소박함으로써 백성들의 본성이 보전되는 것이다.　　　　　　　　　　　　　　　　　　　　　－마제(馬蹄)편

　옛날 혁서씨(赫胥氏)의 시대에는 백성들은 살면서도 무엇을 해야 할 지도 알지 못하였고, 걸어다니면서도 갈 곳을 알지 못하였다. 입에 음식을 문 채로 즐거워하였고, 배를 두드리면서 놀았다.　　　　　　　　　　　　　　　　　　　　　　－마제(馬蹄)편

　그대만이 홀로 지극한 덕이 행해지던 세상을 알지 못하는가? 옛날에 용성씨(容成氏)·대정씨(大庭氏)·백황씨(伯皇氏) … 복희씨(伏羲氏)·신농씨(神農氏)의 시대가 있었다. 그 시대에는 새끼줄에 매듭을 지어 기호로 사용하였으며, 먹는 음식을 달게 먹고, 입는 옷을 아름답게 여겼고, 따르는 풍속을 즐겼고, 그들의 사는 집에서 편안히 살았다. 이웃 나라가 서로 바라보였고, 닭과 개 우는 소리가 이웃 나라에 서로 들렸었다. 백성들은 늙어 죽을 때까지도 서로 내왕도 하지 않았다. 이러한 시대야말로 지극히 잘 다스려지던 때였다고 할 것이다.
　　　　　　　　　　　　　　　　　　　　　　　　　－거협(胠篋)편

남월(南越) 땅에 한 고을이 있는데 이름을 덕이 세워진 나라(建德之國)라 부릅니다. 그곳의 백성들은 어리석고도 소박하며, 사사로움이 적고 욕망도 적으며, 일할 줄만 알지 물건을 저장해 둘 줄은 모릅니다. 남에게 무엇을 주고도 그 댓가를 바라지 않으며, 어떤 것이 의에 들어맞는 것인가를 알지 못하며, 예란 어떻게 지키는 것인지 알지 못합니다. 멋대로 무심히 행동하면서도 위대한 자연의 도를 실천하고 있습니다. 그들의 삶은 즐겁기만 하고, 그들이 죽으면 편안히 묻힙니다.

-산목(山木)편

옛날에는 새와 짐승들은 많고 사람들은 적어서, 백성들은 모두 나무 위에 집을 짓고 삶으로써 그들을 피했었다. 낮에는 도토리와 밤을 줍고 저녁이면 나무 위로 올라가 살았다. 그래서 이들을 〈유소씨(有巢氏)의 백성들〉이라 부르는 것이다. 옛날에는 백성들이 옷을 알지 못하여, 여름에는 나무를 많이 쌓아두었다가 겨울에는 그것을 떼고 살았다. 그래서 이들을 〈삶을 아는 백성들〉이라 부르는 것이다. 신농씨(神農氏)의 시대만 하더라도 사람들은 누우면 편히 잠을 자고 일어나면 멋대로 어정거렸다. 백성들은 그의 어머니만을 알았지, 그의 아버지는 알지 못하였다. 노루 사슴과 함께 어울려 살았고, 농사 지어 먹고 베를 짜 입었으며, 서로 해치려는 마음은 전혀 없었다. 이것이 지극한 덕이 흥성하던 시대이다.

-도척(盜跖)편

후세에 진(晋)나라 도연명(陶淵明, 365~427)은 그의 《도화원기(桃花源記)》에서 노자를 근거로 이른바 무릉도원(武陵桃源)이란 이상향을 다음과 같이 묘사해 놓고 있다.

　진(晉)나라 태원연간(太元年間, 376~396)에 무릉(武陵)사람으로서 고기잡이를 업으로 삼고 있던 사람이 있었다. 어느 날 개울물을 따라가다가 그만 길을 얼마나 왔는지 잊어버리게 되었다. 그때 갑자기 수백 보(步)의 양편 물가에 우거진 복숭아꽃나무 숲이 나타났다. 그 숲에는 잡나무란 하나도 없었고, 향기로운 풀이 깔린 아름다운 땅바닥에는 떨어진 꽃잎이 어지러이 흩어져 있었다. 어부는 그것을 매우 이상하게 생각하고, 다시 전진을 계속하여 복숭아 숲이 어디서 다하는가 찾아보려 하였다. 숲이 다하는 곳에 골짜기 시냇물의 근원을 이루는 물이 흘러나오는 산이 앞에 나타났다. 그 산에는 조그만 동구가 있었는데, 흡사 그 속에 빛이 있는 듯하여 곧 배를 버리고 그 동굴 속으로 들어가 보았다.
　그 동굴은 처음에는 겨우 사람이 들어갈 수 있을 정도로 좁았으나, 다시 수십 보(步)를 더 들어가자 밝고 탁 트이며 넓어졌다. 거기에는 평평하게 넓은 땅이 있었고, 민가들이 그 사이에 가지런히 자리잡고 있었는데, 자세히 보니 기름진 밭과 아름다운 연못과 뽕나무·대나무 따위 숲이 있었다. 밭 둔덕은 남북으로 곧게 뻗어 있었고, 저편에서는 닭과 개 우는 소리가 들려오고 있었다. 그 속에서 왔다갔다 하면서 씨 뿌리고 일하는 사람들을 보니, 남자고 여자고 입은 옷이 모두 바깥세상의 사람들 같았으며, 노인과 아이들이 다같이 즐겁게 스스로 즐기고 있었다.
　그들이 어부를 발견하고는 크게 놀라면서 어디서 왔는가를 묻는 것이었다. 그들의 물음에 대답하자 곧 그들은 자기 집으로 데리고 가서 술자리를 마련하고 닭을 잡아 음식을 대접하는 것이었다. 그 마을 사람들은 그가 찾아왔다는 얘기를 듣고는 모두들 찾아와 여러 가지를 물었다. 그들은 스스로 말하기를, 그들 선대에 진(秦)나라의 난을 피하기 위하여 처자와 고을 사람들을 거느리고 이 아름다운 고장으로 들어와서 다시는 나가지 않은 것이라 하였다. 그래서 마침내 밖의 사람들과는 멀어지게 되고 말았다는 것이다.

그리고 그들은 지금 밖은 어떤 세상인 가를 물었는데, 그들은 한(漢)나라가 있었다는 사실조차 모르고 있었으니 위(魏)나라·진(晋)나라는 말할 나위조차 없다. 어부가 하나하나 알고 있는 대로 자세히 세상 얘기를 하자, 그들은 모두가 탄식하고 놀라는 것이었다. 다른 사람들도 제각기 어부를 자기네 집으로 데려가 모두 술과 음식을 대접하는 것이었다. 며칠 머문 뒤에 떠나려 하자 그곳 사람들은 그곳 얘기를 밖의 사람들에게 하지 말 것을 당부하였다.

어부는 그곳을 나와 자기 배를 찾아 집으로 돌아오면서 곳곳에 표시를 해두었다. 그리고 그의 고을 태수(太守)에게 찾아가 자기 경험을 모두 얘기하였다. 태수는 곧 사람을 내어 그와 함께 돌아오면서 해 놓은 표시를 따라가도록 하였으나 마침내는 길을 잃어 향방을 알 수가 없었다. 남양(南陽) 땅의 유자기(劉子驥)는 고상한 선비였는데, 그 얘기를 듣고는 혼연히 그곳을 찾아가 보고자 하였으나 뜻을 이루지 못한 채 병으로 죽고 말았다. 그 뒤로는 마침내 그 고장을 찾아보려는 사람조차도 없게 되었다.

이상 도연명의 무릉도원(武陵桃園)은 실상 노자의 이상향을 구체화한 것이다. 그리고 이 이상향은 도가뿐만이 아니라 중국적인 이상향으로서 후세에까지도 널리 중국 사람들의 마음속에 새겨졌다. 이러한 이상향은 전혀 그 실현이 불가능한 것으로 여겨지지는 않는다. 지금도 문명을 등지고 동떨어져 사는 원시부족들이라면 이 지구상의 어디에선가 이런 이상향을 이루고 있음직도 한 일이다.

제6장

노자 사상의 발전

제1절
노자의 제자들

　반고(班固, 32~92)의 《한서(漢書)》 예문지(藝文志)에는 도가로서 37가(家) 993편이 수록되어 있으나, 노자의 제자의 저술로서는 지금껏 《문자(文子)》 9편, 《관윤자(關尹子)》 9편, 《장자(莊子)》 52편, 《열자(列子)》 8편, 《계관자(鷄冠子)》 1편 등의 책이 전하고 있을 따름이다. 이밖에 그들의 사상을 어느 정도 엿볼 수 있는 제자로서 양주(楊朱, 《列子》楊朱편), 전변(田騈)과 신도(愼到, 《莊子》天下편) 등이 있다. 이 가운데 장자는 도가 사상의 완성자여서 도가 사상을 노장 사상이라 부르는 정도이다. 근래 전목(錢穆)같은 이는 장자가 도가를 창시한 사상가라 주장하였다.(그의 《莊老通辨》 참조). 장자는 그처럼 중요한 사상가이므로, 그에 대한 논의만은 절을 달리하여 뒤에 자세히 논할 예정이다.

1. 문자(文子)

《한서》예문지에 "노자의 제자로서 공자와 같은 시대의 사람이며, 주(周)나라 평왕(平王)이 그에게 정치하는 법을 질문하였다고 한 것으로 보아 실제로 살았던 인물이 아닌 듯하다."고 주를 달고 있다. 《사기》권74 맹순열전(孟荀列傳)에 인용된《칠략(七略)》에서는 또 자하(子夏)의 제자라 하였다. 그러나 왕충(王充, 27~97?)의《논형(論衡)》자연(自然)편에서도 그를 노자의 제자라 하였다. 《수서(隋書)》경적지(經籍志)에도《문자》12편이 수록되어 있는데, 역시 그를 노자의 제자라 하였다. 북위(北魏)의 이섬(李暹)이 이 책에 주를 달면서 문자의 이름을 신견(辛銒)이라 하였다. 이것은《사기》화식열전(貨殖列傳)에서 범려(范蠡)의 스승이 계연(計然)이라 하였는데, 배인(裵駰)이 그《집해(集解)》에서 계연의 성은 신(辛)이고 자가 문자(文子)라고 한 데 근거를 둔 것으로, 전혀 다른 두 사람을 혼동한 데서 나온 것이다. 지금 통행되고 있는《문자》는 상·하 2권 22편으로 이루어져 있는데, 왕응린(王應麟, 1223~1296)이《곤학기문(困學紀聞)》권10에서 증명하고 있는 것처럼 그 내용은《노자》의 글을 바탕으로 그럴싸하게 꾸민 위에《회남자(淮南子)》를 비롯한 제자백가의 책의 내용을 따다가 엮은 것이다. 다만 왕응린은《순자(荀子)》이후의 책들은《문자》를 근거로 한 것이라 보았는데, 오히려《문자》가《순자》를 베낀 것임이 분명하다.

반고(班固)가 이미 "실제로 살았던 인물이 아닌 듯하다." 하였으니, 지금 전하는 책이 후인의 손에 이루어진 것임은 의심의 여지도 없다. 그러나 당(唐)나라 시대에는 《통현진경(通玄眞經)》이란 칭호가 칙명으로 내려졌고, 도장(道藏) 속에는 묵연자(默然子)·하찬(何燦)·두도현(杜道賢)·주변(朱弁) 등 네 사람이 쓴 주해서가 들어있었다.

2. 관윤자(關尹子)

《사기》의 노자의 전기에 보인 "관령(關令) 윤희(尹喜)"이다. 반고는 《한서》 예문지에 "노자가 관문을 지나갈 때, 윤희는 관문을 지키는 직책을 버리고 그를 따라갔다."고 스스로 주를 달고 있다. 《열자》의 장잠(張湛)의 주에서는 그의 자가 공도(公度)라 하였다. 어떻든 노자가 그의 요청을 따라 《도덕경》 5천 언(言)을 지었다는 주장은 한대에 이미 널리 받아들여졌다.

그 밖에 《장자》의 달생(達生)편에는 그와 열자의 문답이 실려 있고, 《열자》의 황제(黃帝)·중니(仲尼)·역명(力命)·양주(楊朱)·설부(說符)편 등에도 그에 관한 기록이 보인다. 관이 효관(崤關)인가 또는 함곡관(函谷關)인가도 불확실하고, 그의 부탁으로 노자가 《도덕경》을 지었다는 것도 믿을 수가 없는 등 여러 가지 의문이 있으나, 그런 사람이 있었다는 사실만은 믿어도 좋을 듯하다. 《장자》 천하(天下)편에서는 그와 노자를 같은 학파에 속하는 사람으로 논하고 있다.

여러 옛 책에 보이는 그의 학설은 노자와 크게 다를 바가 없는데, 《여씨춘추(呂氏春秋)》 불이(不二)편에서는 "노자는 부드러움을 귀중히 여기고, 관윤은 맑음을 귀히 여기고, 열자는 텅 빔을 귀하게 여기었다."고 말하고 있는 정도의 자료를 가지고 그들의 차이를 파악하는 수밖에 없다. 지금도 《관윤자》 9편이 전해지고 있으나, 그것은 당(唐)말 송(宋)초의 가짜로 만들어진 책임이 틀림없다는 것이 여러 학자들의 공통된 견해이다.[42] 어떻든 당대에는 《문시진경(文始眞經)》이란 칭호가 내려졌다. 그리고 도장(道藏) 속에는 오도순(午道淳)의 《문시진경주(文始眞經注)》 9권, 진현미(陳顯微)의 《언외미지(言外微旨)》 9권이 들어 있다.

3. 열자(列子)

이름은 어구(禦寇, 禦는 圉 또는 圄로도 씀)이다. 그는 직접 노자에게 배웠다는 증거는 없으나 도가 중에서 노자와 장자 중간에 위치하는 중요한 사상가이다. 반고는 《한서》 예문지에서 "장자보다 선배"라 주를 달고 있으며, 《열자》 황제(黃帝)편과 설부(說符)편에 보이는 관윤과 열자의 대화의 말씨로 보아 그는 관윤보다는 약간 후배(연령이나 학문에 있어)였던 것 같다. 《장

---

42) 《사고전서총목제요(四庫全書總目提要)》 자(子)부 도가류(道家類), 호적(胡適)의 《중국철학사(中國哲學史)》 등 참조.

자》 소요유(逍遙遊)편에는 바람을 타고 다녔다는 열자에 관한 기록이 보이고, 끝머리 제32편은 열어구(列禦寇)편이다. 유향(劉向, BC. 77~BC. 6)의 《서록(序錄)》에 의하면 그는 정(鄭)나라 사람이며, 《열자》 황제(黃帝)편에서는 그의 스승이 노상씨(老商氏)라 하였는데, 같은 중니(仲尼)편에서는 호구자림(壺丘子林)에게 배웠다 하였다.

지금 우리에게 전하는 《열자》 8편에 대하여는 많은 학자들이 믿을 수 없는 후세의 가짜로 만들어진 책이라 주장하고 있다. 특히 요제항(姚際恒)의 《고금위서고(古今僞書考)》, 마서륜(馬叙倫)의 《열자위서고(列子僞書考)》 등이 그 대표적인 저술이다. 대체로 그들의 그러한 주장의 중요한 근거는 다음과 같은 것들이다.

첫째; 《열자》 천서(天瑞)편에 《역위건착도(易緯乾鑿度)》와 같은 내용의 글이 적혀 있으니, 이것은 《열자》가 한(漢)대에 《역위건착도》가 이루어진 뒤에 쓰인 것이다. 둘째; 탕문(湯問)편엔 오신산(五神山)에 관한 전설[43]이 보이니 이는 신선 사상이 유행한 한대 이후의 작품임이 분명하다. 셋째; 주목왕(周穆王)편은 《목천자전(穆天子傳)》을 바탕으로 한 게 분명한데, 이 소설은 진(晋)나라 태강(太康) 2년(서기 281)에 유명한 급총(汲冢)에서

---

43) 오신산(五神山)은 발해(渤海)의 동쪽에 있는 신선들이 살고 있다는 산으로서, 대여(岱輿)·원교(員嶠)·방호(方壺)·영주(瀛洲)·봉래(蓬萊)의 다섯 산. 후세에 와서는 봉래·방장(方丈)·영주의 삼신산(三神山)이 더욱 유명해진다.(《漢書》 郊祀志 및 王嘉 《拾遺記》 등 참조.)

발굴됨으로써 세상에 알려진 것이니 《열자》는 진(晉)나라 이후의 작품이다. 넷째; 중니(仲尼)편 등에 불교에 관한 설화 같은 것이 보이니, 이는 적어도 불교가 들어온 후한 이후의 작품임을 증명한다. 다섯째; 양주(楊朱)편은 전체가 열자와는 관계가 없는 양주의 학설이다. 여섯째; 《열자》에는 전편을 통하여 《장자》·《여씨춘추(呂氏春秋)》·《회남자(淮南子)》 등을 베꼈다고 생각되는 대목이 여러 군데 보인다. 그래서 양계초(梁啓超, 1873~1929) 같은 사람은 《고서진위급기연대(古書眞僞及其年代)》에서 《열자》는 그 주를 남긴 동진(東晉)의 장잠(張湛)이 도가의 말을 주워 모아 만든 가짜 책이라 단언하였다. 《한서》 예문지에 보이는 《열자》 8편은 일찍이 없어지고 전하지 않는다는 것이다.

이밖에도 지금 전하는 《열자》 속에는 그 글이 직접 열자의 손에 의하여 이루어진 것이 아니라는 사실을 증명할 만한 기록들이 더 있다. 그러나 이것들이 전혀 열자의 사상과 관계가 없다거나, 《한서》에 실린 《열자》 8편과 전혀 다른 것이라 할 수는 없다. 다만 현재의 열자 중 어디서 어디까지가 진짜 열자의 사상을 기록하고 있는 것인가를 분별하기가 쉽지 않을 따름이다.

《열자》 천서(天瑞)편을 보면 다음과 같은 기록이 있다.

어떤 사람이 열자에게 말하였다. "선생께서는 어찌하여 텅 빈 것을 귀중히 여깁니까?" 열자가 대답하였다. "텅 빈 것은 귀중할 게 없는 것이다." 열자는 다시 말을 이었다. "그 이름을 부정하였지만 고요함 만한 것이 없고 텅 빈 것 만한 것이 없는 것이다. 고요하고 텅 빈 것은 그의 자리를 얻은 것이며, 빼앗고 주고 하는 것은 그의 자리를 잃은 것이다."

이 대목은 번역이 어려운 곳이기는 하지만 《여씨춘추(呂氏春秋)》불이(不二)편에서 "열자는 텅 빈 것을 귀하게 여겼다."라고 한 말과 서로 통하는 내용이다. 다시 《열자》 황제(黃帝)편과 중니(仲尼)편에서는 자기가 공부를 한 과정에 대하여 다음과 같이 쓰고 있다.

자열자(子列子)가 공부를 함에 있어, 3년 뒤에는 마음으로 감히 옳고 그름을 생각하지 않고 입으로는 감히 이롭고 해로운 것을 말하지 않게 되었다. 그제야 선생님 노상(老商)이 비로소 한 번 거들떠보아 주게 되었다. 5년 뒤에는 마음으로 다시 옳고 그름을 생각하고 입으로는 다시 이롭고 해로운 것을 얘기하게 되었다. 그제야 노상(老商)이 비로소 한 번 얼굴을 펴 웃게 되었다. 7년 뒤에는 마음이 생각하는 대로 따라도 다시는 옳고 그른 것이 없고 입이 말하는 대로 따라도 다시는 이롭고 해로운 것이 없게 되었다.
그제야 선생님은 비로소 한 번 나를 가까이 오게 하여 자리를 나란히 하고 앉으시게 되었다. 9년 뒤에는 마음 내키는 대로 멋대로 생각하고 입이 움직이는 대로 멋대로 얘기하여도 그것이 나의 옳고 그른 것과 이롭고 해로운 것에 대한 것인지도 몰랐고 또 상대방의 옳고 그른 것과 이롭고 해로운 것에 대한 것인지도 모르게 되었다. 나의 밖과 속이 극진해져서, 눈은 귀와 같고, 귀는 코와 같고, 코는 입과 같고, 입은 모든 것과 같지 않은 게 없게 된 것이다. 마음이 한곳으로 엉기게 되고 육체는 풀리어, 뼈와 살이 모두 다 합쳐지게 되었다. 그리하여 육체가 의지하고 있는 곳과 발이 밟고 있는 것과 마음이 생각하고 있는 것과 말이 뜻하고 있는 것이 무엇인지 깨닫지 못하게 되었다. 이러할 따름이었으니 이치는 숨기어져 있는 게 없게 된 것이다.

이에 의하면 열자는 텅 빈 것을 위주로 하여 일체의 이성과 지식 및 욕망을 초극하는 데 힘썼던 사상가인 듯하다.

그뿐 아니라 도의 생성작용에 대하여도 열자에 이르러서는 노자보다 훨씬 분화된 개념을 지니고 있었던 듯하다. 《노자》에서는 "도는 일을 낳고, 일은 이를 낳고, 이는 삼을 낳고, 삼은 만물을 낳았다."(道生一, 一生二, 二生三, 三生萬物. -제42장)고 하였는데, 《열자》 천서(天瑞)편에서는 《노자》를 근거로 하면서도 훨씬 분화된 만물의 생성개념을 보여주고 있다. 열자는 먼저 도에서 물질이 생성되기 이전까지를 태역(太易)·태초(太初)·태시(太始)·태소(太素)의 네 단계로 구분하고 있다. 〈태역〉이란 현상계의 바탕이 되는 기(氣)조차도 나타나지 않은 상태, 〈태초〉란 그 기가 나타나기 시작한 상태, 〈태시〉란 기가 어떤 형상을 이루기 시작한 상태, 〈태소〉란 이루어지기 시작한 형상이 제각기 다른 성질을 갖기 시작하는 상태를 뜻한다.

이러한 형질이 이루어지기 시작하기까지의 상태를 그는 《혼륜(渾淪)》이라 부르고, 이상의 변화 원리를 〈역(易)〉이라 불렀다. 그는 〈역〉의 변화 원리가 〈일(一)〉을 이루게 하고 〈일〉이 다시 〈칠(七)〉(陰陽·五行)을 이루며, 〈칠〉이 다시 〈구(九)〉(陽의 수, 변화의 궁극을 뜻함)를 이룩하며, 그런 뒤에야 현상계의 만물이 하나하나 이루어졌다는 것이다.

이는 《역경》 계사전(繫辭傳)에서 "역(易)에는 태극(太極)이 있는데, 이것이 양의(兩儀, 곧 陰陽)를 낳는다."고 한 생성개념에 매우 가깝다. 뒤 위진(魏晋)시대에 와서 노자의 도를 가지고 《역》의 도를 풀이하고, 태극을 허무라 보기 시작한 것이나, 송대 성리학자들이 《역》의 원리와 노자의 도를 융합시켰던 것도[44] 실은 《열자》에서 시작된 경향인 듯하다.

다시 《열자》 황제(黃帝)편에는 그의 이상향으로서 〈화서씨(華胥氏)의 나라〉 얘기를 하고 있는데, 그곳 사람들에 대하여 다음과 같이 쓰고 있다.

---

44) 주돈이(周敦頤, 1017~1073)가 《태극도설(太極圖說)》에서 "태극이무극(太極而無極)"이라 말한데 대하여, 육구연(陸九淵)은 《역》을 노자에 연결시킨 것이라 하였다. 주희(朱熹, 1130~1200)는 이를 변호하여 "무극(無極)을 말하지 않으면 태극(太極)이 한 물건이나 같게 되어 온갖 변화의 바탕이 될 수 없다. 태극을 말하지 않으면 무극은 공적(空寂)에 빠져서 온갖 변화의 근본이 될 수 없다."하였는데, 결국은 《노자》의 〈현(玄)〉의 사상과 같으며, "음양(陰陽)은 도가 아니며, 음양의 근거가 되는 것이 도이다."라고 말한 것도 노자의 사상과 통하는 것이다.

그 나라에는 우두머리가 없고, 자연스러울 따름이다. 그 백성들도 좋아하는 것과 욕망이 없고 자연스러울 따름이다. 생을 즐거워할 줄도 모르고 죽음을 싫어할 줄도 모른다. 그러므로 일찍 죽는 일이 없다. 자기를 친애 할 줄도 모르고, 밖의 물건을 멀리할 줄도 모른다. 그러므로 사랑하고 미워하는 것이 없다. 배반 할 줄도 모르고, 영합할 줄도 모른다. 그러므로 이롭고 해로운 관계가 없다. 전혀 애석히 여기는 것도 없고, 전혀 두려워하고 꺼리는 것도 없다. 물에 들어가도 빠지는 일이 없고, 불에 들어가도 뜨거워하지 않는다. 살을 째고 매질을 하여도 상하거나 아픔을 느끼지 않고, 손가락으로 긁어도 간지럼을 타거나 가려운 줄 모른다. 공중을 날아다니기를 실지로 땅을 밟고 다니듯 하고, 허공에서 잠자기를 침대에 눕듯이 한다. 구름이나 안개도 그들의 시야를 가리지 못하고, 우레 소리도 그들의 청각을 어지럽히지 못한다. 아름다움과 추함도 그들의 마음을 끌지 못하고, 산과 골짜기도 그들의 걸음걸이를 방해하지 못한다. 오직 신기하고 오묘하게 행동할 따름인 것이다.

《장자》 소요유(逍遙遊)편에서도 "열자는 바람을 타고 다녔다."고 말하고 있지마는, 이미 열자에게서 보통 사람과는 다른 신선의 개념이 싹트기 시작했던 것이 아닌가 생각된다. 《열자》 여러 곳에 신선에 관한 얘기가 보이게 된 것도 우연이라 할 수만은 없다. 그러나 노자와 열자의 사상이 구체적으로 어떻게 달랐는가를 정확히 파악한다는 일은 매우 어려운 일로 생각된다.

어떻든 《열자》는 당대에 와서는 《충허진경(冲虛眞經)》으로 높

여겼고, 송(宋)대에 이르러는 거기에 〈지덕(至德)〉이란 두 글자가 덧붙여졌다. 《열자》의 주석으로는 장잠(張湛) 이외에도 당(唐)대 은경순(殷敬順)의 《석문(釋文)》, 송대 임희일(林希逸)의 《구의(口義)》 등이 세상에 널리 읽혀졌다.

도장(道藏)에는 이 밖에도 강휼(江遹)·송나라 휘종(徽宗)·고수원(高守元)의 주해서가 들어 있다. 이밖에 노중원(盧重元) 같은 이의 주해서도 전한다.

4. 계관자(鶡冠子)

《한서》 예문지에는 "초(楚)나라 사람으로 깊은 산에 살면서, 계(鶡)라는 새 깃으로 관을 만들어 썼다."라고 주를 달고 있다. 그러나 그가 어느 때 사람이었는지는 알 길이 없다. 지금은 송(宋)나라 육전지(陸佃之)가 주를 단 3권 19편의 《계관자》가 전하고 있다. 그러나 이미 요제항(姚際恒)이 《위서고(僞書考)》에서 지적하고 있는 것처럼 이것은 진짜가 아님이 분명하다. 《한서》 예문지에서는 《계관자》 1편이라 하였으니 그 분량에 있어서도 큰 차이가 있다. 그 내용을 보더라도 박선(博選)편에는 《전국책(戰國策)》에 보이는 곽외(郭隗)의 말, 왕부(王鈇)편에는 《국어(國語)》 제어(齊語)에 보이는 관자(管子)의 말, 세병(世兵)편에는 가의(賈誼, BC. 201~BC. 169)의 《복조부(服鳥賦)》에 근거를 둔 말들이 보인다는 것도 이 책이 진짜가 아님을 느끼게 한다.

또한 《계관자》의 대체적인 사상은 도가에 법가를 뒤섞어 놓은 듯한 성격의 것이며, 또한 방난(龐煖) 및 그의 형 방환(龐煥)과 병법에 관한 얘기를 하고 있는 대목도 여러 군데 보인다. 방훤은 연(燕)나라 장수로서(《한서》 예문지 주) 그의 저서는 《한서》 예문지의 종횡가(縱橫家)에 2편, 병권모가(兵權謀家)에 3편 들어 있다. 《후한서(後漢書)》 여복지(輿服志)에 의하면 〈계(鶡)〉는 꿩의 일종으로서 그 성질이 사나워 그 꼬리 깃으로 무관(武冠)을 장식하였다고 설명하고 있으니, 계관자는 그 자신이 병략가(兵略家)에 속하는 사람이었던 듯도 하다.

이런 성격 때문에 유협(劉勰, 464?~520)의 《문심조룡(文心雕龍)》 제자(諸子)편, 한유(韓愈, 768~824)의 《독계관자(讀鶡冠子)》(《昌黎集》 권11), 유종원(柳宗元, 773~819)의 《변계관자(辨鶡冠子)》(《柳先生集》 권4) 등 역대로 《계관자》를 평한 글들이 보이지만 그에 대한 이해의 성격이 제각기 다르다.

이상이 《한서》 예문지에도 보이고, 또 지금까지도 그들의 저서가 전해지고 있는 노자의 제자들이다. 이 밖에도 그들의 저서가 《한서》 예문지에는 실려 있지는 않지만, 도가의 중요한 사상가로 생각되는 사람들이 몇 사람 있다.

5. 양주(楊朱)

《한서》예문지에도 그의 저서가 수록되어 있지 않은 것으로 미루어 보면 본시 그는 저서를 남기지 않았던 학자인 듯도 하다. 그러나 《열자》·《장자》·《한비자(韓非子)》·《순자(荀子)》·《회남자(淮南子)》·《여씨춘추(呂氏春秋)》 등에 그에 관한 기록이 보이고, 《맹자》 등문공하(滕文公下)편에서는 "양주(楊朱)와 묵적(墨翟)의 이론이 천하에 가득 찼으니, 천하의 이론은 양주에게 귀착되지 않으면 묵적에게 귀착되고 있다."고 말하고 있는 것으로 보아 한때 그는 명성이 대단하였던 사상가였음을 알 수 있다.

맹자는 다시 말을 이어 "양주와 묵적의 도가 없어지지 않으면 공자의 도가 드러나지 않을 것이다. … 이론으로 양주와 묵적의 도를 막아낼 수 있는 것은 성인의 무리이다."라고 말하고 있으니, 맹자의 시대에는 양주의 학설이 묵가·유가와 함께 세상의 삼대 학파를 형성하고 있었던 듯하다.

양주가 확실히 어느 때 사람인가는 알 수가 없다. 《열자》양주(楊朱)편에는 양주와 묵자(墨子)의 제자 금골희(禽滑釐)와의 문답이 실려 있는데, 금골희가 "그러니 선생의 이론을 가지고 노담(老聃)과 관윤(關尹)에게 물어보면 선생의 말이 맞다 할 것이오, 나의 이론을 가지고 우(禹)임금과 묵적(墨翟)에게 물어보면 내 말이 맞다 할 것입니다."라고 말하고 있다. 이로 보아 양주가 노자의 학파에 속하는 사람임을 알 수 있는 동시에 묵자의 제자인 금골희와 같은 시대 인물임을 알 수 있다.

묵자는 대체로 공자의 손자 자사(子思)와 같은 시대 사람으로 생각되므로, 묵자의 제자와 토론을 한 양주는 자사보다도 뒷사람으로 보아야 할 것이다.[45] 한편 《열자》의 황제(黃帝)편에는 "양주가 남쪽 패(沛) 땅에 갔을 때, 노담(老聃)이 서쪽 진(秦)나라로 여행을 와서, 교외에서 그를 마중하여 양(梁)나라로 와서 노자와 회견하였다."는 기록이 보인다. 장잠(張湛)이 《열자》의 주에서 말한 것처럼 이것은 꾸며낸 우언(寓言)인지도 모르지만, 이것은 양주가 젊었을 적(노자의 만년)의 일이고, 앞의 금골희(禽滑釐)를 만났던 것은 그의 만년(금골희가 젊었을 적)이라 볼 수는 없을까? 따라서 양주는 노자의 학문을 계승한 사람으로 직접 노자에게 배운 일도 있으며 관윤이나 열자보다는 약간 후배였던 듯하다.

양주에 관한 얘기는 《열자》·《장자》·《한비자》 등 여러 곳에 보이지만, 모두 그 내용이 단편적인 것이며 서로 모순되는 내용조차 있어서 그의 사상을 정확히 파악하기는 어렵다. 그러나 《맹자》 진심상(盡心上)편에서는 "양자(楊子)는 위아(爲我)를 주장하여, 자기의 털 한 개를 뽑아 천하를 이롭게 할 수 있다고 하더라도 그는 하지 않았다."하였고, 《여씨춘추(呂氏春秋)》 불이(不二)편에서는 "양생(楊生)은 자기를 귀히 여기었다."고 하였

---

45) 《열자(列子)》 양주(楊朱)편에는 또 양주(楊朱)와 양왕(梁王)의 대화가 실려 있는데, 양왕이 왕을 참칭(僭稱)한 것은 양혜왕(梁惠王) 원년(BC. 370)이니 양주가 양왕을 만난 것은 그 이후라야 한다.

으니, 그가 묵자의 겸애주의(兼愛主義)와는 반대가 되는 극단적인 위아주의(爲我主義)의 주장자였음을 알 수 있다. 그리고 이것이 노자와 크게 다른 특징이기도 하다.

그러나 그의 위아주의의 바탕은 노자와 비슷한 원리에 입각하고 있었던 듯하다. 《회남자(淮南子)》범론훈(氾論訓)에는 "본성을 온전히 하고 참됨을 보전하여(全性保眞), 사물(事物)로 말미암아 육체에 누를 끼치지 않도록 하는 것이 양자의 입장이었다."라고 설명하고 있다. 《열자》 양주(楊朱)편에 소개하고 있는 다음과 같은 내용이 곧 "본성을 온전히 하고 참됨을 보전하는 것"을 설명하는 것이 아닐까 싶다.

> 태고적 사람들은 삶이란 잠깐 동안 와 있는 것임을 알았고, 죽음이란 잠깐 동안에 가 버리는 것임을 알았다. 그러므로 마음을 따라 움직이되 자연을 어기지 않았으며, 자기가 좋아하는 자신의 즐거움을 버리는 일이 없었다. 그러므로 명예를 위해 힘쓰지 않았고, 본성을 따라 노닐되 만물을 거스르지 아니하였다. 사람들이 좋아하는 죽은 뒤의 명예도 취하지 아니하였다. 그러므로 형벌이 그들에게 미치는 일이 없었고, 명예에 앞서고 뒤지는 일이나 수명이 길고 짧은 것 같은 것을 헤아리는 일이 없었다.

이에 따르면 세상의 명예나 사회에서의 귀하고 천한 것 같은 것에 마음을 쓰지 않고, 수명이 길고 짧은 것에 대하여도 신경을 쓰는 일 없이 본성대로 자연스럽게 살 것을 주장하였음을 알게 된다. 남이나 밖의 사물을 거스를 필요도 없지만, 또 그것을 위할 필요도 없다는 것이다. 모두가 본성대로 참되게 제각기 살아가기만 하면 된다는 것이다.

양주가 말하였다. 백성들이 휴식을 얻지 못하는 것은 다음 네 가지 일 때문이다. 첫째는 오래 살려는 것이요, 둘째는 명예를 추구하는 것이요, 셋째는 지위를 추구하는 것이요, 넷째는 재물을 추구하는 것이다. 이 네 가지를 추구하는 자는 귀신을 두려워하고 사람을 두려워하게 되며, 위세를 두려워하고 형벌을 두려워하게 된다. 이런 자들을 둔인(遁人)이라 말한다. 이들은 죽일 수도 있고 살릴 수도 있으니, 목숨을 통제하는 이가 자기 밖에 있게 되기 때문이다. 운명을 거스르지 않으면 어찌 오래 사는 것을 부러워하겠는가? 귀한 신분을 뽐내지 않는다면 어찌 명예를 부러워 하겠는가? 권세를 필요로 하지 않는다면 어찌 지위를 부러워하겠는가? 부를 탐하지 않으면 어찌 재물을 부러워하겠는가? 이런 사람들을 순민(順民)이라 말한다. 천하에 두려워할 것이 없고, 목숨을 통제하는 기능이 자기 안에 있기 때문이다.

이 말은 양주가 수명이나 명예나 지위와 재물 같은 것에 마음을 쓰지 않고 자기 본성대로만 살아갈 것을 주장한 사상가였음을 알려준다. 《회남자》에서 양주를 "사물로 말미암아 육체에 누를 끼치지 않으며" "본성을 온전히 하고 참됨을 보전하였다."고 평한 것도 이 때문일 것이다. 이런 점은 양주가 노자의 마음을 텅 비게 하고 욕심을 갖지 않아야 한다는 가르침을 계승한 사상가였음을 증명하는 것이다. 다만 그가 자기를 위하려는 생각뿐만이 아니라 남을 위하려는 의식까지도 철저히 부정하고 나선 데에 그 특징이 있었던 듯하다.

6. 전변(田駢)·신도(愼到)

전변과 신도에 대한 기록은 《장자》 천하(天下)편과 《순자(荀子)》 비십이자(非十二子)편에 보인다. 이 두 사람에 대한 기록은 모두 두 사람을 같은 학파의 사람들로 평하고 있는 점에 있어서는 같지만, 《장자》와 《순자》에서 비평하고 있는 이들의 학설에는 성격상 차이가 있다. 《순자》 비십이자편에서는 이들에 대하여 다음과 같이 쓰고 있다.

법을 숭상하면서도 법이 없고, 법을 닦는 것은 가벼이 여기면서도 법을 제정하기는 좋아하며, 위로는 윗사람들의 말을 잘 듣고, 아래로는 세상 습속을 따르는 방법을 취한다. 하루 종일 떠들며 법전(法典)을 이룩하지만 자세히 그것을 살펴보면 아리송하여 귀착되는 곳이 없다. 그들은 나라를 다스리거나 자기의 분수를 정할 수가 없다. 그러나 그들의 주장에는 근거가 있고, 그들의 이론에는 이치가 있어 어리석은 사람들을 속이고 미혹시키기에는 충분하다. 이것이 바로 신도와 전변이다.

이에 따르면 이들은 법가에 속하는 사상가인 듯하다. 그러나 《장자》 천하편의 비평은 이와 성질이 다르다.

공정하여 어느 한편으로 기울어지지 않으며, 평등하여 사사로움이 없고, 마음이 텅 비어 추구하는 게 없으며, 사물에 대하여 차별을 두지 않는다. 생각을 고려하지 않으며, 지혜로써 꾀하지 않고, 사물에 대하여 가리는 게 없으며, 그것들과 함께 어울려 살아간다. 옛날의 도술을 닦은 이로서 이에 이른 사람이 팽몽(彭蒙)·전변·신도인데 그들은 그런 이론을 듣고서 좋아하였으며, 만물을 모두가 같은 것으로 보는 생각을 으뜸으로 삼았다.

이에 의하면 그들은 만물을 모두가 같은 것으로 본 도가에 속하는 사상가이다. 《한서》 예문지에서는 전변은 도가, 신도는 법가에 넣고 있다. 그리고 《여씨춘추(呂氏春秋)》에서 진변(陳騈, 곧 田騈)은 "고른 것을 귀히 여겼다."고 하였는데 이것은 《장자》 천하편의 비평과 일치하며, 《순자》의 해폐(解蔽)편에서 "신자(愼子)는 법에 가리어져 있었다."고 평한 것은 같은 비십이자(非十二子)편의 이들에 대한 비평과 일치한다. 이렇게 볼 때 이들은 다같이 노자의 사상을 계승하기는 하였지만 전변은 만물이 모두가 같다는 사상을 위주로 하였고, 신도는 전변의 그러한 사상을 법학에까지 응용하였던 사람이 아닌가 한다.

《사기》 맹순열전(孟荀列傳)을 보면, 먼저 맹자와 추연(騶衍)에 관한 사적을 기록한 데 이어,

추연(騶衍)과 제(齊)나라의 직하선생(稷下先生)인 순우곤(淳于髡)·신도(愼到)·환연(環淵)·접자(接子)·전변(田騈)·추석(騶奭) 같은 무리들이 제각기 책을 지어 다스림과 혼란에 관한 일들을 논하였다.

하였고, 다시 "신도는 조(趙)나라 사람, 전변과 접자는 제(齊)나라 사람, 환연은 초(楚)나라 사람인데, 모두 황제와 노자의 도덕을 바탕으로 한 술법을 배워가지고, 그 뜻을 자기 나름대로 발전시키고 정리하였다. 그리하여 신도는 《십이론(十二論)》을 지었고, 환연은 《상하(上下)편》을 썼고, 전변과 접자도 모두 그들의 이론을 쓴 것이 있다."고 하였다. 직하(稷下)는 제(齊)나라 도읍(현 山東省 臨淄)으로, 선왕(宣王, BC. 342~BC. 324 재위) 때 천하의 학자들을 불러 모아 이들을 돌보아줌으로써 한때 그곳은 천하의 문화중심지가 되었었다. 그리고 세상에서는 이곳에 모였던 학자들을 '직하선생'이라 불렀었다.

맹자도 제나라로 선왕(宣王)을 찾아갔던 일이 있으니, 전변과 신도는 대략 맹자와 비슷한 시대 사람이었던 듯하다. 그리고 이들 이외에도 앞 《장자》 천하편에 보인 팽몽(彭蒙), 《사기》 맹순열전에 보인 접자·환연 등이 모두 직접 노자의 사상을 계승하였던 학자들일 것이다. 그러나 이들의 저서나 이들의 사상을 파악할 수 있는 자세한 기록이 남아 있지 않은 것이 매우 아쉽다. 또 앞에서도 이미 지적했듯이 법가를 비롯하여 음양가(陰陽家)·명가(名家)·병가(兵家)·권모가(權謀家) 등도 모두 직접 간접으로 노자의 영향을 크게 받고 발전한 학파들이다.

이밖에 후세 도가에서는 황제를 노자와 함께 숭상하여 《한서》 예문지에도 《황제사경(黃帝四經)》 4편, 《황제명(黃帝銘)》 6편, 《황제군신(黃帝君臣)》 10편, 《잡황제(雜黃帝)》 58편, 《역목(力牧)》[46] 22편의 황제와 관계가 되는 다섯 가지 책이 수록되어 있고, 지금도 《황제내경(黃帝內經)》을 비롯하여 한나라 초기의 《황제사경》의 잔문(殘文)[47] 등이 전한다. 그러나 이것들이 모두 가짜일 것임은 의심의 여지도 없다.

이상 얘기한 선진시대의 노자학파는 대체로 다음과 같은 두 시기로 나누어 고찰할 수가 있다.

제1기는 BC. 400년 무렵부터 BC. 350년 무렵에 이르는 시기로 이때에 활약한 사상가로는 노자를 비롯하여 문자(文子)·관윤(關尹)·열자(列子)·계관자(鶡冠子)·양주(楊朱) 등이 있다. 이들은 처세술이나 수양법에 있어 얼마간 의견에 차이가 있기는 하였으나, 서로 다른 학파로 갈릴 정도는 아니었다. 그리고 대부분이 노자보다 후배라 하더라도 노자에게 직접 배웠거나 적어도 노자를 만난 일이 있었던 사람들이다.

제2기는 BC. 350년 무렵부터 그 뒤 약 100년 동안에 활약했던 사상가들로, 전변(田駢)·장주(莊周)·신도(愼到)·한비(韓

---

46) 반고(班固) 스스로 여기에 "육국(六國) 때 지은 것으로 역목(力牧)의 이름을 빌리어 가짜로 만든 것인데, 역목은 황제(黃帝)의 재상이었다."고 주(註)를 달고 있다.

47) 《백서노자(帛書老子)》(臺灣 河洛圖書出版社)에는 한묘(漢墓)에서 근년에 발굴된 그 잔문(殘文)이 함께 수록되어 있다.

非) 등이 대표적인 인물들이다. 이 시기에 와서 노자학파는 완전히 다른 두 유파로 나누어진다. 전변과 장주는 노자의 본체론을 더욱 적극적으로 밀고 나가서 모든 상대적인 가치를 부정하며, 자아와 만물을 모두 같은 것으로 보면서 무위자연의 사상을 더욱 발전시킨다.

한편 신도와 한비는 현실을 긍정하면서 노자의 본체론보다도 그의 도술의 개념을 더욱 발전시켜 마침내는 법가를 이룩하게 된다. 신도와 한비는 인간과 만물에 대하여 평등할 수 있는 것은 그 본질이 아니라 그것들을 지배하는 법을 통해서라고 생각했던 때문이다.

제 2 절
장자(莊子)

1. 생애

장자는 노자의 사상을 계승하여 이른바 도가를 크게 발전시킨 학자이다. 《사기》 노장신한열전(老莊申韓列傳)에 보이는 그의 전기에 의하면, 그는 이름이 주(周)이고 자는 자휴(子休)이며, 몽(蒙, 지금의 河南省 商丘 북쪽)[48] 사람으로서 일찍이 몽(蒙)의 칠원(漆園)의 관리자 노릇을 했었다 한다. 그리고 양(梁)나라 혜왕

---

[48] 몽(蒙)을 《사기집해(史記集解)》에서는 양(梁)나라, 《사기색은(史記索隱)》에서는 송(宋)나라, 《태평환우기(太平寰宇記)》에서는 초(楚)나라에 속하는 땅이라 기록하고 있다. 그러나 청(淸) 염약거(閻若璩)의 《사서석지(四書釋地)》에 의하면, 이것들은 모두 한 곳을 가리킨다. 양나라는 한(漢)대의 경우, 송나라와 초나라는 춘추(春秋)시대와 전국(戰國)시대의 경우라는 것이다.

(惠王, BC. 370~BC. 335) 및 제(齊)나라 선왕(宣王, BC. 342~BC. 324)과 같은 시대 사람이었다. 그는 널리 공부하여 많은 것을 알고 있었고, 그의 학설의 요지는 노자를 근본으로 삼았다. 그리고 그의 저서는 10여만 언(言)에 이르는데, 대부분이 우언(寓言)으로 이루어져 있다. 또 어부(漁父)·도척(盜跖) 등의 편을 지어 가지고 공자의 무리들을 공격하면서 노자의 학술을 밝혔다고 하였다.

 그러나 장자의 생애에 대하여는 이 이상 확실한 기록이 없다. 노자의 생애보다는 그 근거가 확실한 듯이 느껴지지만, 그것도 대략 맹자(孟子, BC. 372~BC. 289)와 비슷한 연배였으리라는 추측 이상은 불가능하다. 그러나 이 시대의 제자백가들 중에서도 이들 두 사람은 가장 특출하고 서로 대립을 이루었던 사상가임에도 불구하고, 서로 상대방의 저서에는 상대방의 이름이 보이지 않는다. 이들이 서로 반대파들을 공격하는 입장에 있었으면서도, 《맹자》 가운데 장자란 이름이 보이지 않고 《장자》 가운데 맹자란 이름이 보이지 않는 것은 이상한 일이다.

 송대의 주희(朱熹, 1130~1200)의 《주자어류(朱子語類)》에 의하면, 맹자의 발자취는 일찍이 대량(大梁, 지금의 河南省 開封縣) 이남에 이른 일이 없었고, 장자는 몽(蒙) 사람이었기 때문에 두 사람은 서로의 이름을 듣지 못했던 것이라 생각되며, 또 한편 장자의 사상이나 이론은 그가 생존했을 당시에는 널리 알려지지 못하고 매우 좁은 지역에서만 논의가 되고 있었으며, 그의 사상 내용도 극히 내향적이어서 《장자》 외편(外篇)이나 잡편(雜

篇)에 보이는 것처럼 유가에 대한 투쟁적인 성격을 본시는 지니지 않았기 때문이라고 말하고 있다.

그래서《맹자》에는 장자에 대한 언급이 없고,《순자(荀子)》비십이자(非十二子)편에서도 논란의 대상이 되지 못한 채 겨우 "장자는 하늘(天, 곧 자연)에 가리어져 사람에 대하여는 알지 못하였다."고 해폐(解蔽)편에서만 간단한 평을 하고 있을 따름인 것이다.

그는 평생 벼슬하지 않고 자연에 숨어 가난하게 살았다지마는, 혜시(惠施) 같은 재상급의 인물을 친구로 사귀고 있었고, 많은 제자들을 가르쳤던 것으로 본다면 그가 완전히 무명인으로 세상과 동떨어진 생활을 하였다고만 볼 수도 없다.

그가 노자의 사상을 계승하였다고는 하지만 그들의 생애와 저서를 견주어 볼 때, 오히려 장자편이 더욱 믿음직하고 학설이 더욱 체계적이다. 이 때문에 학문상으로는 도가를 흔히 〈노장학〉이라 부르지만 전목(錢穆)처럼 노자보다도 장자를 더 중요시하는 학자들도 적지 않다. 대만대학(臺灣大學) 교수를 지낸 왕숙민(王叔岷)씨는 장자의 생존연대를 ① BC. 370~BC. 280 ② BC. 360~BC. 290 ③ BC. 355~BC. 275의 세 가지 경우의 하나로 대략 추정하고 있다.

당(唐)대에 와서는 왕실에서 자기네와 종씨인 노자의 도교를 숭상하여, 현종(玄宗)의 천보(天寶) 9년(759)에는 장자를 남화진인(南華眞人)이라 부르도록 칙명을 내렸다.(《舊唐書》玄宗紀事 및 禮儀志 참조). 〈남화(南華)〉란 말은 장자가 조주(曹州, 지금의 山東 曹縣)의 남화산(南華山)에 숨은 일이 있다는 데서 유래한 것이다.(明 陸應陽《廣輿記》五 참조.)

2. 《장자》의 내용

《한서》예문지와 《여씨춘추(呂氏春秋)》 필기(必己)편에서는 「《장자》52편」이라 하였으나, 지금 우리에게는 33편의 《장자》가 전해지고 있다. 당나라 초기 육덕명(陸德明)의 《경전석문(經典釋文)》 서록(序錄)에는 그때 전하고 있던 《장자》의 주해서로,

《최선주(崔譔注)》10권 27편
《상수주(向秀注)》20권 26편
《사마표주(司馬彪注)》21권 52편
《곽상주(郭象注)》33권 33편
《이이집해(李頤集解)》30권 30편
《맹씨주(孟氏注)》18권 52편
《왕숙지의소(王叔之義疏)》3권

의 7종을 들고 있다. 이것들은 모두 진(晋)나라 때의 저술인데 52편으로 나와 있는 《사마표주》본과 《맹씨주》본도 한(漢)대의 것과는 차이가 있었을 것으로 여겨진다. 그러나 이 52편의 것은 《장자》의 가장 오랜 형식의 것이어서 이 속에는 《경전석문》 서록(敍錄)에서 지적하고 있는 알혁(閼奕) · 의수(意脩) · 위언

(危言)・유부(遊鳧)・자서(子胥) 같은 편들과,《사기》에 보이는 외루허(畏累虛)편,⁴⁹⁾《북제서(北齊書)》두필전(杜弼傳)에 보이는 혜시(惠施)편,《남사(南史)》문학전(文學傳)에 보이는 마추(馬捶)편 등, 지금의《장자》에는 보이지 않는 이른바 일편(逸篇)들이 들어 있었을 것으로 생각된다.

그러나 이것들은《경전석문》서록에서 지적하고 있는 것처럼 극히 조잡한 내용의 것들이었을 것으로 믿어진다. 그것은 지금까지 이것들이 모두 없어지고 33편의《곽상주》본 만이 전하고 있는 것으로도 미루어 알 수 있다.《곽상주》본은 상수(向秀)의 주석을 바탕으로 한 위에 사마표・최선 등의 장점을 따서 편찬 정리한 책으로 알려져 있다.⁵⁰⁾ 곽상은 다시《장자》를 다음과 같이 내편(內篇)・외편(外篇)・잡편(雜篇)의 세 가지로 크게 분류하고 있다.

내편—소요유(逍遙遊)・제물론(齊物論)・양생주(養生主)・인간세(人間世)・덕충부(德充符)・대종사(大宗師)・응제왕(應帝王) 합계 7편.

외편—변무(駢拇)・마제(馬蹄)・거협(胠篋)・재유(在宥)・천지

---

49)《사기》의 장자의 전기에는 외루허(畏累虛)편과 함께 항상자(亢桑子)편이 보이나《사기색은(史記索隱)》에서 이것은 곧 지금의《장자》에 보이는 경상초(庚桑楚)편임을 지적하고 있다.
50)《진서(晉書)》곽상전(郭象傳) 및 유의경(劉義慶)의《세설신어(世說新語)》에 의하면, 추수(秋水)・지락(至樂) 2편과 마제(馬蹄)편을 제외하고는 곽상은 상수(向秀)의 주를 거의 그대로 베낀 것이라 한다.

(天地)·천도(天道)·천운(天運)·각의(刻意)·선성(繕性)·추수(秋水)·지락(至樂)·달생(達生)·산목(山木)·전자방(田子方)·지북유(知北遊) 합계 15편.

잡편-경상초(庚桑楚)·서무귀(徐無鬼)·칙양(則陽)·외물(外物)·우언(寓言)·양왕(讓王)·도척(盜跖)·설검(說劍)·어부(漁父)·열어구(列禦寇)·천하(天下) 합계 11편.

그리고 곽상은 이들 독립된 각 편들에 각각 논리적인 의의를 부여하여, 《장자》의 고전적인 주석으로서 대표적인 위치에 놓이게 되었다.

《장자》 33편 중에서 앞머리 내편(內篇)만이 순수한 장자의 사상을 기록한 것이며, 문장에 있어서도 가장 뛰어난 부분이라는 데 대하여는 거의 모든 학자들의 의견이 일치하고 있다. 그리고 외편(外篇)과 잡편(雜篇)은 노자의 사상을 바탕으로 하여 장자의 사상을 그의 제자들이 다시 보충해서 쓴 내용으로 알려져 있다. 따라서 성격상 내편은 외편이나 잡편과는 크게 다른 점들이 몇 가지 눈에 뜨인다.

특히 내편에서는 인간 자체와 인간 주위의 사물들과 관계되는 모든 것, 곧 자아와 외부의 사물 일체를 모두 같은 것으로 보며 모든 개인적인 의식이나 감정을 초월하고 있지마는, 외편과 잡편에서는 흔히 자아와 현실적인 조건들을 따로 인정하고 심지어 자기의 논적까지도 의식하고 있는 것이다. 그러나 외편과 잡편의 내용이 도가의 사상에서 벗어나는 것이라고까지 볼 수는 없다. 노자나 장자의 사상과는 얼마간의 차이가 있다 하더라도 그것들은 오히려 후세 도가 사상에 더 가깝게 된 것들이기 때문이다.

청나라 초기의 왕부지(王夫之)는 《장자고(莊子故)》에서 "외편과 잡편은 모두 내편 7편의 뜻을 밝히기 위한 글이다."고 하였는데 일리가 있는 말이다.

왕숙민(王叔岷) 교수는 《장자》 33편의 사상적인 계통을 내용에 따라 다음과 같이 분류하고 있다.

① 서문 — 우언(寓言, 제27편), 책을 지은 의도를 밝힌 것.

② 무대(無待)를 논한 것 — 소요유(逍遙遊, 제1편), 의지하는 곳이나 바라는 것이 없어야 한다는 〈무대〉의 사상은 이 책 전체의 강령(綱領)이라 할 수 있다.

③ 양생(養生)을 논한 것 — 양생주(養生主, 제3편)는 그 본론, 달생(達生, 제19편)은 그 여론, 지락(至樂, 제18편)은 그 내용을 보충해서 쓴 것이며, 각의(刻意, 제15편)와 선성(繕性, 제16편)은 다시 그 내용을 보충해서 쓴 성격을 띤 내용이다.

④ 처세(處世)를 논한 것 — 인간세(人間世, 제4편)는 그 본론, 산목(山木, 제20편)은 그 여론, 외물(外物, 제26편)은 다시 그것을 내용을 보충해서 쓴 성격을 띤 내용이다.

⑤ 완전한 덕(全德)을 논한 것 — 덕충부(德充符, 제5편)는 그 본론, 전자방(田子方, 제21편)은 그 여론의 성격을 띠고 있다.

⑥ 제물(齊物)을 논한 것 — 제물론(제2편)은 그 본론, 추수(秋水, 제17편)는 그 여론의 성격을 띠고 있다.

⑦ 내성(內聖)을 논한 것 — 대종사(大宗師, 제6편)는 그 본론,

지북유(知北遊, 제23편)는 그 여론의 성격을 띠고 있다.

⑧ 외왕(外王)을 논한 것 ― 응제왕(應帝王, 제7편)은 그 본론, 재유(在宥, 제11편)는 그 여론, 양왕(讓王, 제28편)도 여기에 속하는 성격의 내용이다.

⑨ 이 밖의 천지(天地, 제12편)·천도(天道, 제13편)·천운(天運, 제14편) 등은 이 세상을 다스리는 외왕(外王)을 논한 것이라 볼 수도 있으나 앞의 것들과는 달리 전국시대 말엽의 유가 사상의 영향을 받은 내용의 것이다.

⑩ 경상초(庚桑楚, 제23편)·서무귀(徐无鬼, 제24편)·칙양(則陽, 제25편) 등은 양생·처세·제물·내성·외왕의 뜻들을 뒤섞어 서술한 내용의 것이다.

⑪ 변무(騈拇, 제8편)·마제(馬蹄, 제9편)·거협(胠篋, 제10편) 등은 노자의 사상을 발휘하는데 중점을 두고 있으나, 〈외왕〉 계열의 것이라 할 수도 있다.

⑫ 도척(盜跖, 제29편)·어부(漁父, 제31편) 등은 공자에 대한 공격을 위주로 하면서 〈삶〉을 소중히 할 것을 주장하고 있어 장자 본래의 사상과 크게 다른 성격을 보여준다. 그러나 앞의 것은 〈양생〉, 뒤의 것은 〈내성〉을 논한 계열 속에 포함시킬 수도 있다.

⑬ 설검(說劍, 제30편)은 장자가 조(趙)나라 문왕(文王)에게 칼에 대하여 얘기한 내용만을 싣고 있어서 종횡가(縱橫家)의 이론과 흡사하다.

⑭ 열어구(列御寇, 제32편)는 〈처세〉와 〈양생〉을 아울러 논하

면서 〈내성〉의 뜻도 약간 얘기하고 있고, 끝머리에는 장자의 죽음에 대하여 기록하고 있다.

⑮ 천하(天下, 제33편)에서는 도술의 연원을 전체적으로 논하면서 제자백가와 장자의 유파에 대하여 서로 같고 다른 차이를 논하고 있다.[51]

《장자》에 관한 주해로서 현재까지 전하는 것은 무척 많으나 그 중에서도 곽상(郭象)의 주에 다시 해설을 가한 당(唐) 성현영(成玄英)의 《남화진경주소(南華眞經注疏)》, 송(宋) 임희일(林希逸)의 《장자구의(莊子口義)》, 명(明) 조횡(焦竑)의 《장자익(莊子翼)》, 청(淸) 임운명(林雲銘)의 《장자인(莊子因)》, 곽경번(郭慶藩)의 《장자집석(莊子集釋)》, 마서륜(馬敍倫)의 《장자의증(莊子義證)》, 왕선겸(王先謙)의 《장자집해(莊子集解)》, 민국(民國)에 들어와서는 왕숙민(王叔岷)의 《장자교석(莊子校釋)》·《장자교전(莊子校詮)》, 전목(錢穆)의 《장자찬전(莊子纂箋)》 등이 뛰어난 것들이다.

---

51) 이상은 왕숙민(王叔岷)의 1959년 대만대학(臺灣大學) 강의고(講義稿)에 의거.

3. 노자와 장자

흔히 장자는 노자의 사상을 계승하여 도가 사상을 발전시킨 사람으로 알려져 있다. 그러나 전목(錢穆)처럼 노자를 제쳐놓고 장자를 도가의 창시자라 보는 이도 있다. 어떻든 도가를 대표하는 이들 두 사상가는 그들의 사상에 있어 어떤 차이를 지니고 있는가?

첫째, 장자는 공자의 유가 사상의 영향을 많이 받고 있다. 《장자》천하(天下)편을 보아도,

> 《시(詩)》는 뜻[志]을 서술한 것이고, 《서(書)》는 일[事]을 서술한 것이며, 《예(禮)》는 행실(行)을 서술한 것이고, 《악(樂)》은 조화(和)를 서술한 것이며, 《역(易)》은 음양(陰陽)을 서술한 것이고, 《춘추(春秋)》는 명분(名分)을 서술한 것이다.

라고 하면서, 유가의 육경(六經)을 긍정적인 방향에서 설명하고 있다. 이것은 장자가 육경에 통달해 있었음을 암시하는 것이기도 하다. 또 인간세(人間世)편에 인용된 공자의 말은 도가 사상을 밝히면서도 유가의 실천윤리에 별로 어긋나지 않는 점도 있다. 예를 들면,

> 천하에는 큰 법칙이 두 가지 있다. 그 하나는 명(命)이며 다른 하나는 의(義)이다. 자식이 어버이를 사랑하는 것은 명이니, 그것은 마음으로부터 풀어놓을 수가 없는 것이다. 신하가 임금

을 섬기는 것은 의이니, 어디를 가나 임금을 부정할 수 없고 하늘과 땅 사이에는 그로부터 도망칠 곳이란 없기 때문이다. 이것을 큰 법칙이라 하는 것이다.

라는 등의 내용이 그것이다. 이 밖에도 곳곳에서 공자의 말과 행동을 빌려 공자의 유가를 공격하고 있기도 하지마는 장자가 유학을 공부했었다는 사실도 곳곳에서 암시해 주고 있다.

둘째, 노자는 우주의 본체를 〈일(一)〉이라 한 데 비하여 장자는 그것을 〈태일(太一)〉이라 하였다. 〈도〉란 우리가 아는 현상계의 상대적인 기준을 초월한 절대적인 것이며, 시간과 공간을 초월하는 것이다. 노자도 사람이 인식하거나 형용할 수 있는 것은 이미 진실한 〈도〉가 아니라고 하였지만, 장자는 숫자로서의 〈일〉의 개념을 초월한 모든 것의 절대적인 근원임을 강조하기 위하여 그것을 〈태일〉이라 한 것이다.

셋째, 노자는 "도라는 물건 됨은 황홀하기만 한 것이다."라고 표현한데 대하여, 장자는 "도란 아무런 조짐[朕]도 없는 것"(齊物論)이라면서 〈무〉의 개념을 더욱 강조하였다. 곧 노자도 이미 〈무〉를 얘기하였지마는 장자는 더 나아가 〈무〉조차도 없었던 단계까지도 생각한 것이다. 곧 장자의 본체론은 노자보다도 더욱 철저한 〈무〉의 개념을 근거로 하고 있는 것이다.

넷째, 따라서 장자는 노자보다도 더욱 철저하게 삶과 죽음을 초월하여, 무아(無我)의 경지를 추구하였다. 장자의 〈무대(無待)〉의 경지란 자아 뿐만이 아니라 밖의 사물에 대한 의식조차도 초월한 인간으로서의 완전한 자유의 경지, 곧 인간의 타고난 속성조차도 모두 초월한 경지를 뜻한다. 따라서 노자는 어느 정도 국가나 사회를 의식하며 사회생활을 긍정한 데 비하여 장자는 이 모든 것을 초월하려 하였다. 노자는 도를 바탕으로 한 도술로써 온 세상을 오묘하게 다스리고, 사회의 모든 문제를 해결하려 한 데 비하여 장자는 그런 모든 것을 초월하였던 것이다.

《장자》천하(天下)편을 보면 장자 스스로 노자와 관윤을 자기와는 다른 유파의 사상가로 구분하고 있다.

> 근본은 정수로 삼고, 만물을 찌꺼기나 같은 것으로 알며, 축적되어 있는 것을 부족한 것이나 같이 여기면서, 담담히 홀로 신명(神明)과 더불어 지낸다. 옛날의 도술을 터득하여 이런 경지에 이르렀던 사람으로서 관윤(關尹)과 노담(老聃)이 그런 이론을 듣고서 좋아하였다.

> 모든 것이 아득히 형체가 없고 언제나 변화하고 있으며, 그렇게 해서 죽음이 있고 삶이 있으며, 하늘과 땅이 아울러 존재하고, 신명(神明)이 작용하고는 있지만, 아득히 그것들이 어디로 가는 건지, 갑자기 모든 것이 어디로 돌아가는 건지 알 수가 없다. 만물이 모두 우리 앞에 벌어져 있지만 귀결을 알 수는 없다. 옛날의 도술을 터득하여 이런 경지에 이르렀던 사람으로서 장주(莊周)가 그런 이론을 듣고서 좋아하였다.

표현이 명확하지는 않지만 장자 스스로 위에 얘기한 것과 같은 방향에서, 노자와 자기 자신의 사상적인 성격의 차이를 파악했던 것 같다.

　어떻든 장자는 노자의 사상을 더욱 극단적으로 발전시킨 사람이어서, 간단히 말하면 그는 노자의 적극적인 지지자라 할 만한 성격의 인물이다. 도가 사상은 장자에 이르러 더욱 구체화되고 더욱 발전하였다고 보아야 할 것이다.

제3절
법가(法家)와 병가(兵家)

앞(제3장 제4절 노자와 제자 및 제5장 제4절 병술(兵術))에서 이미 법가와 병가가 노자 사상의 영향을 크게 받고 발전한 학파임을 논하였다. 그리고 이 장의 〈제1절 노자의 제자들〉에서는 전변(田駢)과 신도(愼到)를 소개함에 있어서는 이들이 법가에 속하는 사상가들이면서도 직접 노자의 사상을 계승한 학자들임을 논하였다. 노자는 그 밖의 다른 제자백가들에게도 널리 영향을 미치고 있지만, 특히 법가와 병가에의 영향이 뚜렷하여 따로 여기에 절을 나누어 논하게 된 것이다.

사마천의 《사기》를 보면 맹자순경열전(孟子荀卿列傳)에서는 "신도(愼到)는 황제와 노자의 도덕지술(道德之術)을 배웠다."고 하였고, 노장신한열전(老莊申韓列傳)에서는 "신불해(申不害)의 학문은 황제와 노자에 근본을 두고 있다. 한비(韓非)는 형명(刑

名)과 법술에 관한 학문을 좋아하여, 그 근본 취지는 황제와 노자에 근본을 두고 있다."고 쓰고 있다. 사마천이 또 다른 법가의 사상가인 상앙(商鞅)에 대하여는 그렇게 이야기하고 있지 않지만 전체적으로 법가의 대표적인 인물들이 모두 그들 학문의 뿌리를 도가에 두고 있음을 강조하고 있다.

법가는 보통 유가, 특히 순자(荀子)의 사상을 계승 발전시켜 이루어진 사상가들로 여겨지고 있다. 그러나 또 하나의 중요한 사실은 바로 노자의 이론을 계승하여 그들의 사상체계를 이루고 있다는 것이다. 곧 그들의 〈법〉의 사상은 도가의 〈도〉로부터 나온 것이다. 《한비자》를 보면 대체(大體)편에서,

　　화복(禍福)은 도와 법에서 생겨나는 것이다.

　　도를 근거로 하여 법은 온전하게 되는 것이다.

는 등의 말을 하고 있다. 호남(湖南) 장사(長沙)의 마왕퇴(馬王堆) 한묘(漢墓)에서 나온 《백서노자(帛書老子)》 앞머리에 있는 〈경법(經法)〉의 첫마디가, "도가 법을 낳는다."(道生法)는 것이다.

《한비자》 중에는 해로(解老)편과 유로(喻老)편이 있는데, 해로편은 주로 《노자》의 글뜻을 해석한 내용이고, 유로편은 《노자》의 사상과 관계되는 역사적인 사실의 인증이 중심을 이루는 내용이다. 이 두 편을 통하여 한비자의 사상이 노자에게로 귀착됨을 짐작할 수가 있다. 그러나 《한비자》에서 황제에 관계되는 얘

기를 하고 있는 곳은 오직 양각(揚推)편 한 곳에 있을 따름이다.
 법가와 병가는 노자의 도술의 개념을 바탕으로 발전한 것이다. 도가에서는 인위적인 것 자체를 부정하고 있으므로 권모술수 같은 것은 용납될 여지도 없을 성 싶다. 실제로《사기》의 진승상세가(陳丞相世家)를 보면, 진평(陳平)이 "나는 음모가 많은데, 음모는 도가에서 금하고 있는 것이다."고 말하고 있다. 그러나 실제로《노자》를 읽어 보면 권모술수에 가까운 느낌을 주는 이론들이 많다. 이미 앞의 제5장 제3절에서 노자의 도술에 대하여 자세히 논하였으니 참고 바란다.
 한비자는 도술을 법술로 발전시키기 위하여 노자가 역설한 〈도〉를 〈이(理)〉의 범주 속에서 이해하고 설명한다.

> 도라는 것은 모든 사물이 그렇게 되도록 하는 것이며, 모든 〈이〉의 근거가 되는 것이다. 〈이〉라는 것은 사물이 이루어지는 무늬이고, 〈도〉라는 것은 모든 사물이 이루어지는 근거가 되는 것이다. 그러므로 "도란 이를 존재케 하는 것"이라고 하는 것이다…. 〈이〉라는 것은 모나고 둥근 것과 길고 짧은 것과 거칠고 고운 것과 굳고 물렁한 분별 같은 것이다. 그러므로 〈이〉가 정해진 뒤에야 사물은 〈도〉를 지니게 되는 것이다.
> — 解老

 한비자는 노자의 도술을 법술로 탈바꿈을 시키고 있다.《한비자》를 보면 법(法)과 술(術)에 대한 다음과 같은 설명이 있다.

임금에게 있어서 큰 물건[大物]이란 법과 술이다. 법이란 것은 문서로 편찬하여 관청에 비치하고 백성들에게 공포하는 것이다. 술이란 임금 가슴속에 간직하였다가 여러 가지 일의 단서에 따라 대처하면서 여러 신하들을 은밀히 통제하는 것이다. 그러므로 법은 잘 드러나야 하지만, 술은 남에게 내보여서는 안 되는 것이다. -難三

다시,

법술은 놓아두고 마음으로 다스리기에 힘쓴다면 요(堯)임금이라 하더라도 한 나라를 바로잡지 못한다. -用人

고도 하였다. 그리고 신하들을 통제하여 백성을 다스리는 술책의 도구로서는 상벌(賞罰)의 분명한 운용을 강조하였다.

상을 주는 것과 형벌을 내리는 것은 나라를 다스리는 편리한 기구이다. 그것이 임금에게 있으면 신하들을 제어하게 되고, 그것이 신하에게 있으면 신하가 임금을 이기게 된다. 임금이 상을 보여주면 신하들은 그것의 일부를 이용하여 자기의 덕(德)으로 돌리며, 임금이 벌을 보여주면 신하들은 거기에 일부를 더 보태어 자기의 위엄으로 삼는다. 임금이 상을 보여주면 신하들은 그것으로 자기의 권세를 삼고, 임금이 벌을 보여주면 신하들은 그것으로 자기의 위엄을 더 보태게 된다. 그러므로 "나라를 다스리는 편리한 기구는 사람들에게 보여주어서는 안 된다."고 《노자》(제36장)에 말했던 것이다. - 喻老

그리고 보다 더 논리적으로 체계화하여 이른바 형명지학(刑名之學)을 이루고 있다. 〈형명〉의 〈형〉이란 〈형(形)〉의 뜻으로, 논리학적으로 설명하면 〈형〉이란 우리 외부에 있는 실체로서 객관적인 대상의 사물을 가리키고, 〈명〉이란 우리 내부에 있는 것을 가리키는 개념으로서 주관적인 명칭이 대표하는 것이다. 따라서 그것은 〈명실(名實)〉의 개념과도 서로 통하는 것이다. 《한비자》 주도(主道)편을 보면 먼저,

> 도라는 것은 만물의 시작이요, 옳고 그름을 가리는 기강이다. … 그러므로 텅 비고 고요함으로써 이루어지기를 기다리어, 명(名)으로 하여금 스스로 이름지어지게 하고, 사물로 하여금 스스로 결정지어지게 하는 것이다. 텅 비면 실체의 실상을 알게 되고, 고요하면 곧 움직이는 것이 빠르게 되는 것이다.

고 도의 체(體)의 텅 빈 것과 용(用)의 고요함을 강조하고 있다. 그리고 다시 형명(刑名)에 대하여 다음과 같이 설명하고 있다.

> 이론이 있으면 스스로 명(名)을 이루게 되고, 사물이 있으면 스스로 형(形)을 이루게 된다. 〈형〉과 〈명〉이 함께 잘 어울려야만 임금이 곧 무사하게 된다.

한비자는 "형명의 잘 어울림"을 강조하고 있다. 그는 노자의 도의 텅 비고 고요한 체용(體用)을 바탕으로 형명론을 전개하고 있는 것이다.

병가도 법가와 같이 노자의 도술을 병술의 차원으로 승화시키려 노력하고 있다. 《손자병법(孫子兵法)》만 보더라도 첫머리 시계(始計)편에서 "병(兵)이란 것은 나라의 큰 일이다."고 서두를 꺼내면서 그 〈큰 일〉은 "도(道)·천(天)·지(地)·장(將)·법(法)"의 다섯 가지 일로 다스려야 함을 주장하고 있다. 그리고는 〈병〉에 대하여 다음과 같이 설명하고 있다.

> 병이란 것은 속임의 도인 것이다. 그러므로 능력이 없는 듯이 보이고, 작용하면서도 작용하지 않는 듯이 보이며, 가까운데 뜻이 있으면서도 먼 곳에 있는 듯이 보이고, 먼 곳에 뜻이 있으면서도 가까운데 있는 듯이 보여야만 한다. 유리한 듯이 보이면서 유인해 내고, 어지러운 듯이 보이면서 상대를 공격해야 한다…. 적이 방비하지 않을 적에 공격을 하고 적이 뜻하지 않은 방향으로 행동해야 한다. - 始計

병법이란 철저한 권모술수라는 전제 아래 이론을 전개하고 있다. 그리고 그 술수의 이론적인 근거는 《노자》에 두고 있는 것이다.

> 모든 용병(用兵)의 법도에 있어서는, 적의 나라를 온전한 상태로 차지하는 것이 최상의 방법이고, 적국을 깨뜨려서 차지하는 것은 차선의 방법이다. 적의 군대를 완전한 상태로 유지하며 굴복시키는 것이 최상의 방법이고, 적의 군대를 깨뜨려 굴복시키는 것은 차선의 방법이다. … 그러므로 백 번 싸워 이기

는 것이 최선의 방법이 아니라, 싸우지 않고 적의 군대를 굴복시키는 것이 최선의 방법인 것이다. - 謀攻

그러므로 용병의 형식적인 극치는 형체가 없는 경지에 이르러야 하는 것이다…. 용병의 형식은 물과 같아야 한다. 물의 형식은 높은 곳은 피하고 낮은 곳으로 가는데, 용병의 형식도 실한 곳은 피하고 허한 곳을 쳐야 하는 것이다. - 虛實

"싸우지 않고 이긴다."든가 "용병의 형체가 없음"은 모두 노자의 무위의 개념을 이어받아 응용한 것이며, 물을 본받으라는 것도 물의 강함을 역설한 노자의 사상에 바탕을 둔 것이다.

그밖에도 노자의 변증법적인 논리의 응용은 도처에 보인다. 보기를 들어보자.

그러므로 용병을 잘 하는 사람은 적의 군대를 굴복시키되 전투를 벌이지 아니하고, 적의 성을 함락시키되 공격하지 아니하고, 적의 나라를 파괴하되 오래 싸우지 아니한다. 반드시 온전한 채 천하에서 다투기 때문에 병력을 손상시키지 아니하고 이익을 완전히 거둬들이게 된다. - 謀攻

승리한 것을 보고 여러 사람들이 알 수 있는 정도에 불과한 것은 최선의 것이 아니다. 전쟁에 승리한 것을 보고 온 천하가 훌륭하다고 하는 것은 최선의 것이 아니다…. 용병을 잘 하는 사람은 도를 닦고 법을 보전한다. 그러므로 승리와 패배의 다스림을 뜻대로 하게 되는 것이다. - 軍形

사실 노자의 사상을 냉정히 따져보면 처음부터 술법 같은 요소를 지니고 있다. 곧 〈무〉라는 것은 실상 모든 〈유〉를 강조하는 말이다. 〈무〉는 모든 〈유〉를 만들어 내고 존재케 하고 있는 것이기 때문이다. 따라서 〈무위〉는 모든 것을 이루어내고 변화하게 하는 가장 위대한 작위(作爲)가 된다. 무명(無名)은 결과적으로 최대의 명성을 이룩하려는 것이고, 무욕(無欲)은 실제로는 모든 욕망을 얻으려는 것이며, 무사(無事)는 세상의 모든 일을 자기 뜻대로 잘 이루려는 것이다.

노자는 부드럽고 약해야함을 강조하면서도 그것을 결국은 굳은 바위 돌도 갈아내는 물에 비유하고 있으니, 부드럽고 약한 것은 세상의 무엇보다도 억세고 강한 것을 실제로는 추구하고 있는 것이다. 그뿐 아니라 노자는 약함 등의 개념을 술법으로 응용도 하고 있다.

상대를 오므라들게 하려면 반드시 먼저 그를 벌어지게 해준다. 그를 약하게 하려면 반드시 먼저 그를 강하게 해준다. 그를 패멸시키려면 반드시 먼저 그를 흥성케 해준다. 그의 것을 뺏으려 한다면 반드시 먼저 그에게 내준다.
將欲歙之, 必固張之. 將欲弱之, 必固强之.
將欲廢之, 必固興之. 將欲奪之, 必固與之. —제36장

그렇게 함으로써 "부드럽고 약한 것이 억세고 강한 것을 이기는 것이다."(柔弱勝剛强.)는 설명까지도 덧붙이고 있다.

이러한 노자의 사상이 법가와 병가를 발전시켰다는 것은 지극히 당연한 일이다. 그리고 뒤늦게 나라를 세운 노자의 초나라는 남만(南蠻)의 미개한 나라여서, 중원의 나라들과 싸우면서 나라의 세력을 발전시키기 위하여는 이러한 술법을 생각하지 않을 수가 없었을 것이다.

제4절
《여씨춘추(呂氏春秋)》와 《회남자(淮南子)》

《한서》 예문지를 보면 잡가(雜家) 속에 《여씨춘추(呂氏春秋)》 26편에 《회남내(淮南內)》 21편, 《회남외(淮南外)》 33편이 수록되어 있다. 반고(班固)가 그처럼 이들을 잡가류(雜家流)로 처리한 것은 이들 속에 실려 있는 내용이 그 당시의 여러 가지 학설이나 사상 전반에 걸쳐 있기 때문이다. 그러나 이 두 책은 진한(秦漢)대의 도가 사상을 이해하는데 있어 빼놓을 수 없는 중요한 저술이다.

《여씨춘추》는 《사기》 여불위열전(呂不韋列傳)에 의하면 진시황(秦始皇)의 재상이었던 여불위(呂不韋, ?~BC. 235)가 그의 집에 모여 들었던 수많은 식객(食客)들로 하여금 그들의 식견을 기록케 한 것을 편찬한 것이라 하니, 본시부터 잡가의 성격을 띠고 있었음은 당연한 일이다. 본시 이는 "팔람(八覽)·육론(六論)·십이기(十二紀) 등 20여만 언(言)"으로 이루어져 있고, 흔히 《여람(呂覽)》이라 약칭하기도 한다. 다시 그 내용은 기(紀) 51편, 남(覽) 63편, 논(論) 36편으로 나누어져 있으니 실제로는 도합 160편에 이른다.
　여기에는 유가·묵가·법가·명가·음양가(陰陽家)·종횡가(縱橫家)·병가·농가(農家)·소설가(小說家) 등 여러 가지 제자의 이론들이 등장하고 있으나, 그 중에서도 가장 중요한 것은 도가의 이론이라 할 것이다.
　먼저 정치론을 보면 심분람(審分覽) 군수(君守)편에서는 고요함을 바탕으로 하는 도술에 의한 다스림을 역설하면서 《노자》 제47장을 인용하고 있고, 맹춘기(孟春紀) 귀공(貴公)편에서는 안팎을 고르게 하고 현명한 이와 어리석은 이를 모두 같은 사람으로 아는 대공(大公)의 이상을 논하고 있고, 심응람(審應覽) 중언(重言)편에서는 "소리가 없는 것을 듣고 형체가 없는 것을 보며 다스리는 성인의 다스림"을 논하고 있는데 모두 노자의 사상에 바탕을 둔 것이라 할 수 있다. 이 밖에 효행람(孝行覽) 수시(首詩)편, 사순론(似順論) 별류(別類)편, 계춘기(季春紀) 선기(先己)편에 보이는 정치론도 대체로 노자의 사상에 바탕을 둔 것이다.
　다음으로 처세론을 볼 것 같으면 맹춘기(孟春紀) 본생(本生)편과 중기(重己)편에서 사람은 소리나 색깔 또는 재물과 이익에 미혹당하지 말고 자신의 본성을 온전히 하여야만 한다는 요지의 주장을 펴고 있고, 중춘기(仲春紀)의 귀생(貴生)편과 정욕(情欲)편, 계춘기(季春紀)의 진수(盡數)편, 효행람(孝行覽)의 필기(必己)편과 신인(愼人)편 등도 대체로 도가 사상을 바탕으로 한 양생론을 편 내용이다.

그 밖에 심응람(審應覽) 정유(精諭)편의 "지극한 말은 말을 떠나있고, 지극한 행위는 무위하다."는 취지나 《장자》 전자방(田子方)편의 내용을 인용한 대목 등은 순전한 도가 사상이다. 이 밖에도 단편적인 도가 사상은 여기저기서 발견된다.

이밖에 《여씨춘추》에는 도가서에서의 인용이 적지 않아 이를 통하여 이미 없어지고 전해지지 않는 도가서의 내용을 일부분이나마 엿볼 수 있다. 근인 이준지(李峻之)의 《여씨춘추중고서집일(呂氏春秋中古書輯佚)》에 의하면(《古史辨》 第六冊 上篇) 도가에 관한 것으로는 《이윤서(伊尹書)》《漢書》 藝文志 道家;《伊尹》 51篇, 小說家;《伊尹說》 27篇, 今佚) 2조목,《공자모(公子牟)》《漢書》 藝文志;《公子牟》 4篇 今佚) 1조목,《전자(田子)》《漢書》 藝文志,《田子》 25篇 今佚) 3조목,《황제서(黃帝書)》(앞에 보임) 5조목 등이 이곳저곳에 보이고,《한서》 예문지에는 실려 있지 않지만 공자모(公子牟)와 같은 계열의 사상가라고 생각되는 자화자(子華子)의 말 6대목이 전편에 걸쳐 여기저기에 실려 있고, 본생(本生)·중기(重己)·귀생(貴生)·정욕(情欲)·진수(盡數) 같은 여러 편은 양주(楊朱)의 사상을 위주로 한 듯도 하다. 그러한 까닭에 《장자》 천지(天地)편에 "세 가지 환난[三患]이 이르지 않으면, 몸에는 언제나 재앙이 없게 된다."고 한 말의 "세 가지 환난"의 내용을 뒤에 나온 《여씨춘추》 맹춘기(孟春紀) 본생(本生)편의 기록을 통하여 알 수 있게 되는 경우조차도 있다.

이 책은 문제는 적지 않지만 양계초(梁啓超, 1873~1929)가

《고서진위급기연대(古書眞僞及其年代)》에서 "이 책은 2천 년을 지났으면서도 빠지고 없어진 부분도 없고 앞뒤가 뒤섞인 부분도 없으며, 거기에 고유(高誘)의 훌륭한 주까지 붙어 있으니 옛날 책 중에 가장 완전하고 훌륭하여 읽기 좋은 것이다."라고 말했을 정도로 잘 전해 내려 온 책이다. 진·한(秦漢) 무렵의 사상적인 풍토를 이해하는 데에는 무엇보다도 좋은 참고서가 될 수밖에 없는 것이다.

《회남자(淮南子)》도 역시 회남왕(淮南王) 유안(劉安, ?~BC. 122)이 자기 집에 모여든 식객 수천 명으로 하여금 쓰게 한 뒤 그것을 편찬한 것이며(《漢書》 淮南王列傳), 《한서》 예문지에 보이는 《회남내(淮南內)》 21편과 《회남외(淮南外)》 33편 가운데 《내서(內書)》가 지금까지 《회남자》로 전해지고 있다.(高誘《淮南子》注 序文.) 《회남자》가 일괄된 사상없이 잡가의 성격을 띠고 있는 것도 그 저술의 성격상 어쩔 수가 없는 일이다. 예를 들면 원도훈(原道訓)·숙진훈(俶眞訓) 같은 편에는 거의 순수한 도가 사상이 담겨져 있고 유가나 법가를 배격하고 있는데 비하여, 수무훈(脩務訓)·태족훈(泰族訓) 같은 편은 유가 사상이 주된 내용이며, 주술훈(主術訓) 같은 데에서는 법가에 반대하는 의견이 보이는가 하면 또 한비자(韓非子)의 견해를 따른 대목도 뒤섞여 있다.

그 밖에 천문훈(天文訓)·축형훈(墜形訓)·시칙훈(時則訓) 같은 것들처럼 본질적으로는 어느 학파에도 속하지 않는 일반적인 당시의 지식을 쓰고 있는 것, 병략훈(兵略訓)처럼 병가의 이론을 쓰고 있는 것들도 있다.

　그러나 자세히 살펴보면 이 책은 《여씨춘추》와 그 성격이 판이함을 깨닫게 된다. 곧 《여씨춘추》에서는 도가의 사상이 그 일부분만을 차지하고 있고, 그 내용도 단편적이며, 이와 함께 섞여 있는 유가나 묵가의 이론과 거의 아무런 관계도 없다. 그러나 《회남자》를 보면 그 속에 여러 학파의 학설이 실려 있는 것은 사실이나, 그 중에서도 도가 사상이 전체적으로 주조를 이루고 있다. 말하자면 《회남자》를 관통하고 있는 주요 사상이 도가 사상이며, 거기에 실린 유가나 법가 또는 병가의 사상이라 하더라도 그것은 도가화 되었거나 적어도 도가적인 사상과 연결지어져 있는 이론들이라는 것이다.

　그리고 《노자》·《장자》의 말이나 그것을 약간 바꾼 말들이 본문의 도처에 자기 이론의 근거로써 인용되고 있으며, 도응훈(道應訓)처럼 말끝마다 노자의 말을 인용하여 그 이론의 근거로 삼고 있어, 전편을 바꾸어 놓으면 《노자》의 해설이라고 볼 수도 있게 되는 부분조차도 있다.

　따라서 《회남자》는 도가서라 말하여도 크게 손색이 없는 저서인 것이다. 여기에 여러 학파의 이론이 인용되고 또 순수한 도가 사상에서 벗어난 경향을 보여주고 있는 것은 진·한(秦漢) 시대 학술계의 특수성을 드러내는 것이라 할 것이다. 어떻든 이 책은 한나라 초기의 도가 사상을 이해하는데 있어 없어서는 안 될 중요한 저서인 것이다.

　특히 회남왕(淮南王) 유안(劉安)이 신선술을 좋아하여, 정사

(正史)에서는 그가 반란을 꾀하다가 죽음을 당한 걸로 되어 있으나, 진(晋)나라 갈홍(葛洪)이 지었다는 《신선전(神仙傳)》에서는 대낮에 하늘로 올라갔다는 전설이 전해진다. 그가 편찬한 《회남자》에는 직접 신선술을 쓴 곳은 없으나, 여기에 적혀 있는 도가 사상은 적어도 신선술 또는 방술(方術)의 영향을 받은 시대의 도가 사상임에 틀림없는 것이다.

제7장

노자와 도교

제1절
도교의 기원

후세에 이르러 노자의 도가 사상은 중국 고래의 여러 가지 민간신앙을 흡수하여 도교라는 새로운 종교를 이룩한다. 도교에서도 흔히 노자를 자기네의 개조(開祖) 또는 중흥조(中興祖)로 받들고 있어서 도가 사상과 혼동하기 쉽지만 도교와 도가는 판연히 다른 것이다. 무엇보다도 도교에서는 불로장생(不老長生)을 추구하며 신선술을 믿고 있는데, 이것은 삶과 죽음을 초월하는 노자나 장자의 사상과 크게 다른 것이다. 그러나 이 세상의 일반적인 가치를 부정하고 현실을 초극(超克)하려는 기본 태도에 있어서는 서로 상통되는 점이 많다. 어떻든 도가 사상의 변질이라고도 볼 수 있는 도교는 민간 신앙과 결합되면서 민간 생활 깊숙이 파고들어, 한나라 이후 2천여 년의 역사를 통하여 중국사회의 외면을 지배해 온 것이 유교라면 그 내면을 다스려 온 것은 도교라고도 할 수 있는 정도의 발전을 이룩하고 있다.

그러면 이러한 도교는 어디에서 시작되고 있는가? 도교에 관한 여러 가지 전적들 중에는 그 시조에 대하여 다음과 같이 여러 가지 서로 다른 기록들을 하고 있다.

《위서(魏書)》 석노지(釋老志)의 기록은 다음과 같다.

> 도가의 근원은 노자에게서 나왔다. 그는 스스로 말하기를 하늘과 땅보다도 먼저 생겨나 만물의 근원이 되었으며, 위로는 옥경(玉京)에 자리잡아 신왕(神王)들의 조종(祖宗)이 되었고, 아래로는 자미(紫微)에 거처하면서 날아다니는 신선들의 종주(宗主)가 되었다. 갖가지로 변화하여 덕(德)이 있는 게 덕이 아닌 것이 되기도 하며, 여러 가지로 사물에 따라 감응하여 그 자취가 무상하다. 헌원씨(軒轅氏)에게는 아미산(峨眉山)에서 가르침을 전수하였고, 제곡(帝嚳)에게는 목덕(牧德)에서 가르쳤으며, 대우(大禹)는 그에게서 장생의 비결을 배웠고, 윤희(尹喜)는 그에게서 도덕의 뜻을 가르쳐 받았다.
>
> 단서자자(丹書紫字)나 승현비보(昇玄飛步)의 경(經)이나 옥석금광(玉石金光)이나 묘유영동(妙有靈洞)의 설(說) 같은 것으로 말하면, 그런 글을 이루 다 적을 수가 없을 정도이다. 그는 가르침을 펴는데 있어서 언제나 사루(邪累)를 떨어 버리고 마음과 정신을 깨끗이 씻어 행실을 쌓고 공적을 세워 덕을 쌓고 선(善)을 늘림으로써, 마침내는 백일승천(白日昇天)하고 세상에 영원히 살 수 있다 하였다. 그래서 진시황(秦始皇)과 한무제(漢武帝)도 매우 마음이 끌렸었다.

그리고 영제(靈帝)는 탁룡지(濯龍池)에서 황제와 노자를 모시고 단장(壇場)을 마련해 놓고 예를 갖추었다. 후한 때의 장릉(張陵)이 혹명산(鵠鳴山)에서 도를 물려받자, 천관장본(天官章本) 1,200을 전하니, 제자들이 서로 그것을 전수하여, 그 일이 크게 행해지게 되었다. 이들이 재계하고 제사지내며 절하여 자기 법도(法道)를 이룩하니, 곧 삼원(三元)·구부(九府)·백이십관(百二十官)이 있게 되어 모든 신들을 다 거느리게 되었다. 또 겁수(劫數)를 얘기하기도 하는데, 그것은 매우 불경(佛經)과 비슷하다. … 그들의 책은 대부분이 금비(禁秘)에 속하는 것이어서 그들의 무리가 아니면 볼 수가 없다. 쇠붙이를 변화시키고 옥을 녹이며, 부적을 쓰는 등의 기방(奇方)과 묘술 같은 것은 만 가지 천 가지도 넘는다. 위로는 우화승천(羽化昇天)을 얘기하고 아래로는 재난을 없애고 불행을 막을 수 있다고 한다. 그래서 기이한 것을 좋아하는 사람들이 흔히 그들을 높이며 섬기고 있다.

도교가 노자에게서 시작되었다는 주장과 함께, 후세 도교의 성격에 대하여도 언급되고 있어서 이 글을 자세히 인용하였다. 그러나 이보다 후세로 갈수록 도교에 있어서의 노자의 지위는 더 애매해진다. 갈홍(葛洪, 290~370)의 《신선전(神仙傳)》의 기록이 그 보기이다.

복희씨(伏羲氏)로부터 삼대(三代, 夏·殷·周)에 이르기까지 유명한 도사들이 시대마다 있었다. 그 중 노자는 특히 빈틈없이 도를 터득했던 사람이다. … 《도덕(道德)》 3편을 지었는데,

윤희(尹喜)가 그 도를 행하였다. 한나라 두태후(竇太后)에 이르러 황로(黃老)의 이론을 좋아해서 효문제(孝文帝)와 외척인 여러 두씨(竇氏)들로 하여금 모두 그것을 읽도록 하였다. 그러므로 장주(莊周)의 무리들은 노자를 조종으로 삼는 것이다.

여기에 의하면 노자는 중국에 태고적부터 있었던 유명한 도사 중의 한 사람이며, 오직 "장주의 무리들"만이 그를 조종으로 받든다는 것이다. "장주의 무리"란 도교가 아닌 도가를 가리킨다. 그러므로 도교에서는 노자 위에 도교의 창시자가 존재하지 않으면 안 되었다. 이에 갈홍(葛洪)은 《침중서(枕中書)》에서 다음과 같이 쓰고 있다.

 옛날 음양(陰陽)이 나누어지지 않고 흐리멍덩하고 홍몽(鴻濛)한 때에는 이루어진 형체가 없었고 하늘과 땅도 갖추어지지 않고 계란과 같은 모습을 하고 있어서 하늘과 땅 빛이 뒤섞이어 있었다. 이때 이미 반고진인(盤古眞人)이 있었는데 하늘과 땅의 정기(精氣)로써 스스로 원시천왕(元始天王)이라 호칭하며 그 속에 노닐고 있었다. 혼돈(渾沌) 속에 사겁(四劫)이 지나자 하늘이 큰 뚜껑처럼 형체를 잡았다. …다시 사겁이 지나자 음양이 비로소 나누어져 서로 3만 6천 리(里)의 거리가 있게 되었다. 원시천왕(元始天王)은 그 중심 위에 있으면서 옥경산(玉京山)이라 불렀는데, 산속의 궁전은 모두 금과 옥으로 장식되었다. 언제나 위로는 하늘의 기운을 호흡하고 아래로는 땅속의 샘물을 마시었다. 다시 이겁(二劫)이 지나자 홀연히 태원

옥녀(太元玉女)가 생겨났는데, … 태원성모(太元聖母)라 호를 하였다. 원시군(元始君)이 아래로 내려가 노닐다가 그를 만나 그와 더불어 기(氣)를 통하여 정(精)을 맺고는 상궁(上宮)으로 데리고 돌아왔다. …원시군(元始君)은 일겁(一劫)이 지나자 태원모(太元母)와 한 번 결합하여 천황십삼두(天皇十三頭)를 낳아 3만 6천 년을 다스렸는데, 부상대제동왕공(扶桑大帝東王公)이 되어 원양부(元陽父)라 칭하였다.

또 구광원녀(九光元女)를 낳아 태진서왕모(太眞西王母)라 칭하였는데, 이분이 서한부인(西漢夫人)이다. 천황(天皇)은 십삼두(十三頭)의 호를 받았는데, 뒤에 지황(地皇)을 낳았다. 지황은 십일두(十一頭)였는데, 지황은 인황구두(人皇九頭)를 낳았고, 각자 3만 6천 년을 다스렸다. 지금 전하는 삼황(三皇)의 천문(天文)은 이에서 밝혀졌다. 그러므로 하늘 위의 여러 대성(大聖)들과 땅 아래 신령들을 모두 불러 제어할 수 있게 되었다.

그래서 천진황인(天眞皇人)과 삼천진왕(三天眞王)은 아홉마리 용이 끄는 수레를 타고 다니게 된 것이다. 그 다음에 여덟 분의 제왕이 뒤잇는데 대정씨(大庭氏)·복희(伏羲)·신농(神農)·축융(祝融)·오룡씨(五龍氏) 등은 모두 그 후예인 것이다. 지금은 오악(五嶽)을 다스리고 있다.

이처럼 후세 도교에서는 도교의 시조를 천지가 창조되기 이전부터 존재하였던 원시천왕(元始天王)에서부터 따지고 있는 것이다. 따라서 노자는 이 계보에서는 까마득한 후세의 뛰어난 도사 중의 한 사람이 되고 마는 것이다. 《운급칠첨(雲笈七籤)》 권

101의 기록에 의하면, 도교는 원시천왕(元始天王)에서 시작되어 태상도군(太上道君)·상청고성태상대도군(上淸高聖太上大道君)·삼천군(三天君)으로 계승되었고, 뒤이어 청령시로군(靑靈始老君)·단령진로군(丹靈眞老君)·중앙황로군(中央黃老君)·금문호령황로군(金門皓靈黃老君)·오령현로군(五靈玄老君) 등이 나오고 그런 다음에야 혼원황제태상로군(混元皇帝太上老君)이 나오는데 이가 곧 노자라는 것이다. 그리고 노자에게 태상로군(太上老君)이란 존호(尊號)가 붙기는 하였으나 이미 노군(老君)은 노자만의 칭호가 아닌 것이 되었다. 청령시로군(靑靈始老君)은 도교에서 일반적으로 동화제군(東華帝君)이라 부르며, 한나라 이후로는 동왕공(東王公) 또는 동왕부(東王父)라 불렀고, 단령(丹靈)·황로(黃老)·호령(皓靈)·현로(玄老)와 함께 오방오로(五方五老)라 일컬어졌다.

 도교의 창시기인 후한의 장각(張角)과 장릉(張陵)의 시대에는 노자가 그들 종교의 개조로 받들어졌었고 그의 《도덕경》은 도교의 성스러운 경전으로 존중되었다. 그러나 동진(東晋) 이래로 노자 위에 무수한 개조들과 도교의 진인(眞人)들이 덧붙여지게 되었던 것이다. 그리고 도교의 경전인 《황정경(黃庭經)》 같은 것도 본시는 노자가 한가히 지내면서 칠언(七言)을 지은 것이라 하였으나, 뒤에는 《황정내경경(黃庭內景經)》 같은 것이 생겨나 그 첫머리에 "상청자하허황(上淸紫霞虛皇) 이전에 태상대도옥신군(太上大道玉晨君)이 예주(蘂珠)에 한가하게 지내면서 칠언(七言)을 지었다."고 말하고 있다. 노자는 비록 태상로군(太上

老君)의 칭호를 받았으나 이미 칠언(七言)의 작자 자리에서 밀려나게 되었던 것이다.

그리고 《노자중경(老子中經)》 같은 것도 노자가 지은 것이라 내세우고는 있으나, 거기에서 들고 있는 개조들의 이름을 보면 첫째가 상상태일(上上太一)로 도지부(道之父)라 일컬었고, 다음은 무극태상원군(無極太上元君), 셋째·넷째가 동왕부(東王父)와 서왕모(西王母)이고, 다섯째가 옥신대도군(玉晨大道君)인 도군(道君)이며, 노자는 노군(老君)으로 여섯째에 해당되는데, 일곱째의 태화(太和)와 함께 언제나 도군(道君) 곁에 시종하는 지위로 되어 있다.

이처럼 도교 자체에서의 도교의 기원에 대한 이론은 여러 가지로 황당하다. 그러나 시종 도교에 있어서의 노자와 그의 《도덕경》의 역할은 부인할 길이 없다. 중국에는 옛날부터 여러 가지 귀신에 대한 신앙과 무술(巫術)을 비롯하여 음양오행설 같은 이론이 민간에 유행하였는데, 여기에 진(秦)대의 신선술이 보태어지며 노자의 도가 사상과 결합함으로써 도교를 이룩하게 된 것이다. 이미 진한(秦漢)대에 신선술·장생술을 내세우고 여러 가지 주술(呪術)까지도 행하는 후세의 도사와 비슷한 방사(方士)들이 횡행하였다.

신성 사상은 전국(戰國) 말엽부터 유행하기 시작하여 초(楚)나라에 매우 성행하였고,[52] 제(齊)나라 위왕(威王)과 선왕(宣王) 및

---

52) 《초사(楚辭)》 원유(遠遊), 《전국책(戰國策)》 초책(楚策) 등 참조.

연(燕)나라 선왕(宣王) 등이 거기에 빠졌었다.[53] 그 중에서도 신선술에 가장 혹하였던 황제는 진시황(秦始皇)과 한무제(漢武帝)였다. 진시황 때에는 송무기(宋毋忌)·정백교(正伯僑)·충상(充尙)·선문자고(羨門子高) 같은 방사들이 임금을 미혹시켰고, 한무제 때에는 이소군(李少君)·소옹(小翁)·신군(神君)·혁대(奕大)·공손경(公孫卿) 같은 방사들이 나와 황제를 여러 가지로 농락하였다. 그러나 이들은 종교로서의 여러 가지 체제를 갖추지 못하였으므로, 본격적인 도교의 시작은 후한 때 천사도(天師道)를 개설한 때(AD. 142)로 미루지 않으면 안 된다.

---

53) 《사기(史記)》 봉선서(封禪書) 등 참조.

제2절
도교의 완성과 발전

　도교의 성립과 발전에 관한 역사적 일본의 학자들에 의하여 많은 성과가 이루어졌다. 소류사기태(小柳司氣太)의 《도교개설(道敎槪說)》, 처목직량(妻木直良)의 《도교지연구(道敎之硏究)》, 상반대정(常盤大定)의 《도교발달사개설(道敎發達史槪說)》 등이 그 중요한 것들이다. 중국에는 부근가(傅勤家)의 《중국도교사(中國道敎史)》가 있으나 일본의 업적을 크게 앞지르지는 못하고 있다.
　상반(常盤)의 《도교발달사개설》에서는 도교발달의 역사적인 시기를 다음과 같은 다섯 시기로 구분하고 있다. 제1기 개교시대(開敎時代), 제2기 교회조직시대(敎會組織時代), 제3기 교리연구시대(敎理硏究時代), 제4기 교권확립시대(敎權確立時代), 제5기 계승퇴화시대(繼承退化時代). 그리고 그는 서언에서 다음과 같이 도교 발전의 서로 다른 계통에 대하여 얘기하고 이들의 각 시기에 따른 특징에 대하여 설명하고 있다.

　남북조(南北朝) 이래로 도교는 다음 두 계통으로 나누어지는데, 원(元)대 이후로는 더욱 분명히 이대계통(二大系統)으로 구분된다. 곧 남방의 것을 정일교(正一敎)라 하는데 이들은 부록(符籙)과 과교(科敎)를 위주로 한다. 북방의 것은 전진교(全眞敎)라 하는데 이들은 복식(服食)과 연양(煉養)을 위주로 한다. 정일교에서는 교리를 존중하는 데 대하여 전진교에서는 실제 수양을 위주로 하는 것이다. 이것이 도교 발전의 대세이다. 북방의 교도들은 부단한 노력을 통하여 교회의 기초를 확립하고, 불교를 본받아 상당한 형식을 갖추었으므로 유교 불교와 함께 그들의 독립된 지위를 확보하였다. 그리고 남방의 교도들은 이들과 표리를 이루어 여기에 의리를 더 보탬으로써 장엄한 형식을 보여주게 되었다. 그 발전의 흔적은 대략 다음과 같은 다섯 시기로 구분할 수가 있다.
　제1기 개교시대(開敎時代) - 이 시기는 후한의 장릉(張陵)이 천사도(天師道)를 시작한 시대(서기 142)로부터 동진(東晋) 말(서기 419)에 이르는 277년 간이다. 이때 도사의 우두머리는 장릉이었고, 또 같은 시대의 우길(于吉), 약간 후대의 갈현(葛玄), 서진(西晋)의 진단(陳端)·왕부(王浮)·동진(東晋)의 포정(鮑靚)[54] 등이 있었다. 이들은 부서(符書) 등을 이용하여 사람들의 병을 고치면서 자기네 교리를 선전하였다. 또 후한의 위

---

54) 상반(常盤)은 정(靚)을 청(鯖)으로 잘못 기록하고 있다.

백양(魏伯陽)과 동진(東晉)의 갈홍(葛洪) 같은 도사들은 복식(服食)과 연양(煉養)의 술법을 설교하였다. 이 시대의 도교 경전의 내용은 연양(煉養)·복식(服食)·음양오행(陰陽五行)의 범위를 벗어나지 못하는 것이었다.

제2기 교회조직시대(敎會組織時代) - 이 시기는 송(宋)나라가 선(420) 이후 얼마 안 있어 북위(北魏)의 구겸지(寇謙之)가 수록(受籙)의 의례(儀禮)를 제정한 이래로 북주(北周)의 무제(武帝)를 거쳐 남북조(南北朝)의 끝머리까지 이르는 160년 동안이다. 이때의 유력했던 도사로는 북방의 위구겸(魏寇謙) 이외에도 북주(北周)의 장빈(張賓)이 있고, 남방에는 송(宋)의 육수정(陸修靜)·고환(顧歡)[55]·제(齊)의 맹경익(孟景翼)·장융(張融)·진현명(陳顯明), 양(梁)의 도홍경(陶弘景) 등이 있다.

이 시대의 특징은 동진(東晉) 말엽부터 갑자기 불경의 체재와 내용을 본받아 도경(道經)들을 제작함으로써 도교의 형식을 정비하고 거기에 종교적인 내용을 갖추어 주는 일이 성행하였다는 것이다. 특히 양(梁)나라의 지릉(智稜), 주(周)나라의 위원숭(衛元嵩) 같은 사람들은 불승이었다가 환속하여 도교로 들어왔던 이들이니 도교의 발달을 반증해 주는 동시에, 그들에 의한 도경(道經)의 해석은 도교 교의의 발전에 큰 도움을 주었다.

제3기 교리연구시대(敎理硏究時代) - 수(隋)로부터 당(唐)·오대(五代)에 이르는(581~959) 378년 간. 이 시기는 당 현종(玄宗)이 중심을 이루며, 편의상 다시 2기(二期)로 나눌 수 있다.

---

55) 상반(常盤)은 환(歡)을 관(觀)으로 잘못 적고 있다.

전기(前期, 581~959) 378년 간. 이 시기에는 수나라엔 우영통(虞永通), 당나라엔 부혁(傅奕)·이파(李播)·채황(蔡晃)·이영(李榮)·방혜장(方惠長) 등이 나왔다. 이들은 삼교(三敎) 사이의 논쟁에 있어 불교 학자들과 교리상 많은 충돌이 있었다. 그리고 현종(玄宗) 때의 오균(吳筠)·사마승정(司馬承禎) 같은 도사들은 도교의 내용을 한층 심화시켰던 사람이다. 이 시기는 불교도 전후로 비길 데 없이 건전했던 시대이지만 동시에 도교도 건전한 점에 있어서 전후로 비길 데가 없었던 시대이다. 그리고 이 기간에는 도경(道經)의 의작(擬作)에 있어서도 남조(南朝) 송(宋) 이후의 업적에 비하여 두 배 이상의 실적을 남기고 있다. 특히 천보(天寶) 연간(742~755)에는 도서(道書)를 편찬하는 곳이 세 곳이나 되었다. 그러나 그 교리는 불교의 범위를 벗어나지 못한 셈이었다.

후기(後期, 755~959)는 204년 간으로 전기를 계승한다. 이 때의 학자로는 희종(僖宗) 때의 두광정(杜光庭) 및 후주(後周) 세종(世宗) 때의 진단(陳搏) 등이 있어, 전기의 빛나는 업적을 이어 나갔다. 그리고 세종 때의 불도(佛道)의 폐쇄는 특별한 의의를 지니고 있다.

제4기 교권확립시대(敎權確立時代) - 송(宋)대부터 명(明) 만력(萬曆) 35년(960~1607)에 이르는 647년 간인데, 편의상 다시 전·중·후의 세 시기로 나누어 볼 수 있다.

전기(前期)는 북송(北宋)시대(960~1126) 166년 간인데, 도장(道藏)의 편집에 노력하여 성전(聖典)을 확립시키려던 시대이다. 이 시기의 학자로는 진종(眞宗) 때의 요약곡(姚若谷)·왕흠약(王欽若)·장군방(張君房) 등과 휘종(徽宗) 때의 임영소(林

靈素)·왕방지(王方志)·왕자석(王仔昔)·천사(天師)·장사종(張嗣宗) 등이 두드러진다.

중기(中期)는 남송(南宋)으로부터 원(元) 세조(世祖)에 이르는(1127~1294) 167년 간이며, 도교의 교회의 통일이 확정된 시대이다. 이 시기는 도교사에 있어서 가장 주목할 만한 시대이다. 1153년에 금(金)나라의 왕중부(王中孚)는 전진교(全眞教)를 제창하고 천하의 도교에 관한 일을 관할케 하였다.

한편 원나라의 역희성(酈希誠)은 1268년에 진대도교(眞大道教)를 제창하였다. 또 왕중부(王中孚)의 제자 구처기(丘處機)는 1227년에 천하의 도교에 관한 일을 주관 영도하였고, 원(元)나라 장종연(張宗演)에게는 1276년부터 1286년 사이에 정일천사(正一天師)의 호가 내려졌었으며, 그의 아들 장여재(張與材)는 정일교(正一教) 교주가 되어 강남 지방의 도교를 관장하고 영도하였다.

후기(後期)는 원(元) 성종(成宗)부터 명(明) 신종(神宗)시대에 이르는(1295~1607) 213년 간이다. 이 시기에는 교회가 더욱 발달하였고, 또한 도장(道藏)이 완성된 시기이기도 하다. 명나라 정통(正統) 연간(1436~1449)에 송피운(宋披雲)은 도장(道藏) 480함(函) 5,305권을 판인(板印)하였고, 만력(萬曆) 35년(1607)에는 천사(天師) 장국상(張國祥)이 거기에 이어 32함(函) 180권의 도장을 편찬 인쇄하였다.

제5기 계승퇴화시대(繼承退化時代) - 명나라 만력(萬曆) 36년부터 현대에 이르는(1608~현재) 370년 간. 이 사이에는 사상적인 발달은 거의 없었으나 묘관(廟觀)의 건립이 더욱 성행하여 형식적인 아름다움을 극하게 되었다.

그러나 양(梁)대 이래로 불교와 도교가 뒤섞이는 폐단이 갈수록 심해져, 후기에 와서는 도교에만 해독이 되었을 뿐만 아니라 불교도 그 피해를 입었다. 그리하여 마침내 불교와 도교는 함께 중국의 사상계로부터 멀리 떨어져 나가 사람들의 마음을 지배할 수 없는 것이 되고 말았다.

그 반면 송유(宋儒)의 성리학(性理學)이 널리 보급되어, 선학(禪學)으로 대표되던 불교조차도 점차 사상계의 테두리 밖으로 쫓겨나게 되었다. 이에 미신을 가지고 불교의 자리를 대신해 보려던 옛날의 도교는 사람들의 마음의 뒷받침이 될 수 없는 게 되고 만 것이다. 그러니 청(淸)나라로 들어와서도 불교가 이미 무너져 버렸음은 말할 것도 없고, 도교 역시 쉬지 않고 발전하는 중국 사람들의 사정에 융합될 수가 없었다. 이로 말미암아 신유교(新儒敎)와 신불교(新佛敎)가 일어나게 된 것이다.

제3절
도교의 성립과 노자

 전국(戰國) 말엽부터 유행하기 시작한 신선 사상은 한대로 들어오면서 도가 사상과 결합되어, 노자의 사상은 장생불사의 신선가(神仙家)와 혼동되게 되었다. 이미 소개한 바와 같이《사기》의 노자의 전기에는 노자가 200년도 넘겨 살았다는 전설이 기록되어 있었거니와 유향(劉向, BC. 77~BC. 6)의《열선전(列仙傳)》에서도 노자가 신선의 도를 닦았던 진인(眞人)인 듯이 쓰고 있다.
 후한으로 들어와서는 노자가 완전한 신선가로 변한다. 왕충(王充, 211~97?)의《논형(論衡)》도허(道虛)편에서는 황제(黃帝)와 회남왕(淮南王) 유안(劉安)은 "수도학선(修道學仙)"하여 상천(上天)하였다. 또 도를 공부하는 사람은 "금옥(金玉)의 정기를 복용하고 자지(紫芝)의 꽃을 먹는다." 또는 무제(武帝) 때의 방사(方士) 이소군(李小君)은 "시해(尸解)[56] 되었다." 그리고 "동방삭(東方朔)도 도인(道人)이었다."는 글을 쓰고 있다.

그리고 노자에 대하여는 본격적으로 도기양성(導氣養性)하여 장수를 누렸던 진인(眞人)이라고 쓰고 있다. 그리고 환제(桓帝) 때(165)에는 사신을 노자의 고향으로 보내어 천자가 친히 노자를 제사지내기도 하였다(《後漢書》桓帝紀). 어떻든 노자는 갈수록 신비스런 구름에 싸여 갔던 것이다. 그런 추세 끝에 순제(順帝, 126~144 在位) 때에 장릉(張陵, 이름을 道陵이라고도 부름)이 나와 천사도(天師道) 또는 오두미도(五斗米道)라는 새로운 교단을 시작함으로써, 《노자》를 그들의 기본 경전으로 받드는 새로운 〈도교〉가 생겨났던 것이다.

《후한서(後漢書)》권 105 유언전(劉焉傳)의 기록에 의하면, 장릉은 순제(順帝) 때에 촉(蜀) 땅 학명산(鶴鳴山, 지금의 四川省 成都 남쪽에 있음)으로 들어가 도를 공부하였다. 그는 도서(道書) 24권을 짓고 산을 나와서는 그의 새로운 종교를 선전하기 시작하였다. 그는 어떠한 환자라도 자기의 부수(符水)로써 반드시 고친다고 선전하여 많은 사람들을 따르게 하였으며, 새로 그 교단에 들어오는 사람들에게는 다섯 말의 쌀을 바치게 하여 오두미도(五斗米道)라는 이름이 생겨났다. 한편 그는 여행자들을 위한 무료 숙사를 마련하고 빈민구제를 위한 사회적 시설을 마련하였다. 그리고 신자들에게 봄, 여름에는 살생을 금지시키고,

---

56) 시해(尸解)란 도가의 용어로서 육체만 남겨 놓고 신선이 되어 신선 세상으로 올라감을 뜻한다.

술을 마시지 못하게 하였다.

　장릉의 도교는 더욱 발전하여 신자가 늘어나자 교단조직을 마련하게 된다. 처음 입문한 자들을 귀졸(鬼卒), 약간 윗 급의 사람들을 간령(姦令) 또는 좨주(祭酒), 보다 많은 사람들을 거느리는 우두머리를 대좨주(大祭酒)라 불렀다. 그리고 그는 신도들에게 자기네 기본 경전으로서 《노자》를 외우도록 하였다. 도교는 이렇게 하여 장릉에 의하여 창시된 것이다.

　그런데 진(晋)나라 갈홍(葛洪)의 《신선전(神仙傳)》 권 4를 보면, 장릉은 태학생(太學生)으로 오경(五經)에 통달했었으나 마침내는 소용없는 것이라 여기고 장생의 도를 배웠다. 그리고 혹명산(鵠鳴山, 鶴鳴山과 같음)으로 들어가 신선의 도에 대하여 사색한 끝에 도서(道書) 24편을 지었다. 그때 갑자기 천인(天人)이 내려와 장릉에게 신출정일명위지도(新出正一明威之道)를 전수하였다. 장릉은 이로부터 사람들의 병을 고치고 여러 가지 기이한 술법을 행하게 되었다. 그리고 그는 신선술을 닦자면 행기도인(行氣導引) 및 방중지술(房中之術)을 실행하며 복식(服食)을 게을리하지 않아야 한다고 하였다. 뒤에 제자인 왕장(王長)·조승(趙昇)과 함께 백일승천(白日昇天)하였다 한다.

　장릉 이후로 아들 장형(張衡), 손자 장로(張魯)로 이어지면서 그의 교단 세력은 한중(漢中) 땅에 크게 불어났다. 다시 장로의 아들 장성(張盛)은 본거지를 신주(信州) 용호산(龍虎山, 지금의 江西省 廣信府 貴溪縣 서남쪽)으로 옮기었다. 《소도론(笑道論)》에는 "장도릉(張道陵)은 천사(天師), 아들 형(衡)은 계사(係師),

형의 아들 노(魯)는 사사(嗣師)라 부르고 이들을 삼사(三師)라 불렀으며,[57] 세 사람의 처는 부인(夫人)이라 하였는데 모두 백일승천(白日昇天)하였다."고 씌어 있다.

그러나 후세에 도교가 성행함에 따라 장릉에서 이어 내려간 교주들을 모두 장천사(張天師)라 부르게 되었다. 지금 도장(道藏) 속에는《한천사세가(漢天師世家)》1권을 비롯하여,《개천경(開天經)》1권,《정일천사고조승구결(正一天師告趙昇口訣)》1권,《태평경(太平經)》119권 등 이에 관한 도서(道書)들이 있다.

《한천사세가》에는 장릉으로부터 명(明) 신종(神宗) 만력(萬曆) 3년(1067)에 이르는 49대의 세계가 기록되어 있고, 그 후손 장원욱(張元旭)은 다시 49대 이후 민국 7년(1918) 62대 장원욱(張元旭)에 이르는《보한천사세가(補漢天師世家)》를 엮어냈다.《한천사세가》의 장릉에 관한 기록을 보면, 휘(諱)는 도릉(道陵), 자는 보한(輔漢)으로 장량(張良)의 후손이며, 그의 어머니가 북두칠성을 꿈꾸고 후한의 광무황제(光武皇帝) 건무(建武) 10년(34) 1월 15일에 낳았다. 그때 누런 구름이 집 위를 덮고 자주 빛 기운이 방 안에 가득 찼었다. 당당한 모습을 하였고 일곱 살에 이미 노자에 정통하였다. 그리고 순제(順帝)의 한안(漢安) 원년(142)에 하늘의 계시를 얻어 여러 가지 기적을 행하게 되었고, 환제(桓帝)의 영수(永壽) 2년(156)에 가서 그의 부인 옹씨(雍氏)

---

57)《운급칠첨(雲笈七籤)》에는 장형(張衡)을 사사(嗣師), 노(魯)를 계사(係師)로 쓰고 있다.

와 함께 승천(昇天)한 것으로 되어 있다.

　장릉(張陵)의 교단은 본시 후한 말엽에 횡행하였던 황건적(黃巾賊) 같은 도적들의 무리나 비슷한 것이었다. 순제(順帝)때 우길(于吉)의 태평도(太平道)나 장각(張角)의 황건적(黃巾賊)은 모두 장릉의 천사도(天師道)와 그 내용이나 성격에 별 차이가 없었다. 《후한서》 유언전(劉焉傳) 및 《삼국지(三國志)》 장로전(張魯傳) 등의 주에 인용된 《전략(典略)》의 기록만 보더라도 "장각(張角)은 태평도(太平道), 장수(張修)는 오두미도(五斗米道)를 행하였는데" 그 수법이 대략 같았다고 쓰고 있다.

　어떻든 장릉은 본시 후한 말엽에 각지에 일어났던 수많은 도적 무리 중의 하나였음은 분명한 사실이다. 그러나 다른 자들은 도적 무리로 끝난 데 비하여 장릉이 후세 도교로 발전할 수 있었던 것은, 그가 《노자》를 기본경전으로 받들면서 후계자들을 잘 기르고 교리를 다져 나갔기 때문일 것이다.

　장릉이 《노자》를 자기네 기본 경전으로 내세운 것은 다음과 같은 몇 가지 이유 때문이었다.

　첫째, 《노자》에는 "섭생(攝生)"(제50장), "죽어도 도를 잃지 않는 사람은 오래 산다.(死而不亡者壽.)"(제33장), "장생하며 오래도록 본다.(長生久視)"(제59장)는 등 장생술(長生術) 또는 무병식재(無病息災)의 개념과 관련되는 말들이 있다.

　둘째, 《노자》에는 "하늘의 망(網)은 광대하여 성근 듯하면서도 아무것도 빠뜨리지 않는다.(天網恢恢, 疏而不失.)"(제73장), "하늘의 도는 친한 사람 없이 언제나 선한 사람 편을 든다.(天

道無親, 常與善人.)"(제79장)는 등 장릉(張陵)의 인과응보에 따르는 도덕적 요소를 제공해 주는 대목들이 있다.

셋째, 《노자》에는 "백성들이 굶주리는 것은, 그들을 다스리는 사람들이 거두는 세금이 많기 때문에 그래서 굶주리게 되는 것이다.(民之饑, 以其上食稅之多, 是以饑.)"(제75장), "하늘의 도는 남음이 있는 것은 덜어 주고 부족한 것은 보충해 준다. 사람의 도는 그렇지 않다. 부족한 것을 더 덜어냄으로써 남음이 있는 편을 받들어 준다.(天之道, 損有餘而補不足. 人之道則不然, 損不足以奉有餘.)"(제77장)는 등 장릉의 교단이 행한 사회주의적 행위의 근거가 될 만한 구절들이 있다.

넷째, 장릉은 그의 교도들에게 《노자》를 외우도록 요구하였는데, 《노자》의 문장은 많은 부분이 압운(押韻)을 한 짧은 구절들로 이루어져 있어 외우기에 매우 편리하다. 그리고 그 내용도 심오한 뜻을 지니고 있고 표현이 함축적이어서 그들 교리의 근거로 둘러대기에 편리하였다.

그리고 한나라 유향(劉向)의 《열선전(列仙傳)》에 이미 노자는 신선으로 변해 있거니와, 《사기》의 노자의 전기 이래로 노자의 생애는 갈수록 신비의 구름에 싸여 도교에서 그들의 교조로 모시기에 알맞은 인물로 변해 있었다는 데도 이유가 있었을 것이다.

어떻든 노자는 위(魏)·진(晋) 이후로는 갈수록 도교의 시조 중의 한 사람으로서 신비화하여, 갈홍(葛洪)의 《신선전(神仙傳)》·《포박자(抱朴子)》에서의 노자에 관한 기록에서 시작하여 도장(道藏) 속의 송(宋) 사수호(謝守灝)의 《혼원성기(混元聖紀)》 9권, 《태상로군연보요약(太上老君年譜要略)》, 《태상로군전서내서(太上老君全書內序)》, 《태상혼원노자사략(太上混元老子史略)》 3권, 가선연(賈善淵)의 《유룡전(猶龍傳)》 등에서는 노자의 생애가 기적을 행하는 신선으로 더욱 수식되고 있는 것이다.

도교는 민간신앙을 바탕으로 한 것이어서 노자 이외에도 존숭되는 신들이 무수히 많다. 원시천존(元始天尊, 玉皇上帝라고도 함)을 비롯하여, 역대의 노군(老君)·북극성인 현천상제(玄天上帝)·북두칠성(北斗七星)·문창제군(文昌帝君, 또는 文昌星)·후토(后土)·성황신(城隍神)·종산신(鐘山神)·풍도신(酆都神)·조군(竈君)·화합신(和合神)·삼관(三官)·재신(財神)·개로신(開路神)·문신(門神)·관제(關帝)·왕령관(王靈官)·여조(呂祖)·천비(天妃)·잠신(蠶神)·자고(紫姑)·팔선(八仙)·유맹장군(劉孟將軍)·삼모군(三茅君)·허진군(許眞君)·오성(五聖)·충우무열대제(忠祐武烈大帝)·홍은영제진군(洪恩靈濟眞君)·익성보덕진군(翊聖保德眞君), 이 밖에 화신(火神)·수신(水神)·풍백(風伯)·뇌공(雷公) 등 온갖 잡신이 다 있다. 이것을 통해서도 도교의 성격을 어느 정도 짐작할 수 있을 것이다.

도교의 경전도 본시는 노자의 《도덕경》을 기본으로 하였지만, 위(魏)·진(晋) 이래로 시대마다 도서가 지어졌고, 당(唐)대부터는 불교의 대장경(大藏經)을 본 뜬 도장(道藏)의 편찬이 이루어졌다.

그 결과 지금은 명나라 영종(英宗) 정통(正統) 12년(1447)에 완성된 305권 480함(函)의 책들이 이른바 정통도장(正統道藏)이라 하여 전한다. 그 뒤로 다시 속도장(續道藏)이 편찬되어 첨가되었다. 이처럼 경전에 있어서도 《노자》는 도교의 바탕을 이루었지만 그 책으로서의 성격이 잡박(雜駁)하게 변화하였다. 그러나 그 중에는 후세 중국의 사상계에 큰 영향을 준 후한의 위백양(魏伯陽)이 지었다는 《주역참동계(周易參同契)》와 진(晋) 갈홍(葛洪)의 《포박자(抱朴子)》 같은 책들도 있다.

참고 서목

□ 한국

《老子》金敬琢 譯註 서울 光文出版社
《老子》李元燮 譯註 서울 大洋書籍
《新譯 老子》金學主 譯註 서울 明文堂
《中國哲學史》金敬琢 著 서울 汎學圖書
《中國哲學槪論》金忠烈 著 서울 汎學圖書

□ 중국

《帛書老子》河洛圖書出版 編印
《唐寫本老子》藝文印書館 影印
《老子道德經》王弼·河上公 以下 諸家 注本
《史記》漢 司馬遷 撰 藝文印書館 影印本
《列子》周 列禦寇 撰 藝文印書館 影印本

《莊子》周 莊周 撰 藝文印書館 影印本
《呂氏春秋》秦 呂不韋 撰 藝文印書館 影印本
《淮南子》漢 劉安 撰 藝文印書館 影印本
《抱朴子》晉 葛洪 撰 藝文印書館 影印本
《列仙傳》漢 劉向 撰 世界書局 影印
《神仙傳》晉 葛洪 撰 世界書局 影印
《太平廣記》宋 李昉 撰 新興書局 影印
《老莊通辨》民國 錢穆 撰 新亞研究所 印行
《老子》民國 張起鈞 撰 協志工業振興會 印行
《老子哲學》民國 張起鈞 撰 正中書局 印行
《智慧的老子》民國 張起鈞 撰 新天地書局 印行
《老莊哲學》民國 胡哲敷 撰 中華書局 印行
《老子學術思想》民國 張楊明 撰 黎明文化公司 印行
《老子的政治思想》民國 蔡明田 撰 藝文印書館 影印
《老子哲學》民國 梁啓超 撰 中華書局 影印
《老莊研究》民國 嚴靈峯 撰 亞洲出版社 影印
《老莊哲學》民國 吳康 撰 商務印書館 影印
《老子研究》民國 趙文秀 撰 中華書局 影印
《古史辨》第四冊 民國 羅根澤 編 明倫出版社 影印
《先秦政治思想史》民國 梁啓超 撰 中華書局 影印
《中國古代哲學史》民國 胡適 撰 商務印書館 影印
《胡適文存》民國 胡適 撰 遠東書局 影印
《中國哲學史》民國 馮友蘭 撰 太平洋圖書公司 影印
《國學概論》民國 錢穆 撰 商務印書館 影印

□ 일본

《老莊思想と道敎》小柳司氣太 著 森北書店
《道家の思想と其の開展》津田左右吉 著 東洋文庫
《老子原始》武內義雄 著 弘文堂
《老子の研究》武內義雄 著 改造社

□ 서양

The Way and It's Power: A Study of the Tao Te Ching and It's Place in Chinese Thought, Arthur Waley, New York Grove Press (Rep), 1958.

Three Ways of Thought in Ancient China, Arthur Waley, N. Y. Doubleday, Anchor Books, 1956.

Tao Te Ching: The Book of the Way and It's Virtue, J. J. L. Duyvendak, London: John Murray, 1954.

The Wisdom of Laotse, Lin Yutang, New York: Modern Livrary, 1948.

Intellectual Foundation of China, Frederick W. Mote, New York: Alfred A. Knof, 1971.

The Notion of Tao (道) *in LAO TZU and CHUANG TZU,* Giancarlo Finazzo, Taipei: Mei Ya Publications, Inc. 1968.

明圖
文書
堂出
版印版
權所有

노자와 도가사상

초판 1쇄 발행 2007년 5월 28일
초판 2쇄 발행 2017년 11월 10일

저 자 | 김학주
발행자 | 김동구
발행처 | 명문당(1923. 10. 1 창립)
주 소 | 서울시 종로구 윤보선길 61(안국동)
          우체국 010579-01-000682
전 화 | 02)733-3039, 734-4798(영), 733-4748(편)
팩 스 | 02)734-9209
Homepage | www.myungmundang.net
E-mail | mmdbook1@hanmail.net
등 록 | 1977. 11. 19. 제1~148호

ISBN 978-89-7270-851-3 (93150)
12,000원

* 낙장 및 파본은 교환해 드립니다.
* 복제불허

中國學 東洋思想文學
金學主 著書 代表選集

新完譯 **大學・中庸** 金學主 譯著 신국판 / 값 10,000원

新完譯 **老子** 金學主 譯著 신국판 / 값 10,000원

新完譯 **傳習錄** 金學主 譯著 신국판 양장 / 값 25,000원

新完譯 **近思錄** 金學主 譯著 신국판 양장 / 값 25,000원

개정증보판 **中國 古代의 歌舞戲** 金學主 著 신국판 양장 / 값 17,000원

중국고전희곡선 **元雜劇選** (사)한국출판인회의 이달의 책 선정도서(2000. 1·2월호) 金學主 編譯 신국판 양장 / 값 20,000원

修訂增補 **樂府詩選** 金學主 著 신국판 양장 / 값 15,000원

修訂新版 **漢代의 文人과 詩** 金學主 著 신국판 양장 / 값 15,000원

漢代의 文學과 賦 金學主 著 신국판 양장 / 값 15,000원

改訂增補 新譯 **陶淵明** 金學主 譯著 신국판 양장 / 값 12,000원

修訂增補 **墨子, 그 생애・사상과 墨家** 金學主 著 / 값 20,000원

徐花潭文集 金學主 譯著 신국판 양장 / 값 25,000원

詩經選 金學主 譯著 신국판 양장 / 값 20,000원

宋詩選 金學主 譯著 신국판 양장 / 값 25,000원

唐詩選 金學主 譯著 신국판 양장 / 값 25,000원

중국의 경전과 유학 金學主 著 신국판 양장 / 값 20,000원

中國古代文學史 金學主 著 신국판 양장 / 값 20,000원

改訂增補版 新完譯 **詩經** 金學主 譯著 신국판 / 값 18,000원

改訂增補版 新完譯 **書經** 金學主 譯著 신국판 / 값 15,000원

新完譯 **墨子**(上・下) 金學主 譯著 신국판 / 값 각 15,000원

新完譯 **孟子** 金學主 譯著 신국판 / 값 20,000원

明代詩選 金學主 譯著 신국판 양장 / 값 20,000원

중국 고대시에 관한 담론 金學主 著 신국판 양장 / 값 20,000원